儒教資料類編叢書

孔子鬼神思想

第十五輯

任繼愈／顧問

李　申／主編

朱俊藝／選編　標點

國家圖書館出版社

圖書在版編目(CIP)數據

孔子鬼神思想 / 朱俊藝選編、標點. -- 北京：國家圖書館出版社，2017.6
（儒教資料類編叢書）
ISBN 978 - 7 - 5013 - 6079 - 6

Ⅰ. ①孔… Ⅱ. ①朱… Ⅲ. ①鬼 - 研究 - 中國 ②神 - 研究 - 中國
Ⅳ. ①B933

中國版本圖書館 CIP 數據核字(2017)第 086822 號

書　　名　孔子鬼神思想
著　　者　朱俊藝　選編、標點
責任編輯　景晶

出　　版　國家圖書館出版社(100034　北京市西城區文津街 7 號)
　　　　　（原書目文獻出版社　北京圖書館出版社）
發　　行　010 - 66114536　66126153　66121313　66175620
　　　　　　　66171706(傳真)　66126156(門市部)
E - mail　nlcpress@ nlc. cn(郵購)
Website　www. nlcpress. com→投稿中心
經　　銷　新華書店
印　　裝　河北三河弘翰印務有限公司
版　　次　2017 年 6 月第 1 版　2017 年 6 月第 1 次印刷

開　　本　787 × 1092(毫米)　1/16
印　　張　14. 75
字　　數　300 千字

書　　號　ISBN 978 - 7 - 5013 - 6079 - 6
定　　價　45. 00 圓

總　序

　　儒教問題正日益引起學界甚至社會各界的關注。

　　儒教問題不是一個學術觀點問題，即不是可此可彼、可信可否的問題，因爲儒教的存在是一個歷史事實。而祇有認識這個事實，纔有可能正確認識中國傳統文化的性質；正確認識傳統文化的性質和本來面貌，纔能正確繼承和運用這筆遺產。

　　關於儒教問題的爭論已非一日。最近二三十年來就有兩次較大的爭論，其風波至今未息。雖然提出者和贊成者都盡其所能從各個方面試圖向讀者解釋清楚，雖然經過爭論能夠接受儒教是教說的學者日益增多，但是在整理古代資料的過程中，筆者還是發現了一些以前所未能發現的材料，感覺到有關論著難以充分釋脫百多年來關於中國傳統文化性質認定的新傳統所帶給人們的種種疑惑。於是也就有了編纂《儒教資料類編》的想法。讓資料，也就是讓古人自己來向當代的人們説明和解釋吧，説明在他們眼裏，"儒教"是個什麼樣的概念，而他們又是如何地在信仰著儒教。

　　就筆者所知，目前在有關宗教和傳統文化的許多最基本的問題上，包括專門研究傳統文化和宗教問題的學術界，都有一系列並不符合歷史事實的結論，在被人們廣泛地以訛傳訛。比如儒教之教不是宗教之教，而"宗教"這個概念是從國外輸入的"外來語"，上帝信仰是基督教的而中國古代的儒家是不信上帝的。至於"城隍神是道教的"，"'聖經'指的是基督教的《新舊約全書》"，則幾乎成了家喻户曉的常識。這些基本問題不清楚，要認清傳統文化的性質和本來面貌，是不可能的。而這些問題，以及相關的一系列問題，在這套書裏，都會用歷史資料的方式，向人們揭示歷史的真象。而認識傳統文化的歷史真象，是利用傳統文化資源建設當代新文化的基礎。

本叢書設計了 30 個左右的題目，每個題目集中説明一個問題，字數控制在 30 萬字左右。採用繁體，進行簡略的標點（一般祇用句、逗和書名號）。資料一般取自《四庫全書》系統，並按《四庫全書》順序編排，某些部分會有些許調整。根據研究情況和實際需要，加或長或短的研究性説明或導言。主要供給學術界和愛好傳統文化的人們使用。由於編纂力量有限，每年爭取出版二三本或三五本。下面公佈的題目，僅僅是初步設想。隨著研究的開展，可能會有變動，但不會有大的本質性的改變。

任何研究實際上都是爲回答現實提出的問題而產生的，因而都是一種現實的反映。本叢書所設計的題目，自然也與當前人們對儒教的認識狀況相關。或許過些時日，人們會認爲編這些東西非常可笑，那時候，就會有更高水準的著作和資料彙編出來，我們盼望着。

雖然是基本常識但還要説明的是，本叢書是在爲研究儒教和傳統文化提供資料，不是在傳播儒教觀念，更不主張今天的人們去信仰什麼儒教，作什麼儒教救國之類的白日夢。

上海師範大學中國傳統思想研究所　李申
2008 年 9 月 4 日

序

　　朱俊藝的《孔子鬼神思想》是《孔子天命思想》的姐妹篇，都是《孔子天命鬼神思想研究》的資料集。《孔子天命鬼神思想研究》已由中華書局出版，《孔子天命思想》也由國家圖書館出版社於2015年出版。這本資料集現在出版，關於這個題目的專著和所用的資料就算齊全了。

　　學術專著要附帶引用書目或參考書目，所在多有。把所用資料湊齊出版，則不多見，甚至沒有必要。但是論述孔子天命鬼神思想不同於其他題目。因爲近百年來，關於這個問題的爭論太多、太大。假如不把有關資料儘可能地全部展示出來，其判斷或者結論就缺乏說服力，就難以取得讀者的信任。孔子的天命思想和鬼神思想比較，其鬼神思想爭論更大。孔子是否相信鬼神存在？近百年來，學者、非學者，持否定態度的居多。其根據，甚至僅僅是孔子說過"敬鬼神而遠之"。更有甚者，認爲中國傳統文化的主流是儒家，儒家的創立者是孔子，孔子說"敬鬼神而遠之"，所以儒家是不相信鬼神存在的，至少是對鬼神的存在與否持漠然態度的。最多再加上"不知生焉知死"云云，認爲這就完成了對孔子，甚至整個儒家鬼神思想的證明。至於孔子在這兩句話之外對於鬼神問題還說過些什麼，並且這兩句話到底是什麼意思，則深究者不多。這本資料集，收集了孔子關於鬼神問題的主要論述，收集了孔子以後的儒者們對"敬鬼神而遠之"等論述的基本注釋和理解，試圖以此來告訴讀者，孔子對於鬼神問題到底持有什麼樣的思想或者觀念。至於這樣做的意義，我在《孔子天命鬼神思想研究》和《孔子天命思想》的序言中已經說明，不再贅述。

　　這部《儒教資料類編叢書》原計劃出版 30 輯左右，由於種種原因，這本書可能是最後一本了。其他還有非常重要，而社會上又十分關注的祠堂、城隍、土地神等等問題，祇有留待有可能出版續輯的日子。

李申

2016 年 2 月

第二章　季路問事鬼神 …………………………………… 68

第一章　敬鬼神而遠之

經文：樊遲問智。子曰：務民之義，敬鬼神而遠之，可謂智矣。

注疏類

魏何晏集解，梁皇侃義疏《論語集解義疏》卷三

樊遲問智。子曰：務民之義，

注：王肅曰，務所以化導民之義也。

敬鬼神而遠之，可謂智矣。

注：苞氏曰，敬鬼神而不黷也。

問仁。子曰：仁者先難而後獲，可謂仁矣。

注：孔安國曰，先勞苦乃後得功，此所以爲仁也。

疏：樊遲問至仁矣。云樊遲問智者，問孔子爲智之道也。云子曰務民之義者，答曰若欲爲智，當務在化導民之義也。云敬鬼神而遠之者，鬼神不可慢，故曰敬鬼神也。可敬不可近，故宜遠之也。云可謂智矣者，如上二事則可爲智也。云問仁者，樊遲又問爲仁也。云子曰云云者，獲，得也。言臣必先歷爲難事，而後乃可得禄受報，則是仁也。若不先勞事而食，則爲不仁。故范甯曰：艱難之事則爲物先，獲功之事而處物後，則爲仁矣。

魏何晏集解，宋邢昺疏《論語注疏》卷六

樊遲問知。子曰：務民之義，

注：王曰，務所以化道民之義。

敬鬼神而遠之，可謂知矣。

注：包曰，敬鬼神而不黷。

問仁。曰，仁者先難而後獲，可謂仁矣。

注：孔曰，先勞苦而後得功，此所以爲仁。

疏：正義曰，此章明仁知之用也。樊遲問知者，弟子樊須問於孔子，何爲可謂之知。子曰務民之義，敬鬼神而遠之，可謂知矣者，孔子答其爲知也。言當務所以化道民之義，恭敬鬼神而疏遠之，不褻瀆，能行如此，可謂爲知矣。問仁者，樊遲又問何爲可謂之仁。子曰仁者先難而後獲，可謂仁矣者，此答其爲仁也。獲，猶得也。言爲仁者，先受勞苦之難，而後乃得功，此所以爲仁也已。

宋陳祥道《論語全解》卷三

務民之利，而害在其中焉。務民之利，非特其利不可以必得也，失義而得害。然則務民之義，孔子以爲知，不亦宜乎。有己之義，有民之義，仕則不稼，佃則不漁，《詩》云：采葑采菲，無以下體。觴酒豆肉，則辭而受惡。袵席之上，辭而坐下。朝廷之位，辭而就賤。同爵則尚齒，同齒則尚長。若此之類，所謂己之義也。耕者讓畔，行者讓路，壯者代老，少者事長，窮乏相周，患難相救。《詩》云：雨我公田，遂及我私。若此之類，所謂民之義也。上之所好，下必有甚焉者。樊遲好利，務爲鬼神之事者。聖人欲其務己之義，則教之曰：上好義則民莫敢不服。知己之務然後可以率民，則教之曰：務民之義。以義爲務，則不失矣。敬鬼神而遠之者，敬則致生之，遠則致死之也。凡此所謂知也。其爲器重，舉之莫能勝。其爲道遠，行之莫能至。言之則訒，爲之則難。凡此所謂仁也。問知，一也。一告之以務民之義，敬鬼神而遠之，又告之以知人。問仁，一也。一告之以先難而後獲，又告之以愛人。與夫居處恭，執事敬，與人忠，何也。義敬與獲在己者也，知人愛人在彼者也。務其在己者，然後能其在彼，事之序也。智之敬，則敬鬼神而遠。仁之敬，則居處執事恭敬而已，無所不敬也。其與人忠，不特愛之而已。問仁則先難而後獲，問崇德則先事後得者，對事而言故曰得，對難而言故曰獲，而得兼於事者也，故於崇德言先事。仁，愛人者也，故於仁言先難。

宋朱熹《論語精義》卷三下

明道曰：民之所宜者務之，所欲與之聚之，所惡勿施爾也。人之所以近鬼神而褻之者，蓋惑也。故有非其鬼而祭之，淫祀以求福，知者則敬而遠之。又曰：先難，克己也。又曰：務民之義，如項梁立義帝，謂從民望者是也。敬鬼神而遠之，所以不瀆也。知之事也。先難後獲，先事後得之義也。仁之事也。

伊川解曰：能從百姓之所義者，知也。鬼神，當敬也。親而求之，則非知也。以所難爲先，而不計所獲，仁也。又，《語錄》曰：民，亦人也。務人之義，知也。鬼神，不敬則是不知。不遠，則至於瀆。敬而遠之，所以爲知。又曰：祇此二句説知亦盡。且人多敬鬼神者，祇是惑，遠者又不能敬。能敬能遠，可謂知矣。曰：知鬼神之道，然後能敬能遠否。曰：亦未説到如此深遠處。且大綱説當敬不惑也。又問：今人奉佛，莫是惑否。曰：是也。敬佛者惑，不敬佛者，祇是孟浪不信。然則佛當敬乎。曰：佛是胡人之賢知者，安可慢也。至如陰陽卜筮擇日之事，今人信者必惑，不信者亦是孟浪不信。如行忌太白之類，如太白在西方不可西行，有人在東方居，不成都不得西向行。又却初行日忌，次日便不忌，次日不成不衝太白也。如使太白爲一人爲之，則鬼神亦勞矣。如行遇風雨之類。大抵人多記其偶中者耳。又曰：有爲而作者，皆先獲也。如利仁是也。古人惟知爲仁而已，今人皆先獲也。

范曰：君子之所有事，惟振民育德而已。務民之義，所以振民也。鬼神幽而難明，敬而遠之，所以明民也。仁者先難而後獲者，所以育德也。

吕曰：當務爲急，不求所難知。力行所知，不憚所難爲。此樊遲可進於知與仁之實。

謝曰：務民之義，知以義爲利者也。敬鬼神而遠之，知鬼神之情狀也。兩者皆非淺近者所可窺，是以謂之知難。如射之有志，若跣之視地，若臨深，若履薄，皆其心不易之謂。其心不易，其必有獲矣。於此時可以見仁焉。

楊曰：知者，知仁義而不去是也。樊遲學稼圃，民務之事而已，非義也。《記》曰：之死而致死之，知者不爲也。又曰：禮之近人情者，非其至，蓋惡其褻也。幽明異域而致親焉，知者不爲也。故問知，以是告之。仁者，其言也訒。爲之難，言之得無訒乎。則不可易爲也，在熟之而已。故問仁，以先難後獲告之。

尹曰：能從百姓之所義者，知也。鬼神當欽者，親而求之，則非智也。以所難爲先，而不計其所獲，仁也。

宋朱熹《論語集注》卷三

樊遲問知。子曰：務民之義，敬鬼神而遠之，可謂知矣。問仁。曰：仁者先難而後獲，可謂仁矣。

知，遠，皆去聲。民，亦人也。獲，謂得也。專用力於人道之所宜，而不惑於鬼神之不可知，知者之事也。先其事之所難，而後其效之所得，仁者之心也。此必因樊遲之失而告之。程子曰：人多信鬼神，惑也。而不信者又不能敬。能敬能遠，可謂知矣。又曰：先難，克己也。以所難爲先而不計所獲，仁也。吕氏曰：當務爲急，不求所難知。力行所知，不憚所難爲。

宋朱熹《四書或問》卷十一

或問：樊遲問知，而夫子告之以務民之義，敬鬼神而遠之，何也。曰：人道之所宜，近而易知也，非達於事理，則必忽而不務，而反務其所不當務者矣。鬼神之理，幽而難測也，非達於事理，則其昧者必至於慢，惑者必至於瀆矣。誠能專用其力於人道之所宜而易知者，而不昧不惑於鬼神之難測者，則是所謂知也。意者樊遲或有此病，故夫子以是警之歟。

曰：所謂鬼神者，非祀典之正耶，則聖人使人敬之，何也。若以爲祀典之正耶，則又使人遠之，何也。曰：聖人所謂鬼神，無不正也。其曰遠者，以其處幽，故嚴之而不瀆耳。若非其正，則聖人豈復謂之鬼神哉。在上則明禮以正之，在下則守義以絕之，固不使人敬而遠之，然亦不使人褻而慢之也。

曰：問仁而夫子告之以先難後獲，何也。曰：爲是事者，必有是效，是亦天理之自然也。然或先計其效，而後爲其事，則其事雖公，而意則私，雖有成功，亦利仁之事而已。若夫仁者，則先爲其事，不計其效。惟循天理之自然，而無欲利之私心也。董子所謂仁人者，正其誼不謀其利，明其道不計其功。正謂此意爾。然正誼未嘗不利，明道豈必無功。但不自夫功利者而爲之耳。樊遲蓋有先獲之病，故夫子既告之以此，又嘗以先事後得告之，其所以警之者至矣。

曰：諸說如何。曰：程子之論先難後獲者至矣。敬遠鬼神，第二三四說亦善，第一第五說皆以非鬼神淫祀言之，則恐聖人所謂鬼神者，初不爲此等也。若於此等猶致其敬，而於鬼神之正，乃或親之而不能遠焉，則亦何以爲知之事哉。以臧文仲祀爰居作虛器者，質之聖人之意可見矣。其釋務民之義，以民爲人者，當矣。而其前三說似亦未安也。范氏以務民之義爲賑民，已無所當。又以敬遠鬼神者爲明民，則尤無謂矣。其論先難後獲，似亦未達程子之意。若先有心於育德，則豈後獲之謂哉。呂氏之說，庶幾其近之矣。謝氏以義爲利者，非此文之意。知鬼神之情狀，又未見其所以敬而遠之之意，亦大漫矣。先難後獲意若可觀，而亦非程子之旨。其曰於此時可以見仁者，則尤非夫子之意矣。學者之於仁，固欲其終身體之而不失，豈欲一時見之而遂已耶。楊氏以義事而爲二，猶有新學之餘習也歟。其論鬼神之意，則固善矣。先難後獲雖非程子之意，而在熟之之云，則優於謝氏也。尹氏全用程說，無所復論。此外，則蘇氏曾氏之說，亦可觀矣。蘇氏曰：孔子之言，常中弟子之過。樊遲問崇德，孔子答以先事後得，則須也有苟得之意也歟。其問知也，曰務民之義，敬鬼神而遠之。教之以專修人事，而不求僥倖之福也。其問仁也，曰仁者，先難而後獲。教之以修德進業，而不貪無故之利也。曾氏曰：務民之義而不務利，敬鬼神而不近之，非明知不惑者不能也。

宋鄭汝諧《論語意原》卷二

告樊遲之言，前後若出一意。遲之失，在於務功利而欲速也。智，非多知之謂，在人之義。知所先務，敬共鬼神，不惑不諂，智之事也。仁，非可以襲而取之也，先其所難以去其私，後其所獲不計其效，仁之事也。以此而盡仁智，不可，亦不能舍此以求仁智也。

宋張栻《癸巳論語解》卷三

民之義，百姓所公共之義。如《大學》所謂民之所好好之，民之所惡惡之是也。敬鬼神而不能遠，是惑而已。遠而不敬，是忽而已。敬而能遠，而後爲得。二者皆知之事也。先難後獲，先其難而後其獲也。勉爲其難，不計所獲，循循不已，久自有至。若先有蘄獲之意，則固已自累其心，而有害於天理矣。無妄之六二：不耕穫，不菑畬。而《象》曰：未富也。蓋此義也。

宋真德秀《論語集編》卷三

樊遲問知。子曰：務民之義，敬鬼神而遠之，可謂知矣。問仁。曰：仁者先難而後獲，可謂仁矣。

知、遠，皆去聲。民，亦人也。獲，謂得也。專用力於人道之所宜，而不惑於鬼神之不可知，知者之事也。先其事之所難，而後其效之所得，仁者之心也。此必因樊遲之失而告之。程子曰：人多信鬼神，惑也。而不信者又不能敬。能敬能遠，可謂知矣。又曰：先難，克己也。以所難爲先，而不計所獲，仁也。呂氏曰：當務爲急，不求所難知。力行所知，不憚所難爲。

或曰：問仁而告之以先難後獲，何也。曰：爲是事者，必有是效，亦天理之自然也。然或先計其效，而後爲其事，則其事雖公而意則私，雖有成功，亦利仁之事而已。若夫仁者，則先爲其事，而不計其效，知循天理之自然，而無欲利之私心也。董子所謂仁人者，正其誼不謀其利，明其道不計其功。正謂此耳。然正誼未嘗不利，明道豈必無功，但不從夫功利者而爲之耳。

民者，人也。義者，宜也。如《詩》之所謂民之秉彝，即人之義也。此則人之所宜爲者，不可不務也。此而不務，而反求之幽冥不可測識之閒，而欲避禍以求福，此豈謂之知哉。

問：有一豪計功之心，便是私欲。曰：是。獲，有期望之意。學者之於仁，工夫最難。但先爲人所難爲，不必有期望之心，可也。先難後獲，祇是合做事便自做將去，更無下面一截，才有計獲之心，便不是了。大抵學者爲其所不得不爲者，至於人欲盡而天理全，則仁在是矣。若先有個云我欲以此去爲仁，便是先獲也。

南軒曰：難莫難於克己，勉爲其難，不計其獲，循循不已，久自有所至。若先有蘄獲之意，則固已自累其心，而有害於天理矣。無妄之六二：不耕穫，不菑畚。而《象》曰：未富也。蓋此意也。

仁者安仁，知者利仁。

或問：鬼神者，非祀典之正邪。則聖人使人敬之。何也。以爲祀典之正邪。則又使人遠之。何也。曰：聖人所謂鬼神，無不正也。遠者以其處幽，故嚴之而不瀆耳。若非其正，則聖人豈復謂之鬼神哉。在上則明禮以正之，在下則專義以絕之。固不使人敬而遠之，亦不使人褻而慢之也。

問：敬鬼神而遠之，如天地山川之神與夫祖先，此固當敬。至如世間一種泛然鬼神，亦當敬否。曰：所謂敬鬼神，是敬正當底鬼神。敬而遠之，是不可褻瀆，不可媚。如卜筮用龜，此亦不免。如臧文仲山節藻梲以藏之，便是媚，便是不知。

宋蔡節《論語集説》卷三

《集》曰：先難，謂克己也。（伊川程子）專用力於民之所宜，而不惑於鬼神之不可知，知者之事也。南軒張氏曰：敬而不遠，惑也。遠而不敬，忽也。故貴乎敬而遠之。先其事之所難，而後其效之所得，仁者之心也。晦菴朱氏、張氏曰：難莫難於克己，勉爲其難，不計所獲，循循不已，久自有至。若先有覬獲之意，則固已自累其心，而有害於天理矣。

宋趙順孫《論語纂疏》卷三

民，亦人也。獲，謂得也。專用力於人道之所宜，而不惑於鬼神之不可知，知者之事也。或問：此一節曰人道之所宜，近而易知也。非達於事理，則必忽而不務，而反務其所不當務者矣。鬼神之理幽而難測也，非達於事理，則其昧者必至於慢，惑者必至於瀆矣。誠能專用其力於人道所宜而易知者，而不昧不惑於鬼神之難測者，則是所謂知也。《語錄》曰：常人之所謂知，多求知人所不知。聖人之所謂知，祇知其所當知而已。自常人觀之，若不足以爲知，若果能專用力於人道之宜，而不惑於鬼神之不可知，却真個是知。又曰：人道之宜，如孝與弟之類。

先其事之所難，而後其效之所得，仁者之心也。或問：此一節曰爲是事者必有效，是亦天理之自然也。然或先計其效，而後爲其事，則其事雖公而意則私，雖有成功，亦利仁之事而已。若仁者，則先爲其事，而不計其效，知循天理之自然，而無欲利之私心也。《語錄》曰：事，便是就事上説。心，便是就裏面説。務民之義，敬鬼神而遠之，這是事。先難後獲，這是仁者處心如此。事也是心裏做出來，但心是較近裏説。如一間屋相似，説心底是那房裏，説事底是那廳上。蔡氏曰：知者以事言，仁者以心言。蓋務民義，敬鬼神，是就事上説。先難後獲，是就心上説。仁字較近裏，知字較近外。

此必因樊遲之失而告之。程子曰：人多信鬼神，惑也。而不信者又不能敬。能敬能遠，可謂知矣。輔氏曰：凡人之信鬼神者，皆其知不足以知其理，故惑於其所不知而信之耳。而不信者又直以爲無是理而不之信，故慢易之心生焉。能敬則知人與鬼神二而一之不可歟，能遠則知人與鬼神一而二之不可褻，是可不謂之知乎。

又曰：先難，克己也。以所難爲先，而不計所獲，仁也。《語錄》曰：問：既曰仁者，則安得有己私，而更須克己耶。恐仁者二字非指仁人而言。其語脉猶曰：所謂仁云者，必先難後獲，乃可謂之仁。曰：仁人者，正其誼不謀其利，明其道不計其功。語意正如此。仁者雖己無私，然安敢自謂己無私乎。輔氏曰：此其於所難之中，又特舉其甚者言之。蓋克己最難，而求仁之功莫先焉。能於此而致其先難之力，不計其獲，則一日克己而天下歸仁矣。非顏子之剛明疇克爾哉。

呂氏曰：當務爲急，不求所難知。力行所知，不憚所難爲。《文集》曰：本欲祇用呂説，後見其後獲意未備，故別下語。又惜其語非他説所及，故存之於後。

元劉因《四書集義精要》卷十二

二十章（樊遲問知）

或問：樊遲問知，而夫子告之以務民之義，敬鬼神而遠之，何也。曰：人道之所宜，近而易知也。非達於事理，則必忽而不務，而反務其所不當務者矣。鬼神之理，幽而難測也，非達於事理，則其昧者必至於慢，惑者必至於瀆矣。誠能專用其力於人道所宜而易知者，而不昧不惑於鬼神之難測者，是則所謂智也。意者樊遲或有此病，故夫子以是警之歟。

曰：所謂鬼神者，非祀典之正耶，則聖人使人敬之，何也。以爲祀典之正耶，則又使人遠之，何也。曰：聖人所謂鬼神，無不正也。其曰遠者，以其處幽，故嚴之而不瀆耳。若其非正，則聖人豈復謂之鬼神哉。在上則明禮以正之，在下則守義以絕之。固不使人敬而遠之，然亦不使人褻而慢之也。

曰：問仁而夫子告之以先難後獲，何也。曰：爲是事者必有是效，是亦天理之自然也。然或先計其效，而後爲其事，則事雖公而意則私，雖有成功，亦利仁之事而已。若夫仁者，則先爲其事，而不計其效，知循天理之自然，而無欲利之私心也。董子所謂仁人者，正其義不謀其利，明其道不計其功。正謂此爾。然正義未嘗不利，明道豈必無功，但不自夫功利者而爲之耳。樊遲蓋有先獲之病，故夫子既告之以此，而又嘗以先事後得告之，其所以警之者至矣。

後獲之後，如後其君，後其親之後。哭死而哀，非爲生，這是熟底。先難後獲是得仁底人。君子行法以俟命，是生底。先難後獲，是求仁底人。又問：謝氏所說，先難如射之有志，若跛之視地，若臨深，若履薄，皆其心不易之謂。曰：說得是先難，是心祇在這裏，更不做別處去。如上嶺，高峻處不得上，心心念念祇要過這處，更不思量到某處。（賀孫）

問：知之事，仁之心。曰：務民之義，敬鬼神而遠之，是就事上說。先難後獲，是就處心積慮處說。（夔孫）答樊遲問知一段，正是指那一條中間正當路子與人。大凡人於其所當做者却不肯做，纔去做時，又便生個計獲之心，皆墮於一偏。（廣）鬼神固不謂淫祀，然淫祀之鬼既不當其位，未能除去，則亦當敬而遠之也。（答李堯卿）問：呂氏四句，後一句少後獲意。曰：當時本欲祇用呂氏說，見其有此未備，故別下語。又惜其語非他說所及，故存之於後耳。（答陳安卿）

元胡炳文《論語通》卷三

民，亦人也。獲，謂得也。專用力於人道之所宜，而不惑於鬼神之不可知，知者之事也。《語錄》：此鬼神指祀典合崇祀者，且如宗廟山川是合祀底，亦當敬而不可褻近。纔泥着，便不是。常人之所謂知，多求知人所不知。聖人之所謂知，祇知其所當知而已。

先其事之所難，而後其效之所得，仁者之心也。此必因樊遲之失而告之。程子曰：人多信鬼神，惑也。而不信者又不能敬。能敬能遠，可謂知矣。輔氏曰：能敬，則知人與鬼神二而一之不可歟。能遠，則知人與鬼神一而二之不可褻。是可不謂之知乎。

又曰：先難，克己也。以所難爲先，而不計所獲，仁也。《語錄》問：既曰仁者，則安得有己私，而更須克己邪。曰：仁人者，正其義不謀其利，明其道不計其功。而語意正如此。仁者雖己無私，然安敢自謂己無私乎。

呂氏曰：當務爲急，不求所難知。力行所知，不憚所難爲。《文集》：本欲祇用呂說，後見其後獲意未備，故別下語。又惜其語非他說所及，故存之於後。通曰：《集注》言知者之事，便見務民之義一句，務字最重。仁者之心，便見先難二字，先字最要。務者，事之所當爲。先者，心之所當急。義，人之所同有。鬼神，在有無之間。務其所固有，而不惑於有無之間，知者之事也。仁者之心，純乎天理，不可有所爲而爲。一有所爲而爲，即非仁者之心矣。

元詹道傳《論語纂箋》卷三

民，亦人也。獲，謂得也。專用力於人道之所宜，而不惑於鬼神之不可知，知者之事也。先其事之所難，而後其效之所得，仁者之心也。此必因樊遲之失而告之。

程子曰：人多信鬼神，惑也。而不信者又不能敬。能敬能遠，可謂知矣。又曰：先難，克己也。以所難爲先，而不計所獲，仁也。呂氏曰：當務爲急，不求所難知。力行所知，不憚所難爲。

明胡廣等《論語集注大全》卷六

民，亦人也。獲，謂得也。專用力於人道之所宜，而不惑於鬼神之不可知，知者之事也。朱子曰：常人之所謂智，多求人所不知。聖人之所謂智，祇知其所當知而已。自常人觀之，此兩事若不足以爲智，然果能專用力於人道之宜，而不惑於鬼神之不可知，却真個是知。或問：所謂鬼神，非祀典之正，何以使人敬之。以爲祀典之正，又何以使人遠之。曰：聖人所謂鬼神，無不正也。曰：遠者，以其處幽，故嚴之而不瀆耳。若其非正，則聖人豈復謂之鬼神哉。在上則明禮以正之，在下則守義以絶之。固不使人敬而遠之，然亦不使人褻而慢之也。雙峰饒氏曰：務民義，敬鬼神而遠之，兩句當合看。如未病謹疾，既病醫藥，人事所宜也。不務此而專禱鬼神，不知也。爲善去惡，人道所宜也。不務爲善而專媚神以求福，不務去惡而專媚神以免禍，皆不知也。

先其事之所難，而後其效之所得，仁者之心也。此必因樊遲之失而告之。朱子曰：董子所謂仁人者，正其義不謀其利，明其道不計其功。正謂此也。然正義未嘗不利，明道豈必無功，但不先以功利爲心耳。樊遲蓋有先獲之病，故夫子既告以此，又以先事後得告之，警之至矣。問：知之事，仁之心。曰：務義敬神，是就事上説。先難後獲，是就處心積慮上説。事也從心裏做出來，然仁字説較近裏，知字説較近外。

程子曰：人多信鬼神，惑也。而不信者又不能敬。能敬能遠，可謂知矣。程子曰：務人之義，乃知也。鬼神不敬，則是不知，不遠則至於瀆，敬而遠之，所以爲知。慶源輔氏曰：能敬，則知人與鬼神二而一之不可敷。能遠，則知人與鬼神一而二之不可褻。是可不謂之知乎。

又曰：先難，克己也。以所難爲先，而不計所獲，仁也。問：既曰仁者，則安得有己私，而更須克己耶。朱子曰：仁者雖己無私，然安敢自謂己無私乎。克己正是要克去私心，若又計其效之所得，乃私心也。祇此私心，便是不仁。新安陳氏曰：先難所包者闊，本不但言克己。程子謂克己，是於所難之中又舉甚者言之，而求仁之功莫先焉。

呂氏曰：當務爲急，不求所難知。力行所知，不憚所難爲。朱子曰：人之於鬼神，自當敬而遠之。若見得那道理分明，則須著如此。又如卜筮自伏犧堯舜以來皆用之，是有此理矣。今人若於事有疑，敬以卜筮決之，有何不可。如義理合當做底事，却又疑惑，祇管去問於卜筮，亦不能遠也。蓋人自有人道所當爲之事，今若不肯自盡，祇管去諂事鬼神，便是不智。又曰：夫子所答樊遲問仁知一段，正是指中間一條正當路與人。人於所當做者却不肯去做，纔去做時，又便生個計獲之心，皆是墮於一偏。人能常以此提撕，則心常得其正矣。民者，人也。義者，宜也。如《詩》所謂民之秉彝，即人之義也。此則人之所宜爲者，不可不務也。此而不務，而反求之幽冥不可測識之間，而欲避禍以求福，此豈謂之智者哉。此鬼神是指正當合祭祀者，且如宗廟山川是合當祭祀底，亦當敬而不可褻近泥著。纔泥著，便不是。且如卜筮，用龜所不能免，臧文仲却爲山節藻梲之室以藏之，便是不知也。先難後獲，仁者之心如是。故求仁者之心，亦當如是。獲，有期望之心。學者之於仁，工夫最難，但先爲人所難爲，不必有期望之心，可也。後，如後其君、後其親之意。哭死而哀，非爲生者。經德不回，非以干祿。言語必信，非以正行。這是熟底。先難後獲，是得仁底人。君子行法以俟命，是生底。先難後獲，是求仁底人。問：上蔡所説先難，謂如射之有志，若跣之視地，若臨深，若履薄，皆其心不易之謂。曰：説得是先難，是心祇在這裏，更不做別處去。如上嶺，高峻處不能得上，心心念念祇在要過這處，更不思量別處去過。這難處未得，便又思量得某處，這便是求獲。雲峰胡氏曰：《集注》言知者之事，便見務民之義一句，務字最重。仁者之心，便見先難二字，先字最要。務者，事之所當爲。先者，心之所當急。又曰：義者，人之所宜爲。鬼神在幽隱之間，務其所宜爲，而不惑於幽隱之間，知者之事也。仁者之心，純乎天理，不可有爲而爲之。一有所爲而爲，則非仁者之心矣。

明蔡清《四書蒙引》卷六

此章答樊遲之問仁知，是必因樊遲有信惑鬼神，計較功利之失而告之。專務乎人道之所宜，至於鬼神，則但敬之，盡所以報事之禮而已，而不諂瀆之以要福。如此，則是知務其所當務，而不務其所不當務，可謂知矣。夫仁者，先其事之所難，而後其效之所得，則其心一於理而不計其私，可謂仁矣。務民之義，先難後獲，皆舉見成底説，但未至自然地位。務民，遠鬼神，分明是於是非上見得透，故爲智。不惑於鬼神之不可知，謂吉凶禍福也。先難後獲，分明是心一於理而無私欲之蔽，故爲仁。仁者先難而後獲，是仁者之心如此。先難，言其心汲汲於是，而不及乎他也。先後，猶緩急。惟知其爲所當爲者，知者之事也。無所爲而爲者，仁者之心也。

明劉宗周《論語學案》卷三

人祇是一心，祇無二，無雜便是道。第一是禍福心害道，進之是欲速，助長心害道。惟知者知當務之急，而不媚神以邀福。惟仁者勇於力行，而不累於正助之私。知以及之，仁以守之。由粗以及精，而漸復其心，體之純，其於道也，幾矣。夫子告樊遲，亦徹上徹下法也。

清《日講四書解義》卷五《論語上》之二

此一章書是言知仁之實理也。樊遲問知於孔子。孔子曰：是非之心，知也。見理既明，則是非不惑。蓋人生日用，自有常行之，則如倫理所當盡，職分所當爲者，勉力是務。至於鬼神，誠敬以事，略無諂瀆之心，則禍福不足以攖其胸矣。可不謂之知乎。又問仁。孔子曰：心無私欲，仁也。存心既公，則私欲不眩。蓋爲人之道，本有自然之理，如身心之所屬，性分之所關者，不辭其難，至於後效，俟其自至，絕無覬覦之念，則功利不足以撼其中矣。可不謂之仁乎。總之，知者敏於見事而心不淆，仁者純以居心而事不擾。仁知雖有殊名，而其理則一而已。

清孫奇逢《四書近指》卷六

知，非有質也，附物而見，故舉義者得知然。慢鬼神，非義也。近鬼神，非義也。一敬一遠之間，各有攸宜，可謂知矣。

董子曰：正其誼不謀其利，明其道不計其功。此先難後獲之旨也。此正時習之學。

清陸隴其《松陽講義》卷七

這一章論仁知。注謂此必因樊遲之失而告之，蓋仁知工夫不止於此，故知是因遲之失而告之，亦如告由以不知爲不知，告牛以仁者其言也訒，皆是因病立方。曰可謂知矣，可謂仁矣，語氣便有分寸，不是謂知仁之道盡於此也。樊遲問知，不知他平日認知是如何。但其病必是於人倫日用間多所忽略，却不免惑於禍福之說。這個病不除，即竭力去做窮理格物工夫，決不能切實。遲又問仁。不知他平日認仁是如何。但其病必是於當做的工夫怕其難而不做，却不免有速求其效之心。這個病不除，即終日去做克己敬恕工夫，決不能真實。故夫子因其問知，而告之曰，務民之義，敬鬼神而遠之，可謂知矣。民字衹作人字看，勿指群黎百姓。民義，如子臣弟友，視聽言動，喜怒哀樂皆是。務，是辨其體用，考其節文。鬼神以祀典之正者言，不去諂瀆便是遠。朱子曰，聖人所謂鬼神，無不正也。曰遠者，以其處幽，故嚴之而不瀆耳。若其非正，則聖人豈復謂之鬼神哉。在上則明禮以正之，在下則守義以絕之。此二句總是知其所當知，而不惑於禍福之不可知。緊對樊遲病痛，去了這個病，然後窮理格物可漸至於無不明矣。因其問仁，而告之曰，仁者先難而後獲，可謂仁矣。事之所難所包者廣，任重道遠皆是。程子專指克己，就其最重者言耳。

仇滄柱曰：先難二字，朱子《集注》與上蔡謝氏之說不同。朱子指爲事之所難，用功專在一先字。謝氏以心之不易爲難，喫緊反在難字。用功在先字，則與後字相應，是一緩一急對說，足杜樊遲謀利之意。喫緊在難字，則與獲字相應，卻是前此難而後來獲，反開樊遲計效之心矣。此一句總是爲其所當爲，且無所爲而爲，亦緊對樊遲病痛，去了這個病，然後克己敬恕可漸至於無不純矣。《集注》於上截言知者之事，下截言仁者之心。朱子謂務義敬神是就事上說，先難後獲是就處心積慮上說。事也從心裏做出來。注雖分心與事，勿泥看。學者讀這章書，須知要求知仁，當各就自家病痛重處盡情消融，消融得自家病痛，知仁工夫便容易了。然病痛雖各不同，這個忽略民義，諂瀆鬼神，怕難計效的病，是學者所最易犯的。如一部《小學》《家禮》多束之高閣，不去理會，能務民義者有幾人。佛老異端甘心迷溺，不惑鬼神者有幾人。至於先難後獲，且不要說此事上有個希圖效驗的意思，兼於此事外，營求僥倖，胸中都是功利念頭，所謂正其誼不謀其利，明其道不計其功者，皆視爲迂濶的話，這個病不除，安有到知仁的日子。須要猛省，莫笑樊遲粗鄙近利，樊遲粗鄙近利的病痛，比今人尚輕得多也。

務義，遠鬼神，先難後獲，淺看則各有兩層，深看則皆祇是一事。真能務義者，自然能遠鬼神。真能先難者，自然能後獲。

注不惑於鬼神之不可知。不是說不當知敬遠，是曉得不可媚神邀福，正是知鬼神處。所謂不可知，祇指禍福言。

清李光地《讀論語劄記》卷上

知者，仁者，皆急於當務而緩於求報。知以所知言，故不惑，而達於天人之理。仁以所存言，故無所爲而爲，而合乎天地之心。程子曰：先難，克己也。此亦就其最難者言耳。實則先難後獲，泛言凡事。如事君敬其事而後其食，憂道不憂貧之類，皆是也。他日又告之曰：先事後得，非崇德與。亦即此意。

清焦袁熹《此木軒四書說》卷三

樊遲未必有窮極幽深之意，其於鬼神，恐祇是惑於禍福之事，如臧文仲居蔡之類。

鬼神能爲禍福，此等有不可知者。至於往來屈伸，誠感誠應之理，則無不可知也。

先難，該一切言。雖至麤至小之事，但盡心爲所當爲，而不計其利，即此一念一事，是亦仁也。以道言，則無精粗，無大小也。伊尹之一介不取，與孔子之委吏乘田會計當牛羊茁壯而已是也。下之則如漂母云哀王孫而進食，豈望報乎。亦其近似者也。必以克己復禮，天下歸仁言者。非孔子當日教樊遲之旨也。

經部

宋《程氏經説》卷七《論語説》

樊遲問知，能從百姓之所義者，知也。鬼神當敬也，親而求之，則非知也。以所難爲先，而不計所獲，仁也。

宋錢時《融堂四書管見》卷三

樊遲問知。子曰：務民之義，敬鬼神而遠之，可謂知矣。問仁。曰：仁者先難而後獲，可謂仁矣。

乖人道，瀆鬼神，知者不爲也。仁者難在何處，往往纔打不過，便放下了，直是到險絕處能勇於一進，然後爲得也。纔有計獲之心，便不是。

宋馮椅《厚齋易學》卷二十三

程正叔曰：群生至衆也，而可一其歸仰。人心莫知其鄉也，而能致其誠敬。鬼神之不可度也，而能致其來格。天下萃合人心，總攝衆志之道，非一其至大，莫過於宗廟，故王者萃天下之道至於有廟，則萃道之至也。祭祀之報本於人心，聖人制禮以成其德耳。故豺獺能祭，其性然也。

宋董楷《周易傳義附録》卷七下

萃。亨，王假有廟。

傳：王者萃聚天下之道至於有廟，極（一無極字）也。群生至衆也，而可一其歸仰。人心莫知其鄉也，而能致其誠敬。鬼神之不可度也，而能致其來格。天下萃合人心，總攝衆志之道非一，其至大，莫過於宗廟，故王者萃天下之道至於有廟，則萃道之至也。祭祀之報本於人心，聖人制禮以成其德耳。故豺獺能祭，其性然也。萃，下有亨字。羨，文也。亨字自在下，與渙不同。渙則先言卦才，萃乃先言卦義。彖辭甚明。

程氏附録。古人祭祀用尸，極有深意，不可不深思。蓋人之意氣既散，孝子求神而祭，無尸則不享，無主則不依。故易於渙萃皆言王假有廟，即渙散之時事也。魂氣必求其類而依之，人與人既爲類，骨肉又爲一家之類，己與尸各既已潔齊，至誠相通，以此求神，宜其享之後世，不知此（一有道字），直以尊卑之勢，遂不肯行耳。

宋時瀾撰《增修東萊書説》卷二十四《多士》

我聞曰：上帝引逸，有夏不適逸，則惟帝降格，嚮于時夏。弗克庸帝，大淫泆有辭。惟時天罔念聞，厥惟廢元命，降致罰。乃命爾先祖成湯革夏，俊民甸四方。自成湯至于帝乙，罔不明德恤祀。亦惟天丕建，保乂有殷。殷王亦罔敢失帝，罔不配天其澤。

桀之亡，即紂之亡也。湯之興，即武王之興也。鳴條之事，凡爲商民者莫不知其應乎天而順乎人矣。至於商周之際乃有疑焉。觀其前則明，處其中則蔽也。故周公舉湯桀之舊聞以告之，自其明以達其蔽也。上帝引逸者，非有形聲之接也。人心得其所安，則韰韰而不能已，斯則上帝引之也。是理坦然亦何間於桀第。桀喪其良心，自不適其所安耳。帝實引之，桀實避之，則其惡升聞，而惟帝降格矣。天人之際惟極乃通。治極則通，格于皇天是也。亂極亦通，惟帝降格是也。治亂雖殊，極乎下而通於上，則一而已。帝既降格，譴告災異，以示所嚮，於是夏邦可以深警矣。尚猶弗能敬用帝命，大肆淫泆，惡播人口至於有辭，自絕於天而天亦絕之。故惟時天罔念聞也。

元命者，大善之命也。出於天而行於君者也。桀以淫泆肆於民上，舉措誅賞無非私意，安得有所謂元命哉。元命廢則降致天罰，夏祚亦從而廢矣。國之元命猶人之元氣，有則生，無則死也。夏既廢其命，故天乃命爾先祖成湯爰革夏正焉。俊民甸四方者，湯所以盡人君之職分也。人君之於四方，豈獨恃一手一足之力哉。明揚俊民，分布遠邇，使之甸治區畫各有攸守，而人君之職分盡矣。伊尹之稱湯曰：旁求俊彦。孟子之稱湯曰：立賢無方。蓋成湯治天下之規模，惟伊尹周公孟子則深知之也。明德者，治國平天下之本，而恤祀則致敬鬼神，聚其德而神明之者也。自成湯至于帝乙，聖賢之品差亦不一矣。謂之罔不明德恤祀者，言大略不失此心，所以傳世不墜也。商之多哲王是豈人力哉。亦惟天大建立保治有殷而然也。殷之哲王亦皆操存此心，罔敢失帝之則，無私主則無私施也。此布德行惠所以罔不配天其澤也。苟不知操存，失其帝，則雖欲澤民亦皆私意之爲，何足以配天乎。

元吳澄撰《書纂言》卷四上《金縢》

秋，大熟，未穫。天大雷電以風，禾盡偃，大木斯拔。邦人大恐。王與大夫盡弁以啓金縢之書，乃得周公所自以爲功代武王之説。二公及王乃問諸史與百執事。對曰：信。噫。公命我勿敢言。王執書以泣，曰：其勿穆卜。昔公勤勞王家，惟予沖人弗及知。今天動威以彰周公之德，惟朕小子其親逆，我國家禮亦宜之。王出郊，天乃雨，反風，禾則盡起。二公命邦人，凡大木所偃，盡起而築之。歲則大熟。

東征之二年，罪人斯得，而周公尚留居東都，此其三年之秋也。大雷電以風，天之怒而渝也。弁，皮弁。常服玄冠。端畏天威，敬鬼神，故王與大夫盡改服皮弁素積，啓金縢所藏卜書以卜，而於其匱中見周公請命之册。諸史百執事供給卜筮之人，昔日從周公以卜者，今王將卜，故為卜而俱至。二公及王得周公代死之說，遂以問之，則為信有此事。噫，心不平之聲。又慨歎而謂公常有命令勿與人言，故我勿敢言爾。蓋請命代死出於一時迫切之誠，變禮也，非常道也。故不令宣洩。成王初意欲卜天變之為何。既得此說，始知昔日周公如此用心，以勤勞於王家，王自悔年幼不及知，不免為流言所惑。夫周公肯以身代兄死，其肯奪兄子之位乎。以公之忠聖而被謗蒙疑，至今在外。公無負於王，王有負於公矣。天動威譴告，以彰顯周公忠聖之德。王因此感悟，知天變為公，故曰：其勿穆卜。王疑既釋，亟欲去歸，謂我當親迎。而國家所以待公之禮，亦當宜稱。公自東歸將至，王出郊以迎，而天乃雨，陰陽和也。反偃禾之風，而禾之偃者盡起。天意回也。感應之速如此。凡大木為風所拔者，既顛仆於地矣。風所偃者，根未拔而幹欹斜則合衆力支拽之起，其幹令不偃，又築其根，令堅固也。前言秋大熟，後言歲則大熟，其辭相始終，以見未穫。而禾偃既偃而復起，雖遭風災而不害也。親迎，俗本親作新，今從馬氏本。

元史伯璿《四書管窺》卷二

《居蔡》章，山節藻梲。

攷證：按：《禮記》：管仲山節藻梲，君子以為濫。以此例之，則山節藻梲似指宮廟之僭侈，與居蔡各是一事，同歸不知爾，當攷。

按：《語錄》：大夫不藏龜，禮家乃因此立說，未可盡信。古說為僭，若是僭，不止是不知，便是不仁了。詳此，則以山節藻梲為宮廟僭侈，又似乎不仁。以居蔡為各是一事，亦無以見其不知矣。《語錄》又謂三不知，皆是瀆鬼神之事。況《春秋傳》祇說三不知，若如攷證之言，則不知之目不止於三矣。豈夫子於彼有所遺耶。唯以為山節藻梲為藏龜之室，乃見其諂瀆鬼神處，與答樊遲問知，敬鬼神而遠之之言有契，可以為不知之實耳。攷證何必求異於《集注》乎。

清喬萊《易俟》卷十

象曰：天下有山，遯。君子以遠小人，不惡而嚴。

萊按：遠小人，先儒多作遯而避之。若總是遯而避之，則不惡而嚴，用不著矣。當作敬鬼神而遠之遠字看。近固足以喪名，惡亦足以取禍。不惡而嚴，乃是第一善處之方。

清納喇性德《大易集義粹言》卷四十九

伊川先生曰：王者萃聚天下之道至於有廟極（一無極字）也。群生至衆也，而可一其歸仰。人心莫知其鄉也，而能致其誠敬。鬼神之不可度也，而能致其來格。天下萃合人心，總攝衆志之道非一，其至大，莫過於宗廟。故王者萃天下之道至於有廟，則萃道之至也。祭祀之報本於人心，聖人制禮以成其德耳。故豺獺能祭，其性然也。萃下有亨字。羨，文也。亨字自在下，與渙不同，渙則先言卦才，萃則先言卦義，彖辭甚明。

天下之聚必得大人以治之。人聚則亂，物聚則爭，事聚則紊，非大人治之，則萃所以致爭亂也。萃以不正，則人聚爲苟合，財聚爲悖入，安得亨乎。故利貞萃者，豐厚之時也。其用宜稱，故用大牲。吉事莫重於祭，故以祭享而言。上交鬼神，下接民物，百用莫不皆（一作當）然。當萃之時，而交物以厚，則是享豐富之吉也。天下莫不同其富樂矣。若時之（一無之字）厚而交物以薄，乃不享其豐美，天下莫之與而悔吝生矣。蓋隨時之宜，順理而行，故象云順天命也。夫不能有爲者，力之不足也。當萃之時，故利有攸往。大凡興功立事，貴得可爲之時，萃而後用，是以動而有裕，天理然也。（並《易傳》）

清《欽定禮記義疏》卷首

天德王道，其本一也。一者何。曰：心而已。聖人言王道，必本諸一心。然心不可以名象形，不可以言語飾，不可以事功論，不可以鬼神惕。蓋敬鬼神而遠之，鬼神亦吾心中之一物耳。論事功，則唐太宗致治之盛幾於成康。然於古聖王，天德王道一以貫之者，槩乎其未有聞也。至於言語名象更爲枝蔓，其不可以徵心明矣。故《記》言王道亦曰：心無爲也，以守至正。

又卷五《曲禮》

龜爲卜，策爲筮。卜筮者，先聖王之所以使民信時日，敬鬼神，畏法令也。所以使民決嫌疑，定猶與也。故曰：疑而筮之，則弗非也。日而行事，則必踐之。

正義，鄭氏康成曰，弗非，無非之者。日，所卜筮之吉日也。王氏肅曰，踐，履也。卜得可行之日，必履而仃之。孔氏穎達曰，龜爲卜，策爲筮，解所用也。使民信時日者，解所以須卜筮之義也。先聖王者，明造制卜筮必聖位兼并也。時者，四時。日者，甲乙之屬。法典，則也。令，教訓也。猶與者，《説文》云：皆獸名。猶，玃屬。與，象屬。二獸進退多疑，人多疑者似之，故謂之猶與。故曰以下，引舊語以結之。言卜筮以定是非，有疑而筮之，則人無非之。不言卜，從可知。邵氏困曰：卜筮之事，忽之者以爲不足信，泥之者以爲不可不信。記禮者，慮人之泥之也，則曰：不過三，不相襲。又慮人之忽之也，則曰：信時日，敬鬼神，畏法令。是又戒其忽也。吳氏澄曰：卜筮之用有二，占日與占事也。用之以占日，使民信時日。用之以占事，使民決嫌疑。

又卷十一《檀弓上》

子蒲卒，哭者呼滅。子皋曰：若是野哉。哭者改之。

正義，鄭氏康成曰，滅，蓋子蒲名。惟復呼名孔疏，冀其聞名而反。子皋，孔子弟子高柴。野哉，非之也。孔氏穎達曰，此論哭者呼名非禮之事。野，不達禮也。哭則敬鬼神，不復呼名。此家哭，呼名。子皋非之，乃改也。

又卷十二《檀弓下》

喪之朝也，順死者之孝心也。其哀離其室也，故至於祖考之廟而后行。殷朝而殯於祖，周朝而遂葬。

正義，鄭氏康成曰：朝謂遷柩於廟。孔氏穎達曰，此論殷周死者朝廟之事。喪之朝也，謂將葬，以柩朝廟也。夫爲人子之禮，出必告，反必面。今將葬，以車載柩而朝於廟，是順死者之孝心也。又死者神靈悲哀，棄離其室，故至於祖考之廟，辭而後行。

通論：孔氏穎達曰，殷人尚質，敬鬼神而遠之，死則爲神，故朝而殯於祖廟。周則尚文，親雖亡歿，猶若存在，不忍便以神事之，故殯於路寢，及朝遂葬。

案：殷殯於廟，故未殯先朝。周殯於寢，故朝而後葬。此神道人道之別。

又卷六十七《中庸》

君子之所不可及者，其唯人之所不見乎。《詩》云：相在爾室，尚不愧於屋漏。

鄭氏康成曰，君子雖隱居，不失其君子之容德也。相，視也。室西北隅謂之屋漏。視女在室獨居耳，猶不愧於屋漏。屋漏，非有人也，況有人乎。孔疏，君子雖隱居，不失其君子之容德也者。隱居，謂在室獨居，猶不愧畏。無人之處又常能恭敬，是不失其君子之容德也。云西北隅謂之屋漏者，《爾雅·釋宮》文。戶明漏照其處，故稱屋漏。屋漏非有人者，言人之所居多近于戶。屋漏，深邃之處，非人所居，故云非有人也。云況有人乎者，言無人之處尚不愧之，況有人之處，不愧之可知也。言君子無問有人無人，恒能畏懼也。

孔氏穎達曰，子至屋漏，此明君子之閒居獨處，不敢為非，故云君子所不可及者，其唯人之所不見乎。

《詩》云，在爾室，尚不愧於屋漏。此《大雅·抑》之篇，刺厲王之詩。詩人意稱王朝小人不敬鬼神，瞻視女在廟堂之中，猶尚不愧畏於屋漏之神。記者引之，斷章取義，言君子之人在室之中，屋漏雖無人之處，不敢為非，猶愧懼於屋漏之神，況有人之處。君子愧懼可知也。言君子雖獨居，常能恭敬。

朱子曰，《詩·小雅·正月》之篇，承上文言，莫見乎隱，莫顯乎微也。疚，病也。無惡於志，猶言無愧於心，此君子謹獨之事也。

又卷六十九

子曰：南人有言曰：人而無恒，不可以為卜筮。古之遺言與。龜筮猶不能知也，而況於人乎。《詩》云：我龜既厭，不我告猶。《兌命》曰：爵無及惡德。民立而正事，純而祭祀，是為不敬。事煩則亂，事神則難。《易》曰：不恒其德，或承之羞。恒其德偵。婦人吉，夫子凶。

正義。鄭氏康成曰，恒，常也。不可為卜筮，言卦兆不能見其情，定其吉凶也。猶，道也。言褻而用之，龜厭之，不告以吉凶之道也。惡德，無恒之德也。純，或為煩。惡德之人使事煩，事煩則亂。使事鬼神，又難以得福也。

孔氏穎達曰，龜筮猶不能得知無恒之人，況於凡人乎。《詩·小雅·小旻》篇，刺幽王數誣卜筮。《說命》傅說告高宗之辭，言惡德之人主掌祭祀，其事則煩，事煩則致亂也。《易》恒卦，九三，六五，爻辭引之，以証無恒，其行惡也。呂氏大臨曰，德歸於一則有恒，二三則無恒。鬼神之理至虛而善應。齊戒潔成，虛心以求之，猶有不應。將以二三不定之私意，瀆而求之，其可得乎。馬氏睎孟曰，婦人無攸，遂在中饋，吉德不可以無恒。夫子以知率人，德不可以無變，所謂婦人之從一而終，夫子制義，從婦而凶，與此合。

存疑：鄭氏康成曰，純，猶皆也。言君祭祀賜諸臣爵，無與惡德之人也。民將立以為正。言放傚之疾。事皆如是而以祭祀，是不敬鬼神也。孔疏，此明為人臣之法，當有恒言。若爵此惡德之人，立之以為正事，在下必學之。若每事皆爵此惡德之人，主掌祭祀，是不敬鬼神，難得其福。偵，問也。問正為偵。婦人，從人者也。以問正為常德，則吉。男子當專行幹事，而以問正為常德，是亦無恒之人也。

孔氏穎達曰，南人，殷掌卜之人。案：孔疏無據。朱子曰，南人，南國之人。

陸氏佃曰，民立而正，正讀如政。民立而正事純，即《書》所謂惟厥攸居，政事惟醇也。而祭祀是爲不敬，即《書》所謂黷於祭祀，時謂弗欽也。爵罔及惡德，民立而正事，純可謂善矣。然祭祀爲不敬，則事煩不能不亂，事神難矣。事煩讀如事神之事，雖然，恒其德矣，不知化而趨變，是亦凶而已矣。故經合二爻以爲一。

案：《書·兌命》之意，言無恒之人是謂惡德，朝廷爵命罔有及者，則民亦惟立汝正事，改惡脩德可矣。若純求之祭祀，以希爵命，鬼神聰明正直，而諂黷之，是謂不敬也。祭愈煩而心愈亂，以此事神，不亦難乎。下又引《易》見所謂恒者非拘固之謂，可與立，又當可以權，以足上文之義。

清《日講四書解義》卷五《論語上》之二

子曰：臧文仲居蔡，山節藻梲，何如其知也。

此一章書言諂黷鬼神之不得爲知也。臧文仲，名辰，魯大夫。蔡是大龜，出蔡地，故名蔡。孔子曰：臧文仲，人皆以爲知。夫知者明理，當無諂黷鬼神之事。乃臧文仲之於蔡也，爲室以居之，又將柱頭斗拱刻爲山形，梁上短柱畫以水草，文仲之意以爲敬蔡，如此必能降福。不知蔡爲占卜之用，止可決吉凶之幾，不能操禍福之柄。文仲理既不明，心且大惑，何如謂之知乎。孔子答樊遲問知，曰：務民之義，敬鬼神而遠之。蓋知者明理，必無諂黷鬼神之事，從事於知者，可以醒矣。

清江永《禮書綱目》卷七十四

子曰：夏道尊命，事鬼敬神而遠之，近人而忠焉。先禄而後威，先賞而後罰，親而不尊。遠鬼神，近人謂外宗廟，內朝廷。其民之敝，蠢而愚，喬而野，樸而不文。以本不困於刑罰，少詐諼也。敝謂政教衰失之時也。殷人尊神，率民以事神。先鬼而後禮，先罰而後賞，尊而不親。先鬼後禮，謂內宗廟，外朝廷也。禮者，君臣朝會，凡以摯交接相施予。其民之敝，蕩而不靜，勝而無恥。以本狀於鬼神虛無之事，令其心於蕩無所定，困於刑罰，苟勝免而無恥也。《月令》曰：無作淫巧，以蕩上心。周人尊禮尚施，事鬼敬神而遠之，近人而忠焉。其賞罰用爵列，親而不尊。賞罰用爵列，以尊卑爲差。其民之敝，利而巧，文而不慚，賊而蔽。以本數交接以言辭，尊卑多訟獄。

史部

《晉書·禮志上》

武帝泰始元年十二月詔曰：昔聖帝明王，修五嶽四瀆，名山川澤，各有定制，所以報陰陽之功故也。然以道莅天下者，其鬼不神，其神不傷人。故祝史薦而無媿辭，是以其人敬慎幽冥，而淫祀不作。末世信道不篤，僭禮瀆神，縱欲祈請，曾不敬而遠之，徒偷以求幸。祅妄相煽，舍正爲邪。故魏朝疾之，其按舊禮，具爲之制，使功著於人者，必有其報，而祅淫之鬼，不亂其間。二年正月，有司奏：春分祠屬，殃及禳祠。詔曰：不在祀典，除之。

陳厚耀《春秋戰國異辭》卷十九

齊景公上

晏子使晉，晉平公享之。問曰：昔吾先君得衆若何。晏子對曰：君享寡君，施及使臣。（《左傳》二十八年齊景公朝晉）御在君側，恐懼不知所以對。平公曰：聞子大夫數矣。今乃得見，願終聞之。晏子對曰：臣聞君子如淵，衆人歸之如魚。若淵澤決竭，其魚動流，夫往者維雨乎，不可復也。公又問曰：請問莊公與今孰賢。晏子曰：兩君之行不同，臣不敢知也。公曰：王室之正也，諸侯之專制也，是以欲聞子大夫之言。對曰：先君莊公不安靜處，樂節飲食，不好鐘鼓，好兵作武，士與同飢渴寒暑。君之強，過人之量，有一過不能已焉，是以不免於難。今君大宮室，美臺榭，以辟飢渴寒暑，畏禍敬鬼神，君之善足以没身，不及子孫矣。（《晏子》卷二）

子部

漢王符《潛夫論》卷六《卜列》

天地開闢有神民，民神異業精氣通。行有招召，命有遭隨。吉凶之期，天難諶斯。聖賢雖察不自專，故立卜筮以質神靈。孔子稱蓍之德圓而神，卦之德方以智。又曰，君子將有行也，問焉而以言，其受命如響。是以禹之得臯陶，文王之取呂尚，皆兆告其象，卜底其思，以成其吉。夫君子聞善則勸樂而進德，聞惡則循省而改尤，故安靜而多福。小人聞善則儳懼，聞惡則妄爲，故狂躁而多禍。是故凡卜筮者，蓋以問吉凶之情，言興衰之期，令人修身慎行以逆（迎）福也。且聖王之立卜筮也，不違民以爲吉，不專任以斷事。故《洪範》之占，大同是尚。《書》又曰：假爾元龜，罔敢知吉。《詩》云：我龜既厭，不我告猶。從此觀之，蓍龜之情，儻有隨時變易，不以誠邪。將世無史蘇之材，識神者少乎。及周史之筮敬仲，莊叔之筮穆子，可謂能探頤索隱，鉤深致遠者矣。使獻公早納史蘇之言，穆子宿備莊叔之戒，則驪姬豎牛之讒，亦將無由而入，無破國危身之禍也。聖人甚重卜筮，然不疑之事亦不問也。甚敬祭祀，非禮之祈亦不爲也。故曰：聖人不煩卜筮，敬鬼神而遠之。

夫鬼神與人殊氣異務，非有事故，何奈於我。故孔子善楚昭之不祀河，而惡季氏之旅泰山。今俗人策於卜筮，而祭非其鬼，豈不惑哉。亦有妄博（傳）姓於五音，設五宅之符第，其爲誣也甚矣。古有陰陽，然後有五行。五帝右據行氣，以生人民。載世遠，乃有姓名敬民。名字者，蓋所以別眾狠而顯此人爾，非以絕（紀）五音而定剛柔也。今俗人不能推紀本祖，而反欲以聲音言語定五行，誤莫甚焉。夫魚處水而生，鳥據巢而卵。即不推其本祖，諧音而可，即呼鳥爲魚，可內之水乎。呼魚爲鳥，可棲之木邪。此不然之事也。命駒曰犢，終不爲馬。是故凡姓之有音也，必隨其本生祖所土（王）也。

太皞木精，承歲而王，夫其子孫咸當爲角。神農火精，承熒惑而王，夫其子孫咸當爲徵。黃帝土精，承鎮而王，夫其子孫咸當爲宮。少皞金精，承太白而王，夫其子孫咸當爲商。顓頊水精，承辰而王，夫其子孫咸當爲羽。雖號百變，音行不易。俗工又曰：商家之宅，宜西出門。此復虛矣。五行當出乘其勝，入居其陰乃安吉。商家向東入，東入反以爲金伐木，則家中精神日戰鬪也。五行皆然。

又曰：宅有宮商之第，直符之歲，既然者，放其上增損門數，即可以變其音而過其符邪。今一宅也，同姓相伐，或吉或凶。一宮也，同姓相伐，或遷或免。一宮也，成康居之，日以興，幽厲居之，日以衰。由此觀之，吉凶興衰，不在宅明矣。及諸神祇太歲豐隆鉤陳太陰將軍之屬，此乃天吏，非細民所當事也。天之有此神也，皆所以奉成陰陽而利物也，若人治之有牧守令長矣。向之何怒。背之何怨。君民道近，不宜相責，況神致貴，與人異禮，豈可望乎。且欲使人而避鬼，是即道路不可行，而室廬不復居也。此謂賢人君子秉心方直，精神堅固者也。至如世俗小人，醜妾婢婦，淺陋愚戇，漸染既成，又數揚精破膽。今不順精誠所向，而強之以其所畏，直亦增病爾。

何以明其然也。夫人之所以爲人者，非以此八尺之身也，乃以其有精神也。人有恐怖死者，非病之所加也，非人功之所幸也。然而至於遂不損者，精誠去之也。蓋奔杶猛虎而不違，嬰人畏螻蟻而發聞。今通士或欲強贏病之愚人，必之其所不能，吾又恐其未盡善也。移風易俗之本，乃在開其心而正其精。今民生不見正道，而長於邪淫詫惑之中，其信之也，難卒解也。唯王者能變之。

宋《二程遺書》卷十八

問：務民之義，敬鬼神而遠之，何以爲知。曰：祇此兩句，説知亦盡。且人多敬鬼神者，祇是惑。遠者又不能敬。能敬能遠，可謂知矣。又問：莫是知鬼神之道，然後能敬能遠否。曰：亦未説到如此深遠處。且大綱説當敬不惑也。問：今人奉佛，莫是惑否。曰：是也。敬佛者（不）惑，不敬者，祇是孟浪不信。又問：佛當敬否。曰：佛亦是胡人之賢智者，安可慢也。至如陰陽卜筮擇日之事，今人信者必惑，不信者亦是孟浪不信。如出行忌太白之類，太白在西，不可西行。有人在東方居，不成都不得西行。又却初行日忌，次日便不忌，次日不成不衝太白也。如使太白爲一人爲之，則鬼神亦勞矣。如行遇風雨之類，則凡在行者，皆遇之也。大抵人多記其偶中耳。

宋袁采《袁氏世範》卷中

處己

人爲善事而未遂，禱之於神，求其陰助，雖未見效，言之亦無愧。至於爲惡事而未遂，亦禱之於神，求其陰助，豈非欺罔。如謀爲盜賊而禱之於神，爭訟無理而禱之於神，使神果從其言而幸中，此乃貽怒於神，開其禍端耳。凡人行己公平正直，可用此以事神，而不可恃此以慢神，可用此以事人，而不可恃此以傲人。雖孔子亦以敬鬼神，事大夫，畏大人爲言，況下此者哉。彼有行己不當理者，中有所慊動輒知畏，猶能避遠災禍，以保其身。至於君子而偶罹于災禍者，多由自負以召致之耳。

宋《朱子語類》卷三

或問：鬼神有無。曰：此豈卒乍可説。便説，公亦豈能信得及。湏於衆理看得漸明，則此惑自解。樊遲問知。子曰：務民之義，敬鬼神而遠之，可謂知矣。人且理會合當理會底事，其理會未得底，且推向一邊，待日用常行處理會得透，則鬼神之理將自見得，乃所以爲知也。未能事人，焉能事鬼，意亦如此。（必大）

【略】

理有明未盡處，如何得意誠。且如鬼神事，今是有是無。因説張仲隆曾至金沙堤，見巨人跡。此是如何。揚謂：册子説，并人傳説，皆不可信，湏是親見。揚平昔見册子上并人説得滿頭滿耳，祇是都不曾目見。先生曰：祇是公不曾見。

畢竟其理如何。南軒亦祇是硬不信，有時戲說一二。如禹鼎鑄魑魅魍魎之屬，便是有這物。深山大澤，是彼所居處，人往占之，豈不爲祟。邵先生語程先生：世間有一般不有不無底人馬。程難之，謂鞍轡之類何處得。如邵意，則是亦以爲有之。邵又言：蜥蜴造雹。程言：雹有大者，彼豈能爲之。

豫章曾有一劉道人，嘗居一山頂結菴。一日，衆蜥蜴入來，如手臂大，不怕人，人以手撫之，盡吃菴中水。少頃，菴外皆堆成雹。明日，山下果有雹。此則是册子上所載。有一妻伯劉丈，其人甚樸實，不能妄語。云：嘗過一嶺，稍晚了，急行。忽聞溪邊林中響甚，往看之，乃無數蜥蜴在林中，各把一物，如水晶，看了，去未數里，下雹。此理又不知如何。造化若用此物爲雹，則造化亦小矣。又南劍鄧德喻嘗爲一人言，嘗至餘杭大滌山中，常有龍骨，人往來取之。未入山洞，見一陣青煙出。少頃，一陣火出。少頃，一龍出，一鬼隨後。大段盡人事，見得破，方是。不然，不信。中有一點疑在，終不得。又如前生後生死復爲人之說，亦須要見得破。

又云：南軒拆廟，次第亦未到此。湏是使民知信，末梢無疑，始得。不然，民倚神爲主，拆了轉使民信向怨望。舊有一邑，泥塑一大佛，一方尊信之。後被一無狀宗子斷其首。民聚哭之，頸上泥木出舍利。泥木豈有此物，祇是人心所致。先生謂一僧云。問：龍行雨如何。曰：不是龍口中吐出，祇是龍行時，便有雨隨之。劉禹錫亦嘗言，有人在一高山上，見山下雷神龍鬼之類行雨。此等之類無限，實要見得破。

問：敬鬼神而遠之，則亦是言有，但當敬而遠之，自盡其道，便不相關。曰：聖人便說祇是如此。嘗以此問李先生，曰：此處不湏理會。先生因曰：蜥蜴爲雹，亦有如此者，非是雹必要此物爲之也。（揚）

又卷三十二

樊遲問知章

問：務民之義，敬鬼神而遠之，諸家皆作兩事說。曰：此兩句恐是一意。民者，人也。義者，宜也。如《詩》所謂民之秉彝，即人之義也。此則人之所宜爲者，不可不務也。此而不務，而反求之幽冥不可測識之間，而欲避禍以求福，此豈謂之智者哉。先難後獲，即仲舒所謂仁人明道不計功之意。呂氏說最好，辭約而義甚精。（去僞）

問：樊遲問知，當專用力於人道之所宜，而不惑於鬼神之不可知，此知者之事也。若不務人道之所宜爲，而褻近鬼神，乃惑也。須是敬而遠之，乃爲知。先難而後獲，謂先其事之所難，而後其效之所得，此仁者之心也。若方從事於克己，而便欲天下之歸仁，則是有爲而爲之，乃先獲也。若有先獲之心，便不可以爲仁矣。曰：何故有先獲之心，便不可以爲仁。曰：方從事於仁，便計較其效之所得，此便是私心。曰：此一句説得是。克己，正是要克去私心，又却計其效之所得，乃是私心也。祇是私心，便不是仁。又曰：務民之義，祇是就分明處用力，則一日便有一日之效，不知務民之義，褻近鬼神，祇是枉費心力。今人褻近鬼神，祇是惑於鬼神，此之謂不知。如臧文仲居蔡，古人非不用卜筮，今乃褻瀆如此，便是不知。呂氏當務之爲急，説得好，不求於所難知一句，説得鶻突。（南升）

問：敬鬼神而遠之，莫是知有其理，故能敬。不爲他所惑，故能遠。曰：人之於鬼神，自當敬而遠之。若見得那道理分明，則須著如此。如今人信事浮屠，以求福利，便是不能遠也。又如卜筮，自伏羲堯舜以來皆用之，是有此理矣。今人若於事有疑，敬以卜筮決之，有何不可。如義理合當做底事，却又疑惑，祇管去問於卜筮，亦不能遠也。蓋人自有人道所當爲之事，今若不肯自盡，祇管去諂事鬼神，便是不智。因言，夫子所答樊遲問仁智一段，正是指中間一條正當路與人。人所當做者，却不肯去做，才去做時，又便生個計獲之心，皆是墮於一偏。人能常以此提撕，則心常得其正矣。（廣）

問：敬鬼神而遠之。曰：此鬼神是指正當合祭祀者。且如宗廟山川，是合當祭祀底，亦當敬而不可褻近泥着。才泥着，便不是。且如卜筮用龜，所不能免。臧文仲却爲山節藻梲之室以藏之，便是不智也。（銖）

問：敬鬼神而遠之。如天地山川之神與夫祖先，此固當敬。至如世間一種泛然之鬼神，果當敬否。曰：他所謂敬鬼神，是敬正當底鬼神。敬而遠之，是不可褻瀆，不可媚。如卜筮用龜，此亦不免。如臧文仲山節藻梲以藏之，便是媚，便是不知。（節）

問：程子説鬼神，如孔子告樊遲，乃是正鬼神。如説今人信不信，又別是一項，如何滾同説。曰：雖是有異，然皆不可不敬遠。（可學）

先難後獲，祇是無期必之心。（時舉）

問：仁者先難而後獲。曰：獲，有期望之意。學者之於仁，工夫最難。但先爲人所難爲，不必有期望之心，可也。（去僞）

祇是我合做底事，便自做將去，更無下面一截，才有計獲之心，便不是了。（恪）

先難後獲，仁者之心如是。故求仁者之心，亦當如是。

須先難而後獲。不探虎穴，安得虎子。須是捨身入裏面去，如搏寇讎，方得之。若輕輕地説得，不濟事。（方子）

問：仁者，先難而後獲。難者，莫難於去私欲。私欲既去，則惻然動於中者，不期見而自見。曰：仁畢竟是個甚形狀。曰：仁者，與天地萬物爲一體。

曰：此衹是既仁之後，見得個體段如此。方其初時，仁之體畢竟是如何。要直截見得個仁底表裏。若不見他表裏，譬猶此屋子，衹就外面貌得個模樣，縱説得着，亦衹是籠罩得大綱，不見屋子裏面實是如何。須就中實見得仔細，方好。又問：就中間看，衹是惻然動於中者，無所係累昏塞，便是否。曰：此是已動者，若未動時，仁在何處。曰：未動時，流行不息，所謂那活潑潑底便是。曰：諸友所説仁，皆是貌模。今且爲老兄立個標準，要得就這上研磨，將來須自有個實見得處。譬之食糖，據別人説甜不濟事，須是自食見得甜時，方是真味。（大雅）

或問此章。曰：常人之所謂知，多求知人所不知。聖人之所謂知，衹知其所當知而已。自常人觀之，此兩事若不足以爲知。然果能專用力於人道之宜，而不惑於鬼神之不可知，却真個是知。（燾）

問《集注》仁之心，知之事。曰：務民之義，敬鬼神，是就事上説。先難後獲，是就處心積慮處説。仁字説較近裏，知字説較近外。（夔孫）

叔器問《集注》心與事之分。曰：這個有甚難曉處。事，便是就事上説，心，便是就裏面説。務民之義，敬鬼神而遠之，這是事。先難後獲，這是仁者處心如此。事也是心裏做出來，但心是較近裏説。如一間屋相似，説心底是那房裏，説事底是那廳。

問：仁者，先難而後獲，後字，如未有義而後其君之後否。曰：是。又問：此衹是教樊遲且做工夫，而程子以爲仁，如何。曰：便是仁。這一般，外面恁地，然裏面通透，也無界限。聖人説話，有一句高，一句低底，便有界限。若是儱侗説底，才做得透，便是。如克己復禮，便不必説衹是爲仁之事，做得透便是。又如我欲仁，斯仁至矣，才欲仁，便是仁。因言：先儒多衹是言後有所得，説得都輕。淳録云：後字説得輕了。唯程先生説得恁地重，這便是事事説得有力。如事君敬其事而後其食，先事後得之類，皆是此例。義剛言：若有一毫計功之心，便是私欲。曰：是。（義剛）

問：明道曰：先難，克己也。伊川曰：以所難爲先，而不計所獲，仁也。又曰：民，亦人也。務人之義，知也。鬼神不敬，則是不知。不遠，則至於瀆。敬而遠之，所以爲知。又曰：有爲而作，皆先獲也，如利仁是也。古人惟知爲仁而已，今人皆獲也。右第二十一章，凡七説。明道三説。伊川四説。今從明道伊川之説。明道第一説曰：民之所宜者，務之。所欲，與之聚之。第三説亦曰：務民之義，如項梁立義帝，謂從民望者，是也。伊川第一説亦曰：能從百姓之所義者，知也。尹氏用伊川説。此三説，皆以務民之義，作從百姓之所宜，恐解知字太寬。問知，而告以從百姓之所宜，恐聖人告樊遲者，亦不至如是之緩。竊意民字不當作百姓字解。衹伊川第二説曰：民，亦人也。似穩。所謂知者，見義而爲之者也。不見義，則爲不知。務，如齊不務德之務。然必曰民之義者，己亦民也。通天下祇一義耳，何人我之別。所謂務民之義者，與務己之義無異。孟子曰：居天下之廣居，則亦與己之廣居無異。故伊川謂民亦人也，恐有此意。若以民字作百姓字解，復以義字作宜字，恐説知字大緩。伊川第三説鬼神事。范作振民育德，其説寬。振民之意，亦與明道伊川從百姓之所宜之意同，皆恐未穩否。呂氏曰：當務爲急，不求所難知。似將務民之義，敬鬼神而遠之作一句解。看此兩句，正與非其鬼而祭之，諂也。見義不爲，無勇也相類。兩句雖連説，而文意則異。謝氏曰：敬鬼神而遠之，知鬼神之情狀也。伊川第三説似未須説到如此深遠，正以其推言之耳。楊氏曰：樊遲學稼，固務民之事而已，非義也。莫非事也，而曰事而非義，則不可。但有義不義之異，事與義本無異。曰：民之義，謂人道之所宜也，来説得之。但所謂居天下之廣居，與己之廣居無異，則天下祇有此一廣居，何必更説無人我之異乎。呂氏説，詞約而義甚精，但伊川説非其鬼而祭之，兩説相連，却費力。若如范氏説，則可以相因矣。楊氏所引，本無意義，然謂事即是義，則不可。且如物，還可便謂之理否。（幹）

又卷九十八

張子書之一（凡入近思者爲此卷）

問：横渠物怪神姦書，先生提出守之不失一句。曰：且要守那定底，如精氣爲物，游魂爲變，此是鬼神定説。又如孔子説非其鬼而祭之諂也，敬鬼神而遠之等語，皆是定底。其他變處，如未曉得，且當守此定底。如前晚説怪，便是變處。（淳）

宋真德秀《西山讀書記》卷九

《論語》：樊遲問知。子曰：務民之義，敬鬼神而遠之，可謂知矣。問仁。曰：仁者先難而後獲，可謂仁矣。

朱子曰：專用力於人道之所宜，而不惑於鬼神之不可知，智者之事也。先其事之所難，而後其效之所得，仁者之心也。程子曰：人多信鬼神，惑也。而不信者又不能敬。能敬而遠，可謂知矣。又曰：先難者，克己也。以所難者爲先，而不計其獲，仁也。呂氏曰：當務爲急而不求所難知，力行所知不憚所難爲。或曰：問仁而告之以先難後獲，何也。曰：爲是事者必有是效，亦天理之自然也。然或先計其效，而後爲其事，則其事雖公而意則私，雖有成功，亦利仁之事而已。若夫仁者，則先爲其事，而不計其效，知循天理之自然，而無欲利之私心也。董子所謂仁人者，正其誼不謀其利，明其道不計其功。正謂此爾。然正誼未嘗不利，明道豈必無功，但不從夫功利者而爲之爾。民者，人也。義者，宜也。如《詩》所謂民之秉彝，即人之義也。此則人之所宜爲者，不可不務也。此而不務，而反求之幽冥不可測識之間，而欲避禍，以求福，此豈謂之智者哉。問：有一毫計功之心，便是私欲。曰：是。獲，有期望之意，學者之於仁，工夫最難。但先爲人所難爲，不必有期望之心，可也。先難後獲，祇是我合做事便自做將去，更無下面一截，才有計獲之心，便不是了。大抵學者爲其所不得不爲者，至於人欲盡而天理全，則仁在是矣。我先有個云我欲以此去爲仁，便是先獲也。南軒曰：難莫難於克己，勉爲其難，不計所獲，循循不已，久自有所至。若先有期獲之意，則固已自累其心，而有害於天理矣。無妄之六二：不耕穫，不菑畬。而《象》曰：未富也。蓋此義也。仁者安仁，知者利仁。見前言仁篇。

又卷四十

樊遲問知。子曰：務民之義，敬鬼神而遠之，可謂知矣。

朱子曰：專用力於人道之所宜，而不惑於鬼神之不可知，知者之事也。程子曰：人多信鬼神，惑也。而不信者又不能敬。能敬能遠，可謂知矣。或問：鬼神者，非祀典之正耶。則聖人使人敬之，何耶。以爲祀典之正耶。則又使人遠之，何也。曰：聖人所謂鬼神，無不正也。遠者以其處幽，故嚴之而不瀆爾。若其非正，則聖人豈復謂之鬼神哉。在上則明禮以正之，在下則守義以絶之。固不使人敬而遠之，亦不使人褻而慢之也。問：敬鬼神而遠之。如天地山川之神與夫祖先，此固當敬。至如世間一種泛然鬼神，亦當敬否。曰：所謂敬鬼神，是敬正當底鬼神。敬而遠之，是不可褻瀆，不可媚。如卜筮用龜，此亦不免。如臧文仲，山節藻梲以藏之，便是媚，便是不知。

明張九韶《理學類編》卷五

鬼神

《易·繫辭》曰：原始反終，故知死生之説。精氣爲物，遊魂爲變，是故知鬼神之情狀。程子曰：人能原始知所以生，便能要終知所以死。又曰：原始則足以知其終，反終則足以知其始。死生之説，如是而已矣。故必以春爲始而原之，其必有冬，以冬爲終而反之，其必有春。死生者，其與是類也。

或問：遊魂爲變，是變化之變否。曰：既是變，則存者亡，堅者腐，更無物也。又問：鬼神果有情狀否。曰：有之。曰：既有情狀，必有鬼神矣。曰：《易》説，鬼神便是造化也。張子曰：精氣者，自無而有。遊魂者，自有而無。自無而有，神之情也。自有而無，鬼之情也。自無而有，故顯而爲物，神之狀也。自有而無，故隱而爲變，鬼之狀也。朱子曰：原者，推之於前。反者，要之於後。陰精陽氣，聚而成物，神之伸也。魂遊魄降，散而爲變，鬼之歸也。又曰：反祇如摺轉來，謂推原其始，摺轉來看，其終如回頭之義，是反回來觀其終也。精氣爲物，遊魂爲變，此是兩個合，一個離。精氣合則魂魄凝結而爲物，離則陽已散而陰無所歸，故爲變。又曰：精氣爲物，是合精與氣而成，氣魂而精魄也。遊魂爲變，則是魂魄相離。雖祇說遊魂而不言魄，而離魄之意，自可見矣。

宰我曰：吾聞鬼神之名，不知其所謂。子曰：氣也者，神之盛也。魄也者，鬼之盛也。合鬼與神，教之至也。衆生必死，死必歸土，是之謂鬼。骨肉斃於下，陰爲野土，其氣發揚於上，爲昭明焄蒿悽愴，此百物之精也，神之著也。鄭氏曰：氣謂噓吸出入者耳。目之聰明爲魄。陰讀爲蔭，言人之骨肉蔭於地中，爲土壤。焄謂香臭也。蒿謂氣蒸出貌。一言衆生，此言百物，明其與人同也，不如人貴耳。朱子曰：鬼神之露光處，是昭明。其氣蒸上處，是焄蒿。使人精神竦動處，是悽愴。又曰：焄蒿是鬼神精氣交感處。

子曰：鬼神之爲德，其盛矣乎。視之而弗見，聽之而弗聞，體物而不可遺，使天下之人齊明盛服，以承祭祀，洋洋乎如在其上，如在其左右。朱子曰：爲德，猶言性情功效。鬼神無形與聲，然物之終始莫非陰陽合散之所爲，是其爲物之體而物所不能遺也。然能使人畏敬奉承，而發見昭著如此，乃其體物而不可遺之驗也。定宇陳氏曰：此章自體物而不可遺以上所謂鬼神，所包甚濶，凡天地造化，日月風雨霜露，雷霆四時，寒暑晝夜，潮水消長，草木生落，人生血氣盛衰，萬物生死，無非鬼神，自使人齊明以下，方是就無所不包之鬼神中提出，所當祭祀之鬼神來說，見得鬼神隨祭而在流動充滿，昭著發見，無所不在。所謂體物而不可遺者，可驗於此。

季路問事鬼神。子曰：未能事人，焉能事鬼。敢問死。曰：未知生，焉知死。程子曰：晝夜者，死生之道也。知生之道，則知死之道。盡事人之道，則盡事鬼之道。死生，人鬼，一而二，二而一者也。朱子曰：問事鬼神，蓋求所以奉承祭祀之意，而死者人所必有，不可不知，皆切問也。然非誠敬足以事人，則必不能事神。非原始而知所以生，則必不能反終而知所以死。蓋幽明始終，初無二理，但學之有序，不可躐等，故夫子告之以此。

樊遲問知。子曰：務民之義，敬鬼神而遠之，可謂知矣。程子曰：人多信鬼神，惑也。而不信者又不能敬。能敬能遠，可謂知矣。朱子曰：專用力於人道之所宜，而不惑於鬼神之不可知，知者之事也。饒氏曰：務民之義，敬鬼神而遠之，兩句當合看。如未病而謹疾，有病而問醫。此人事之所宜也。若不務此，而專禱鬼神，是不知也。爲善去惡，亦人道之所宜也。或者不務爲善，而專媚神以求福。不務去惡，而專求神以免禍。是不知也。夫鬼神謂之無，則洋洋如在。謂之有，則不可度思，當於有無間處之。

程子曰：鬼神，天地之功用，造化之跡也。朱子曰：功用祇是論發見者，如寒來暑往，日來月往，春生夏長，皆是。又曰：風雨露雷，日月晝夜，此造化之跡也。此是公平正直鬼神，若所謂嘯於梁，觸於胸，此則不正邪暗，或有或無，或去或來，或聚或散者。又曰：古之戰場往往有鬼，彼皆強死，固宜未散。問：此亦造化之跡乎。曰：若論正理，則如樹上忽生出花葉，空中忽然有雷電風雨，此便是造化之跡。但人所常見，故不之怪。忽聞鬼嘯，見鬼火，則便以爲怪，不知此亦造化之跡，但不是正理，故以爲妖怪耳。

張子曰：鬼神者，二氣之良能也。朱子曰：良能是説往來屈伸，乃理之自然，非有安排措置。二氣是陰陽，良能是其靈處。又曰：伊川謂鬼神者，造化之跡。却不如橫渠所謂二氣之良能。蓋程子之説固好，但祇渾淪在這裏。張子之説分明，便見有個陰陽在。饒氏曰：造化之跡指其屈伸者而言，二氣良能指其能屈能伸者而言。程子説得粗，張子説得精。程子祇説他屈伸之跡，不説他靈處。又曰：良能是指鬼神之性情而言。

張子曰：物之初生，氣日至而滋息，物生既盈，氣日反而遊散，至之謂神，以其伸也。反之謂鬼，以其歸也。天地不窮，寒暑耳。眾動不窮，屈伸耳。鬼神之實，不越乎二端而已矣。問：滋息是生息之息，是止息之息。朱子曰：祇是生息。又曰：人是方生，而天地之氣祇管增添，在身上漸長漸大，至極盛了，又漸衰耗，以至於散。平巖葉氏曰：物自少以至壯，氣日至而滋息。息者生而就滿也。自壯以至老，氣日反而遊散，散者消而就盡也。

張子曰：氣於人生而不離，死而遊散者，魂。聚成形質，雖死而不散者，魄。

張子曰：鬼神，往來屈伸之義。故天曰神，地曰祇，人曰鬼。神祇者，歸之始，歸往者，來之終。朱子曰：天下萬物萬事，自古及今，祇是個陰陽消息屈伸。橫渠將屈伸來説鬼神，説得變通。又曰：鬼神，屈伸也。如風雨雷電初發時，神也。及風止雨過，雷往電息，則鬼也。又曰：鬼神祇是氣，屈伸往來者，氣也。天地間無非氣。人之氣與天地之氣常相接，無間斷，人自不見。人心纔動，便達於氣，便與這屈伸往來者相感通。問：來而伸者爲神，往而屈者爲鬼。凡陰陽魂魄，人之噓吸皆然，不獨死者爲鬼。生者爲神，故橫渠云，神祇者，歸之始，歸往者，來之終。曰：然問既屈之氣，又自有屈伸。曰：祭祀致得鬼神來格，便是既屈之氣又能伸也。

邵子曰：鬼神，無形而有用，其情狀可得而知也，於用，則可見之矣。若人之耳目鼻口手足，草木之枝葉華實顏色，皆鬼神之所爲也。福善禍淫，主之者，誰邪。聰明正直，有之者，誰邪。不疾而速，不行而至，任之者，誰邪。皆鬼神之情狀也（《觀物》）。張氏曰：管子云，流行於天地之間者，謂之鬼神。鬼神者，太極之英氣正理，行乎兩間，爲天地之用者也。氣，其狀也。理，其情也。

邵子曰：氣形盛則魂魄盛，氣形衰則魂魄亦從而衰矣。魂隨氣而變，魄隨形而止，故形在則魄存，形化則魄散。

或問死生之説。上蔡謝氏曰：人死時，氣盡也。曰：有鬼神否。曰：余當時亦曾問明道先生。先生云：待向汝道無來，汝怎生信得及。待向汝道有來，汝但去尋討看。

或問：鬼神之説，其詳奈何。朱子曰：鬼神之義，孔子所以告宰我者，見於《祭義》之篇，其説已詳。而鄭氏釋之，亦已明矣。其以口鼻之噓吸者爲魂，耳目之精明者爲魄，蓋指血氣之類以明之。程子張子更以陰陽造化爲説，則其意又廣。而天地萬物之屈伸往來，皆在其中矣。蓋陽魂爲神，陰魄爲鬼，是以其在人也，陰陽合則魂凝魄聚而有生，陰陽判則魂升爲神，魄降爲鬼。《易大傳》所謂精氣爲物，遊魂爲變，故知鬼神之情狀者，正以明此。而《書》所謂徂落者，亦以其升降爲言耳。若又以其往來者言之，則來者方伸而爲神，往者既屈而爲鬼，蓋二氣之分，實一氣之運，故陽主伸，陰主屈，而錯綜以言，亦各得其義焉。

問：鄭氏云，口鼻之噓吸者爲魂，耳目之精明者爲魄。先生謂此蓋指血氣之類言之。口鼻之噓吸是以氣言，耳目之精明是以血言。目之精明以血言可也，耳之精明何故亦以血言。朱子曰：醫家以耳屬腎，精血盛則聽聰，精血耗則耳聵矣。氣爲魂，血爲魄。又問：眼，體也。眼之光爲魄。耳，體也。何以爲耳之魄。曰：能聽者便是。如老人耳重，目昏，便是魄漸要散。又曰：陽魂爲神，陰魄爲鬼。鬼者，陰之靈。神者，陽之靈。此以二氣言也。然二氣之分，實一氣之運，故凡氣之來而方伸者爲神，氣之往而既屈者爲鬼。陽主伸，陰主屈，此以一氣言也。故以二氣言，則陰爲鬼，陽爲神。以一氣言，則方伸之氣亦有伸有屈，其方伸者，神之神，其既屈者，神之鬼。既屈之氣，亦有屈有伸。其既屈者，鬼之鬼。其來格者，鬼之神。天地神物皆然，不離此氣之往來屈伸合散而已。此所謂可錯綜而言者也。又曰：二氣之分，即一氣之運。以分言之，則精爲陰，而氣爲陽，故魄爲鬼，而魂爲神。以運言之，則消爲陰，而息爲陽，故伸爲神，而歸爲鬼。然魂性動，故當其伸時，非無魄也，而必以魂爲主。魄性靜，故方其歸時，非無魂也，而必以魄爲主，則亦初無二理矣。

朱子曰：子産有言，物生始化曰魄。既生魄，陽曰魂。蓋嘗推之物生始化云者，謂受形之初，精血之聚，其間有靈者名之曰魄也。既生魄，陽曰魂者，既生此魄，便有暖氣，其間有神者名之曰魂也。二者既合，然後有物，《易》所謂精氣爲物者，是也。及其散也，則魂遊而爲神，魄降而爲鬼矣。北溪陳氏曰：所謂始化，是胎中略成形時，人初間纔受得氣，便結成個胚胎模樣，是魄既成，魄便漸漸會動，屬陽曰魂，及形既生矣，神發知矣，故人之知覺屬魂，形體屬魄。

朱子曰：天地間，如消底是鬼，息底是神。生底爲神，死底爲鬼。四時春夏爲神，秋冬爲鬼。人之語爲神，默爲鬼。動爲神，靜爲鬼。呼爲神，吸爲鬼。或問：氣魄。曰：魄屬鬼，氣屬神。析木煙出是氣滋潤底是魄，人之語言動作是氣，屬神。精血是魄，屬鬼。發用底皆屬神，是氣靜定底皆屬陰，是魄。知識底是神，記事底是魄。人初生時，氣多魄少，後來魄漸盛，既老，魄又少，所以耳聾目昏，精力衰，記事不定。

問：草木土石，有魄而無魂否。朱子曰：《易》説精氣爲物，則是有精氣，方有魂魄。草木土石，不可以魂魄論，但出底氣便是魂，精便是魄。譬如燒香，煙便是魂，燒出漿汁來是魄。魂者，魄之光燄。魄者，魂之根本。又問：體魄有分別，如耳目是體，聰明是魄。曰：然魂者，氣之神。魄者，體之神。《淮南子》注：謂魂，人陽神。魄，人陰神。此説好。

問：魂魄陰陽之義。朱子曰：魂如火，魄如水。又問：鬼神便是精神魂魄。曰：然且就一身看，自會笑自有許多聰明知識，虛空之中，忽然有風雨，有雷電，這是如何得恁地。這都是陰陽相感，都是鬼神。看得到此，見這一身祇有軀殼在這裏，内外無非天地陰陽之氣，所以橫渠云：天地之塞，吾其體。天地之帥，吾其性。祇是一個道理。

朱子曰：魂魄，死者之神靈。蓋魂神而魄靈，魂氣而魄精，魂陽而魄陰，魂動而魄靜。生則魂載其魄。魄檢其魂死，則魂遊散，而歸於天。魄淪墜，而歸於地也。

朱子曰：精氣就物而言，魂魄就人而言，鬼神離乎人物而言。生則謂之精氣，死則謂之魂魄，物則謂之鬼神。

朱子曰：魂氣升於天，體魄歸於土。神氣上升，鬼魄下降，不特人也。凡物之枯敗，其香氣騰上，物則腐於下。又曰：天地陰陽之氣，交合便成人物。氣便是魂，精便是魄。到得將死，熱氣上出，所謂魂升，下體漸冷，所謂魄降。

或問：天地之化，雖生生不窮，然而有聚必有散，有生必有死，能原始而知其聚而生，必知其後必散而死，能知其生也得於氣化之日，初無精神寄寓於太虛之中，則知其死也，與氣俱散，無復更有形象尚留於冥漠之内。朱子曰：死便是都散無了。又問：遊魂爲變。間有爲妖孽者，是如何。曰：遊字是漸漸散。若妖孽者，多是不得其死，其氣未散，故鬱結成妖孽。若尪羸病死的人，這氣消耗盡了方死，豈得更鬱結而成妖孽，然不得其死者，久之亦散也。

或問：世人有爲精怪迷惑，此理如何。朱子曰：《家語》有之曰：山之怪曰夔，魍魎。水之怪曰龍，罔象。土之怪曰羵羊。皆是氣之雜揉乖亂所生，以爲無，則不可。如冬寒夏熱，春榮秋枯，此理之正也。有時忽夏寒冬熱，冬月開一朵花，豈可謂無此理，但非正耳，故謂之怪。孔子所以不語，學者未須理會也。

叔器問：先生前日説，日爲神，夜爲鬼，所以鬼夜出，如何。朱子曰：間有然者，亦不能皆然。夜屬陰，且如妖鳥，皆陰類，故皆夜鳴。

南軒張氏曰：鬼神之說，合而言之，來而不測謂之神，往而不返謂之鬼。分而言之，天地山川風雷之屬，凡氣之可接者皆曰神，祖考祀享於廟曰鬼。就人物言之，聚而生爲神，散而死曰鬼。又就一身言之，魂氣爲神，體魄爲鬼。凡六經所稱，蓋不越是數端，然一言以蔽之，莫非造化之跡，而語其德，則誠而已。

北溪陳氏曰：自天地言之，天屬陽，神也。地屬陰，鬼也。就四時言之，春夏，氣之伸，屬神。秋冬，氣之屈，屬鬼。又自晝夜分之，晝屬神，夜屬鬼。就日月言之，日屬神，月屬鬼。又如鼓之以雷霆，潤之以風雨，是氣之伸，屬神。及至收斂後，帖然無蹤跡，是氣之歸，屬鬼。以一日言之，則旦起日方升屬神，午以後漸退屬鬼。如草木生枝生葉時屬神，衰落時屬鬼。如潮之來屬神，潮之退屬鬼。凡氣之伸者，皆爲陽，屬神。凡氣之屈者，皆爲陰，屬鬼。古人論鬼神，大槩如此。更在人自體究。又曰：就人身上細論，大概陰陽二氣會在吾身之中，爲鬼神。以寤寐言，則寤屬陽，寐屬陰。以語默言，則語屬陽，默屬陰。動靜進退行止，皆有陰陽，凡屬陽者，皆爲神爲魂。凡屬陰者，皆爲魄爲鬼。人自孩提至於壯，是氣之伸，屬神。中年以後，漸漸衰老，是氣之屈，屬鬼。以生死論，則生者，氣之伸。死者，氣之屈。就死上論，則魂之升者爲神，魄之降者爲鬼。魂氣本乎天，故騰上。體魄本乎地，故降下。《書》言，帝乃徂落。徂是魂之升上，落是魄之降下者也。

勉齋黃氏曰：鬼神之說，其別有三。在天之鬼神，陰陽造化是也。在人之鬼神，人死爲鬼是也。祭祀之鬼神，神示祖考是也。三者雖異，其所以爲鬼神者則同。知其異，又知其同，斯可以語鬼神之道矣。

魯齋鮑氏曰：陰陽二氣，散在兩間，觸目無非鬼神者，不隨他地頭去分別，則混爲一區，幽明惑亂，而人道不立矣。故在天爲日月星辰，風雨霜露，四時寒暑，必有鬼神行乎其間，顯然可見。《書》所謂禋於六宗是也，自當作一類看。在地則五嶽四瀆，山君川后，能出興雲雨，以助化工不可謂無武成，所謂所過名山大川是也，自當作一類看。有功德在民，載在祀典。如韓子所謂勾龍后稷以功，孔子以德爲聖爲賢，歷萬世而不可磨滅者，自當作一類看。如人死曰鬼，氣已散了，子孫精誠聚處則祖考來格。《論語》所謂祭如在，祭神如神在。不特士祭其先爲然，自天子至於庶人，皆有等級分際，不可踰越，自當作一類看。下而至於山夔土羵水罔木妖，或懸箕附穎，或生霆起鶴，天地間自有此等。遊魂鬼術，足以惑人，不可謂無，但非正理，亦當自作一類看。

右論鬼神之情狀。愚按：鬼神之說，先儒論之詳矣。蓋天地之間，陰陽之氣，流動充滿，莫非鬼神。即天地之大言之，日月雷電，風雲雨露皆鬼神也。春夏秋冬，晦明晝夜，皆鬼神也。即人身之微言之，動止語默，寤寐噓吸，皆鬼神也。生長老死，精氣魂魄，皆鬼神也。以至山川之融結，潮汐之消長，皆鬼神也。草木之榮枯，華實之開落，皆鬼神也。不此之論，而指土木偶人以爲神，魑魅魍魎以爲鬼，是皆愚民無知之論，曾可以此論正大之鬼神哉。

子曰：非其鬼而祭之，諂也。朱子曰：非其鬼，謂非所當祭之鬼，諂求媚也。南軒張氏曰：祀典自天子至於庶人，各有其分，而不可踰。蓋天理也，有是理則有是鬼神，若於非所當祭而祭焉，既無其理，何享之有。

祭如在，祭神如神在。程子曰：祭，祭先祖也。祭神，祭外神也。祭先主於孝，祭神主於敬。范氏曰：君子之祭，七日戒，三日齋，必見所祭者，誠之至也。是故有其誠，則有其神，無其誠，則無其神。可不謹乎。吾不與祭，如不祭。誠爲實，禮爲虛也。

或問：名山大川，能興雲致雨，何也。程子曰：是氣蒸成耳。又問：既有氣，莫須有神否。曰：祇氣便是神也。今人不知此理，縱有水旱，便去廟中祈禱，不知雨露是甚物，從何處出，却於廟中求邪。名山大川，能興雲致雨，却都不說著，祇於土木人身上求之，土木人身上有雨露邪。世人祇因祈禱有雨，遂指爲靈，豈知適然。

問：先王祭享鬼神則甚。謝氏曰：是他意思別。三日齊，五日戒，求諸陰陽四方上下，蓋是要集自家精神，所以王假有廟，必於渙與萃言之。雖然，如是以爲有亦不可，以爲無亦不可。這裏有妙理。於若有若無間斷制得去始得。曰：如此，却是鶻突也。曰：不是鶻突。自家要有便有，要無便無始得。鬼神在虛空，中辟塞滿，觸目皆是，爲他是天地間妙用，祖考精神便是自家精神。或問：上蔡說鬼神，云道有便有，道無便無，與范氏說有其誠則有其神，無其誠則無其神，同否。朱子曰：有其誠則有其神，無其誠則無其神，便是合有底。我若誠則有之，不誠則無之。合有底當有，合無底當無。上蔡說得麤了，祇合當道有底從而有之則有，合無底自是無了，便從而無之，今却祇說道有便有，道無便無，則不可。

問：性即是理，不可以聚散言。聚而生，散而死者，氣也。所謂精神魂魄有知有覺者，氣也。故聚則有，散則無。若理則亘古今常存，不復有聚散消長。朱子曰：祇是這個天地陰陽之氣，人與物皆得之。氣聚則爲人，散則爲鬼。然其氣雖已散，這個陰陽天地之理，生生不窮，祖考之精神魂魄雖已散，子孫之精神魂魄自相屬，故祭祀之禮，盡其誠敬便可以致得祖考之魂魄，這個自是難說，看既散後一似都無了，然能盡其誠敬便有感格，亦緣是理常祇在這裏也。

問：人之死也，不知魂魄便散否。朱子曰：固是散。又問：子孫之祭祀，却有感格者，如何。曰：畢竟子孫是祖先之氣。他氣雖散，他根却在這裏。盡其誠敬，則亦能感召得他氣聚在此。如水波漾，後水非前水，後波非前波，然却通祇是一水波。子孫之氣，與祖考之氣，亦是如此。他那氣當下自散了，然他根却在這裏。根既在此，又却能引聚得他那氣在此。此事難説，要自人看得。

朱子曰：古人到祭祀處，便招呼得來問祖先已死，以何而來。曰：祇是以我之祭，承接其氣，便有來底道理。又曰：人死雖是魂魄各散，要之魄又較定，須是招魂來復這魄，要他相合。聖人教人子孫，常常祭祀，是要聚得他。

問：人之禱天地山川，是以我之有感彼之有。子孫之祭先祖，是以我之有感彼之無。朱子曰：神祇之氣，常屈伸而不已。人鬼之氣，則消散而無餘。然其消散，亦有久速之異。祭祀之感格，或求之陰，或求之陽，各從其類，求則俱來。然非有一物積於虛空之中，以待子孫之求也。但主祭者既是他一氣之流傳，則盡其誠敬感格之時，此氣固寓此也。又問：祖考精神便是自家精神，故齊戒祭祀則可以來格。若旁親外親之屬，則其精神非我之精神矣，豈於此但以理感之，而不以氣乎。曰：但所祭者，其精神魂魄無不感通。蓋本從一源中流出，初無間斷，雖天地山川鬼神，亦然也。

問：祭天地山川，而用牲幣酒醴者，祇是表吾心之誠邪，抑有其氣來格也。朱子曰：若道無神來享時，自家祭甚底。肅然在上，令人奉承敬畏，是甚物。若謂其有雲車風馬擁從而來，則又誕矣。

問：鬼神中有謂，祖宗是天地間一個總氣，因子孫祭享而聚散。朱子曰：他這説便是上蔡説，道要有時便有，道要無時便無。是皆由乎人矣。鬼神是合有底物事，祖宗亦是同此一氣。但有個總腦處，子孫這身上，祖宗之氣便在此，他是有個血脉貫通，所以神不歆非類，民不祀非族。祇爲這氣不相關。如天子祭天地，諸侯祭山川，大夫祭五祀，雖不是我祖宗，然天子者，天地之主。諸侯者，山川之主。大夫者，五祀之主。我主得他，他氣便總統在我身上，便是個相關處。問：祭古聖賢如何。曰：聖賢，道在萬物，功在萬世。今行聖賢之道，傳聖賢之心，便是負荷這物事，此氣便與相通。如釋奠列許多籩豆，設許多禮儀，不是爲此，姑謾爲之耳。

問：先生所答廖子晦書有云，死，氣之已散者，既化而無有矣，而根於理之日生者，則固浩然而無窮。此莫是説天地之氣否。朱子曰：此氣祇一般，雖有天神地示人鬼，其實則一。若有子孫底，固是引得氣聚，不成無子孫底，氣便絶了。他血氣雖不流傳，他那生生不已底亦自浩然日生而無窮，禮諸侯，祭其國之無後者，如齊祭爽鳩氏之類，蓋他先主此國來，理合祭他，非在其國，便不當祭，理合如此，便有此氣，所以晉侯夢康叔云，相奪予享，當祭不祭，宜其如此，又如晉侯夢黃熊入寢，爲鯀之神，亦是此類。不惟有子孫者，方有感格，其無子孫者，氣亦未嘗亡也。又問：人死氣散，若如此説，氣又未嘗散也。曰：如今祭勾芒，更是遠。祇是理合當祭，便有此氣。要之，天地人祇是這一氣，所以説洋洋如在其上，如在其左右。虚空拍塞，無非此理。自要人看得活，難以言曉也。

或問：祭夫子不當以塑像，祇當用木主。曰：向日白鹿洞欲塑孔子像於殿，某謂不必，但設一空殿，臨時設席祭之。不然，祇塑孔子坐於地上，則可用籩豆簠簋。今塑像高高在上，而設器皿於地，甚無義理。

問：鬼者，陰之靈。神者，陽之靈。司命、中霤、竈與門、行，人之所用者，有動有靜，有行有止，故亦有陰陽鬼神之理。古人所以祀之，然否。朱子曰：有此物，則有此鬼神。莫非陰陽之所爲也。若細分之，則戶、竈屬陽，門、行屬陰，中霤兼統陰陽。就一事之中，又自有陰陽也。

問：今愚民於村落，創立一祠，合聚以祈禱之，其神便靈，何也。朱子曰：衆心之所輻湊，便有生氣，所以祭神必用血肉者，蓋欲藉他之生氣耳。如古人釁廟釁龜之意皆然。輔廣曰：人心聚處，便有神。故古人郊則天神格，廟則人鬼享，亦是此理。曰：固是。但古人之心正，故其神亦正。後世人心不正，故所感無由而正。因言古人祭山川，祇是設壇位以行禮，祭時便有，祭了便無，故不褻瀆。後世却先立一個廟貌在此，所以反致惑亂人心，倖求非望，無所不至。

北溪陳氏曰：大凡不當祭而祭，皆曰淫祀。淫祀無福，由脉絡不相關之故。後世祀典祇緣佛老亂了。如老氏設醮，以庶人祭天，有何關繫。如釋迦，本是胡神，與中國人何相關。祇如忠臣義士配享元勳君是已不當祭，皆與我無干涉。自聖學不明，鬼神情狀都不曉，如畫星辰都畫個人，以星君目之。如泰山曰天齊仁聖帝，唐爲天齊王，至本朝以東方主生，加仁聖二字封帝，帝祇是一上帝而已，安有一山而謂之帝。今立廟儼然人形貌，垂旒端冕，衣裳而坐，又立后殿於其後，不知又是何山可以當其配而爲夫婦邪。據泰山魯封内，惟魯公可以祭。今隔一江一淮，與南方地脉全不相涉，而所在州縣皆高東嶽行祠，亦失於不講明之故。南嶽廟，向者回禄，劉太尉欲再造，問於五峰先生。先生答以天道人事本一理。在天爲皇天上帝，在人爲大君，五嶽視三公，與皇天上帝並爲帝，則天道亂矣。大君有二，則人道亂矣。而世俗爲貌像，爲立配，爲置男女，屋而貯之，褻瀆神祇之甚。南軒又詳之曰：川流山峙是其形也，而人之也何居。其氣之流通可以相接也，而宇之也何居，皆可謂正大之論，可以發愚蒙，破聾瞽。

陳氏又曰：江淮以南，自古多淫祀，以其在蠻夷之域，不沾中華禮義，狄仁傑毀江淮淫祀一千七百區，所存者夏禹、伍子胥二廟。伊川猶以存伍子胥廟爲未是，伍子胥可血食於吳，而不可血食於楚。今去狄公未久，而淫祠極多，皆緣世教不明，而世俗好怪耳。今按《程子遺書》載，范文甫赴河清尉，問於伊川先生曰：到官三日，例須謁廟，如何。伊川曰：正者，謁之。如社稷、先聖是也。其他古先賢哲，亦當謁之。又問：城隍如何。曰：城隍不與。土地之神，社稷而已。又問：恐駭衆聽。曰：昔狄仁傑毀江淮淫祠千七百處，所存惟吳太伯、伍子胥耳。今人做不得，以謂時不可，是誠不然，祇是無狄仁傑耳。當時子胥廟存之，亦無謂。

陳氏又曰：後世看理不明，諸神廟有靈感響應者，則以爲英靈神聖之祠，在生必聰明正直之人也。殊不知此類，煞有曲折，一樣是富貴權勢等人，如伯有爲厲，子產所謂用物精多，則魂魄强之類。一樣是壯年蹈白刃而死，英魂不散底人，一樣是生稟氣厚精神强底人，死後未便消散，一樣是人塑神像時捉個生禽獸之猛鷙者如猴鳥之屬生藏於腹中，此物皆生被劫而死，魂魄不散，便會有靈。一樣是人心歸以爲靈，則人精神都聚在那上，便自會靈。一樣是山川雄峙廟宇坐得其穴，其氣自靈。又有是人之本心自有靈處，自極其誠敬，則精神聚會，凡所占之事，自有脉絡相關，便自然感應，祇緣都是一理一氣，所謂齊戒以神明其德，即此意。

唐玄宗好鬼神，以太常博士王璵爲祠祭使祈禱，或焚紙錢，類巫覡習禮者，羞之。致堂胡氏曰：古者，祭必用幣，所以交神。猶人之相見，有贄以爲禮，非利之也。後世淫祀既衆，於是廢幣帛而用楮泉，是以賄交於神也。使神而果神也夫，豈可賄。使其不神而可賄也，又安用事。雖然，王璵行之，而世以爲羞，則當時猶未盡用也。今舉四海用之，而未有革之者，不亦悲乎。

右論祭祀感通之理。愚按：古人之祭祀鬼神，非以求福也，將以盡報本之意耳。是以竭其誠敬，薦其時物，而奉其祭祀，故能致鬼神之來格。後世此理不明，其所以事鬼神者，既無誠敬之心，徒從事於禱祈之語，於是古人報本之意亡矣。吁。

明丘濬《大學衍義補》卷五十五

樊遲問知。子曰：務民之義，敬鬼神而遠之，可謂知矣。

程頤曰：人多信鬼神，惑也。而不信者又不能敬。能敬能遠，可謂知矣。

朱熹曰：民，亦人也。專用力於人道之所宜，而不惑於鬼神之不可知，知者之事也。或問熹曰：所謂鬼神，非祀典之正，何以使人敬之。以爲祀典之正，又何以使人遠之。曰：聖人所謂鬼神，無不正也。曰：遠者，以其處幽，故嚴之而不瀆耳。若其非正，則聖人豈復謂之鬼神哉。在上則明禮以正之，在下則守義以絕之。

臣按：明則有禮樂，禮樂乃人道之所宜，固所當務也。幽則有鬼神，鬼神之理，微妙難名。以爲有耶，則視無形而聽無聲。以爲無耶，則洋洋乎如在其上，如在其左右。神之格思，不可度思，固不可不致其敬，尤不可不致其嚴敬，而嚴則能敬而遠之矣。

明湛若水《格物通》卷九十一

省國費四

洪武元年十一月，中書及禮部定奏，天子親祀圜丘方丘宗廟社稷。若京師三皇孔子，風雲雷雨，聖帝明王，忠臣烈士先賢等祀，則遣官致祭。郡縣宜立社稷，有司春秋致祭，庶人祭里社，土穀之神及祖父母、父母，并得祀。竈，載諸祀典，餘不當祀者，並禁止。太祖皇帝諭之，曰：凡祭享之禮，載牲致帛，交於神明，費出己帑，神必歆之。如庶人陌紙瓣香，皆可格神，不以非薄而弗享者，何也。所得之物皆己力所致也。若國家倉廩府庫所積，乃生民膏脂，以此爲尊醪俎饌，充實神庭，徼求福祉，以私於身，神可欺乎。惟爲國爲民禱祈，如水旱疾疫師旅之類可也。

臣若水通曰：語云：務民之義，敬鬼神而遠之。夫財出於民，傷財則害民矣。苟以非禮之神，祀而費有益之民財，智者固如是乎。我太祖高皇帝有見於此，諸不在祀典者，並禁止之。嗚呼，庸君世主之陋習一日盡革，斯世斯民何其幸哉。

清《性理大全書》卷二十八

鬼神
總論

程子曰：聚爲精氣，散爲游魂。聚則爲物，散則爲變。觀聚散，則鬼神之情狀著矣。萬物之終始不越聚散而已。鬼神者，造化之功也。鬼是往而不反之義。物形有大小精粗之不同，神則一而已。或問：鬼神之有無。曰：吾爲爾言無，則聖人有是言矣。爲爾言有，爾得不於吾言求之乎。

張子曰：天地變化至著至速者，目爲鬼神，所謂吉凶害福誅殛窺伺，豈天所不能耶。必有耳目口鼻之象，而後能之耶。

藍田呂氏曰：萬物之生，莫不有氣。氣也者，神之盛也。莫不有魄。魄也者，鬼之盛也。故人亦鬼神之會爾。鬼神者，周流天地之間，無所不在，雖寂然不動，而有感必通，雖無形無聲，而有所謂昭昭不可欺者。

朱子曰：天下大底事，自有個大底根本。小底事，亦自有個緊切處。若見得，天下亦無甚事。如鬼神之事，聖賢説得甚分明，祇將禮熟讀便見。二程初不説無鬼神，但無而今世俗所謂鬼神耳。古來聖人所制，皆是察見得天地之理如此。神，伸也。鬼，屈也。如風雨雷電初發時，神也。及至風止雨過雷住電息，則鬼也。鬼神不過陰陽消長而已。亭毒化育，風雨晦冥皆是。在人則精是魄，魄者，鬼之盛也。氣是魂，魂者，神之盛也。精氣聚而爲物，何物而無鬼神。游魂爲變，游魂則魄之降，可知鬼神衹是氣。屈伸往來者，氣也。天地間無非氣。人之氣與天地之氣常相接，無間斷，人自不見，人心纔動，必達於氣，便與這屈伸往來者相感通。如卜筮之類皆是。心自有此物，衹說你心上事纔動必應也。

問鬼神有無。曰：此豈卒乍可說。便說，公亦豈能信得。及須於衆理看得漸明，則此惑自解。樊遲問知。子曰：務民之義，敬鬼神而遠之，可謂知矣。人且理會合當理會底事，其理會未得底，且推向一邊，待日用常行處理會得透，則鬼神之理將自見得。乃所以爲知也。未能事人，焉能事鬼。意亦如此。

問：鬼神便衹是此氣否。曰：又是這氣裏面神靈相似。

問：先生說鬼神自有界分，如何。曰：如日爲神，夜爲鬼。生爲神，死爲鬼。豈不是界分。

問：先生前說日爲神，夜爲鬼，所以鬼夜出，如何。曰：間有然者，亦不能皆然。夜屬陰，且如妖鳥皆陰類，皆是夜鳴。雨風露雷，日月畫夜，此鬼神之跡也。此是白日公平正直之鬼神，若所謂有嘯於梁，觸於胸，此則所謂不正邪暗，或有或無，或去或來，或聚或散者，又有所謂禱之而應，祈之而獲，此亦所謂鬼神，同一理也。世間萬事皆此理，但精粗大小之不同爾。又曰：以功用謂之鬼神，即此便見鬼神死生之理，定不如世俗所見。然又有其事昭昭，不可以理推者，此等處且莫要理會。

問：理有明未盡處，如何得意誠。且如鬼神事，今是有是無。張仲隆曾至金沙堤見巨人跡，此是如何。或謂冊子說并人傳說，皆不可信。須是親見。某平昔見冊子上并人說得滿頭滿耳，衹是都不曾自見。曰：衹是不曾見，畢竟其理如何。張南軒亦衹是硬不信，有時戲說一二。如禹鼎鑄魑魅魍魎之屬，便是有這物。深山大澤是彼所居處，人往占之，豈不爲祟。

問：敬鬼神而遠之，則亦是言有。但當敬而遠之，自盡其道，便不相關。曰：聖人衹便是如此說。嘗以此理問李先生，曰：此處不須理會。

南軒張氏曰：鬼神之說，合而言之，來而不測謂之神，往而不返謂之鬼。分而言之，天地山川風雷之屬，凡氣之可接者皆曰神，祖考祠饗於廟曰鬼。就人物而言之，聚而生爲神，散而死爲鬼。又就一身而言之，魂氣爲神，體魄爲鬼。凡六經所稱，蓋不越是數端。然一言以蔽之，莫非造化之跡，而語其德則誠而已。昔者季路蓋嘗問事鬼神之說矣。夫子之所以告之者，將使之致知力行而自得之，故示其理而不詳語也。至於後世，異說熾行，譸張爲幻，莫可致詰，流俗眩於怪誕，怵於畏懼，胥靡而從之，聖學不明，雖襲儒衣冠號爲英才敏識，亦往往習熟崇尚而不以爲異，至於其說之窮，則曰焉知天地間無有是事，委諸茫昧而已耳。信夫事之妄，而不察夫理之真。於是鬼神之說，淪於空虛，而所爲交於幽明者，皆失其理，禮壞（壞）而樂廢，人心不正，浮僞日滋其間，所爲因其說而爲善者，亦莫非私利之流，亂德害教孰此爲甚。故河南二程子，橫渠張子，與學者反復講論而不置，夫豈好辯哉。蓋有所不得已也。若夫程子發明感通之妙，張子推極聚散之蘊，所以示來世深矣。學者誠能致知以窮其理，則不爲衆説所咻，克己以去其私，則不爲血氣所動，於其有無是非之故，毫分縷析，了然於中，各有攸當而不亂。然後昔人事鬼神之精意可得而求，德可立而經可正也。不然辨之不明，守之不固，眩於外而怵於內，一理之蔽則爲一事之礙，一念之差則爲一物之誘，聞見雖多，亦鮮不爲異説所溺矣。

北溪陳氏曰：程子云，鬼神者，造化之跡。張子云，鬼神者，二氣之良能。二説皆精切。造化之跡，以陰陽流行著見於天地間言之。良能言二氣之屈伸往來，自然能如此。大抵鬼神祇是陰陽二氣，主屈伸往來者言之，神是陽之靈，鬼是陰之靈。靈云者，祇是自然屈伸往來，恁地活爾。自一氣言之，則氣之方伸而來者屬陽，爲神。氣之已屈而往者屬陰，爲鬼。是春夏是氣之方長屬陽，爲神。秋冬是氣之方退屬陰，爲鬼。其實二氣亦祇是一氣耳。天地間無物不是陰陽，陰陽無所不在，則鬼神亦無所不有。大抵神之爲言伸也，伸是氣之方長者也。鬼之爲言歸也，歸是氣之已退者也。自天地言之，天屬陽，神也。地屬陰，鬼也。就四時言之，春夏氣之伸，屬神。秋冬氣之屈，屬鬼。又自晝夜分之，晝屬神，夜屬鬼。就日月言之，日屬神，月屬鬼。又如鼓之以雷霆，潤之以風雨，是氣之伸屬神。及至收斂後，帖然無蹤跡，是氣之歸，屬鬼。以一日言之，則早起日方升，屬神。午以後漸退，屬鬼。以月言之，則月初三生來屬神，到十五以後屬鬼。如草木生枝生葉時屬神，衰落時屬鬼。如潮之來屬神，潮之退屬鬼。凡氣之伸者皆爲陽，屬神。凡氣之屈者皆爲陰，屬鬼。古人論鬼神，大槩如此。更在人自體究。

問：先儒謂鬼神造化之跡。又曰：二氣之良能。潛室陳氏曰：鬼神祇陰陽屈伸之氣，所以爲寒爲暑，爲晝爲夜，爲榮爲枯，有跡可見，此處便是鬼神。蓋陰陽是氣，鬼神是氣之良能，流轉活動處。故曰：良能，天地造化萬物，露生於天地之間者，皆造化之跡也。是孰爲之耶。鬼神也，造化之跡。猶言造化之可見者，非粗跡之跡，於今一禽一獸一花一木鍾英孕秀，有雕斲繪畫所不能就者，倏忽見於人間，是孰爲之耶。即造化之跡，鬼神也。

西山真氏曰：鬼神之理，雖非始學者所易窮，然亦須識其名義，若以神示鬼三字言之，則天之神曰神，以其造化神妙不測也。地之神曰示，以其山川草木有形可見，顯然示人也。示古祇字。人之神曰鬼。鬼謂氣之已屈者也。若以鬼神二字言之，則神者氣之伸，鬼者氣之屈。氣之方伸者屬陽，故爲神。氣之屈者屬陰，故爲鬼。神者，伸也。鬼者，歸也。且以人之身論之，生則曰人，死則曰鬼，此生死之大分也。然自其生而言之，則自幼而壯，此氣之伸也。自壯而老，自老而死，此又伸而屈也。自其死而言之，則魂游魄降，寂無形兆，此氣之屈也。及子孫享祀，以誠感之，則又能來格，此又屈而伸也。姑舉人鬼一端如此，至若造化之鬼神，則山澤水火雷風是也。日與電皆火也，月與雨亦水也，此數者合而言之，又祗是陰陽二氣而已。陰陽二氣，流行於天地之間，萬物賴之以生，賴之以成，此即所謂鬼神也。今人祗以塑像畫像爲鬼神，及以幽暗不可見者爲鬼神，殊不知山峙川流日照雨潤雷動風散，乃分明有跡之鬼神。伊川云：鬼神者，造化之跡。又云：鬼神，天地之功用。橫渠云：鬼神，二氣之良能。凡此皆指陰陽而言。天地之氣，即人身之氣。人身之氣，即天地之氣也。

鶴山魏氏曰：鬼神之説尚矣。自聖賢不作，正塗壅底，士不知道，民罔常心，非置諸茫昧，則怵於奇袤。或又諉曰，夫子所不語也，季路所弗知也。吁。是難言也。其果難言也，而聖謨孔彰實理，莫掩其有，獨不可見者乎。天有四時，地載神氣，亘古今薄宇宙盪摩而罔息者，熟非鬼神之功用乎。反之吾身，而噓吸之屈伸，視聽之往來，浩乎愽哉，妙萬物而無不在也。宇宙之間，氣之至而伸者爲神，反而歸者爲鬼。其在人焉，則陽魂爲神，陰魄爲鬼。二氣合則魂聚魄凝而生，離則魂升爲神，魄降爲鬼，《易》所謂精氣游魂。《記》所謂禮樂鬼神，夫子所謂物之精，神之著，而子思所謂德之盛，誠之不可掩者，其義蓋若此，而古之聖賢所貴乎知者，亦惟知此而已。

論在人鬼神兼精神魂魄。

程子曰：心所感通者，祗是理也。知天下事，有即有，無即無，無古今前後，至如夢寐，皆無形，祗是有此理。若言涉於形聲之類，則是氣也。物生則氣聚，死則散而歸盡。有聲則須是口，既觸則須是身，其質既壞，又安得有此，乃知無此理，便不可信。古之言鬼神，不過著於祭祀，亦祗是言如聞嘆息之聲，亦不曾道聞如何言語，亦不曾道見如何形狀，如漢武帝之見李夫人，祗爲道士先説與在甚處，使端目其地，故想出也。然武帝作詩亦曰：是耶。非耶。嘗聞好談鬼神者，皆所未曾聞見，皆是見説燭理不明，便傳以爲信也。假使實所聞見，亦未足信，或是心病，或是目病，如孔子言，人之所信者目。目亦有不足信者邪。此言甚善。楊定鬼神之説，祗是道人心有感通。如有人平生不識一字，一日病作，却念得一部杜甫詩，却有此理。天地間事，祗有一個有，一個無，既有即有，無即無，如杜甫詩者，是世界上實有杜甫詩，故人之心病，及至精一，有個道理，自相感通，以至人心在此，託夢在復，亦有是理，祗是心之感通也。世間有鬼神，馮依言語者，蓋屢見之，未可全不信。此亦有理。莫現乎隱，莫顯乎微而已。神與氣未嘗相離，不以生存，不以死亡。魂謂精魂。其死也，魂歸於天，消散之意。

張子曰：范巽之嘗言神姦物怪。某以言難之，謂天地之雷霆草木，至怪也。以其有定形，故不怪。人之陶冶舟車亦至怪也，以其有定理，故不怪。今言鬼者，不可見其形，或云有見者，且不定。一難信。又以無形而移變有形之物，此不可以理推，二難信。又嘗推天地之雷霆草木，人莫能爲之，人之陶冶舟車，天地亦莫能爲之，今之言鬼神，以其無形，則如天地。言其動作，則不異於人。豈謂人死之鬼反能兼天人之能乎。今更就世俗之言評之，如人死皆有知，則慈母有深愛其子者，一旦化去，獨不日日憑人言語，託人夢寐，存恤之耶。言能福善禍淫，則或小惡反遭重罰，而大慈反享厚福，不可勝數。又謂人之精明者，能爲厲，秦皇獨不罪趙高，唐太宗獨不罰武后耶。又謂衆人所傳，不可全非，自古聖人獨不傳一言耶。聖人或容不言，自孔孟而下，荀況、楊雄、王仲淹、韓愈，學未能及聖人，亦不見略言者。以爲有數子又或偶不言，今世之稍信，實亦未嘗有言親見者。

朱子曰：二氣之分，即一氣之運。所謂一動一靜，互爲其根。分陰分陽，兩儀立焉者也。在人者以分言之，則精爲陰，而氣爲陽，故魄爲鬼，而魂爲神。以運言之，則消爲陰，而息爲陽，故伸爲神，而歸爲鬼。然魂性動，故當其伸時，非無魄也，而必以魂爲主。魄性靜，故方其歸時，非無魂也，而必以魄爲主，則亦初無二理矣。問：生死鬼神之理。一云問鬼神生死。雖知得是一理，然未見得端的。曰：精氣爲物，游魂爲變，便是生死底道理。未達。曰：精氣凝則爲人，散則爲鬼。又問：精氣凝時，此理便附在氣上否。曰：天道流行，發育萬物，有理而有氣，雖是一時都有，畢竟以理爲主，人得之以生。氣之清者爲氣，濁者爲質。一云清者屬陽，濁者屬陰。知覺運動，陽之爲也。形體，陰之爲也。氣曰魂，體曰魄。高誘《淮南子》注曰：魂者，陽之神。魄者，陰之神。所謂神者，以其主乎形氣也。人所以生，精氣聚也。人祇有許多氣，須有個盡時。一云醫家所謂陰陽不升降是也。盡則魂氣歸於天，形魄歸於地而死矣。人將死時，熱氣上出，所謂魂升也。下體漸冷，所謂魄降也。此所以有生必有死，有始必有終也。夫聚散者，氣也。若理，則祇泊在氣上，初不是凝結自爲一物，但人分上所合當然者便是理，不可以聚散言也。然人死雖終歸於散，然亦未便散盡，故祭祀有感格之理，先祖世次遠者，氣之有無不可知，然奉祭祀者既是他子孫，畢竟祇是一氣，所以有感通之理。然已散者不復聚。至如伯有爲厲，伊川謂別是一般道理。蓋其人氣未當盡而强死，自是能爲厲，子產爲之立後，使有所歸，遂不爲厲。亦可謂知鬼神之情狀矣。問：伊川言鬼神造化之跡，此豈亦造化之跡乎。曰：皆是也。蓋論正理，則似樹上忽生出花葉，此便是造化之跡。又如空中忽然有雷霆風雨，皆是也。但人所常見，故不之怪，忽聞鬼嘯鬼火之屬，則便以爲怪，不知此亦造化之跡，但不是正理，故爲怪異。如《家語》云：山之怪曰夔、魍魎。水之怪曰龍、罔象。土之怪，羵羊。皆是氣之雜揉乖戾所生，亦非理之所無也。專以爲無，則不可。如冬寒夏熱，此理之正也。有時忽然夏寒冬熱，豈可謂無此理，但既非理之常，便謂之怪。孔子所以不語，學者亦未須理會也。

問：伯有之事，別是一理，如何。曰：是別是一理。人之所以病而終盡，則其氣散矣。或遭刑或忽然而死者，氣猶聚而未散，然亦終於一散，銜冤憤者亦然。故其氣皆不散，伯有爲厲之事，自是一理。謂非生死之常理，人死則氣散，理之常也。他却用物宏，取精多，族大而强死，故其氣未散耳。問：來而伸者爲神，往而屈者爲鬼。凡陰陽魂魄，人之嘘吸皆然，不獨死者爲鬼，生者爲神。故橫渠云：神祇者，歸之始。歸往者，來之終。曰：此二句正如俗語罵鬼云：你是已死我，我是未死你。《楚詞》中説終古，亦是此義。楚詞云：去終古之所之兮，今逍遙而來東，羌靈魂之欲歸兮，何須臾而忘反。問：既屈之中，恐又自有屈伸。曰：祭祀致得鬼神來格，便是就既屈之氣，又能伸也。問：魂氣則能既屈而伸，若祭祀來格是也。若魄既死，恐不能復伸矣。曰：也能伸。蓋他來則俱來，如祭祀報魂報魄，求之四方上下，便是皆有感格之理。

問：游魂爲變，聖愚皆一否。曰：然。又問：人之禱天地山川，是以我之有，感彼之有。子孫之祭先祖，是以我之有，感他之無。曰：神祇之氣常屈伸而不已，人鬼之氣則消散而無餘矣。其消散亦有久速之異，人有不伏其死者，所以既死而此氣不散，爲妖爲怪，如人之凶死及僧道既死多不散。僧道務養精神，所以凝聚不散。若聖賢則安於死，豈有不散而爲神怪者乎。如黃帝堯舜不聞其既死而爲靈怪也。嘗見輔漢卿説某人死，其氣溫溫然，熏蒸滿室，數日不散，是他氣盛，所以如此。劉元城死時，風雷轟於正室，雲霧晦冥，少頃辨色，而公已端坐薨矣。他是什麼樣氣魄。曰：莫是元城忠誠，感動天地之氣否。曰：祇是元城之氣自散爾。他養得此氣剛大，所以散時如此。《祭義》云：其氣發揚於上，爲昭明，焄蒿悽愴，此百物之精也。此數句説盡了。人死時，其魂氣發揚於上。昭明，是人死時自有一般光景。焄蒿，即前所云溫溫之氣也。悽愴，是一般肅然之氣，令人悽愴。如漢武帝時，神君來，則風肅然是也。此皆萬物之精既死而散也。

問：鬼神便是精神，魂魄如何。曰：然。且就這一身看，自會笑語，有許多聰明知識，這是如何得恁地，虛空之中忽然有風有雨，忽然有雷有電，這是如何得恁地。這都是陰陽相感，都是鬼神。看得到這裏，見一身祇是個軀殼在這裏，内外無非天地陰陽之氣，所以説道天地之塞，吾其體。天地之帥，吾其性。思量來，祇是一個道理。又曰：如魚之在水，外面水便是肚裏面水，鱖魚肚裏水與鯉魚肚裏水，祇一般。問：魂魄如何。是陰陽。曰：魂如火，魄如水。祇今人生，便自一半是神，一半是鬼了。但未死以前，則神爲主，已死之後，則鬼爲主。縱橫在這裏，以屈伸往來之氣言之，則來者爲神，去者爲鬼。以人身言之，則氣爲神，而精爲鬼。然其屈伸往來也各以漸。

問魂魄。曰：氣質是實底，魂魄是半虛半實底。鬼神是虛分數多，實分數少底。魄是一點精氣，氣交時便有。這神魂是發揚出來底，如氣之出入息。魄是如水。人之視能明，聽能聰，心能強記底，有這魄便有這神，不是外面入來。魄是精，魂是氣，魄主靜，魂主動。又曰：草木之生，自有個神，他自不能生，在人則心便是。所謂形既生矣，神發知矣，是也。問：生魄，死魄。曰：古人祇說三五而盈，三五而闕，近時人方推得他所以圓闕，乃是魄受光處，魄未嘗無也。人有魄先衰底，有魂先衰底。如某近來覺得重聽多忘，便是魄先衰。先儒言口鼻之噓吸爲魂耳。目之聰明爲魄也。祇說得大槩，都更有個母子，這便是坎離水火。煖氣便是魂，冷氣便是魄。魂便是氣之神，魄便是精之神，會思量計度底便是魂，會記當去底便是魄。又曰：見於目而明，耳而聰者，是魄之用。又曰：無魂，則魄不能以自存。今人多思慮役役，魂都與魄相離了，陰陽之始交，天一生水，物生始化曰魄。既生魄，煖者爲魂。先有魄而後有魂，故魄常爲主爲幹。又曰：先輩說魂魄多不同。《左傳》說魄先魂而有，看來也是以賦形之初言之，必是先有此體象，方有陽氣來附也。動者，魂也。靜者，魄也。動靜二字，括盡魂魄，凡能運用作爲，皆魂也，魄則不能也。今人之所以能運動，都是魂使之耳。魂若去，魄則不能也。月之黑暈，便是魄。其光者，乃日加之光耳，他本無光也。所以說哉生魄旁死魄。莊子曰：日火外影，金水內影，此便是魂魄之說。問：氣之出入者爲魂，耳目之聰明爲魄，然則魄中復有魂，魂中復有魄耶。曰：精氣周流，充滿於一身之中，噓吸聰明乃其發而易見者耳。然既周流充滿於一身之中，則鼻之知臭，口之知味，非魄乎。耳目之中，皆有煖氣，非魂乎。推之遍體，莫不皆然。問：先生嘗言體魄，自然二物，然則魄氣亦爲兩物耶。曰：將魂氣細推之，亦有精粗，但其爲精粗也甚微，非若體魄之懸殊耳。問：以目言之，目之輪，體也。睛之明，魄也。耳則何如。曰：竅，即體也。聰，即魄也。又問：月魄之魄，豈祇指其光而言之，而其輪則體耶。曰：月不可以體言。祇有魂魄耳。月魄即其全體，而光處乃其魂之發也。魂屬木，魄屬金，所以說三魂七魄，是金木之數也。

問：人有盡記得一生以來履歷事者，此是智以藏往否。曰：此是魄強，所以記得多。問：魂氣升於天，莫祇是消散，其實無物歸於天上否。曰：也是氣散，祇是才散便無。如火將滅也，有烟上，祇是便散蓋。緣木之性已盡，無以繼之，人之將死，便氣散，即是這裏無個主子，一散便死，大率人之氣常上。且如說話氣都出上去，魂散則魄便自沉了。今人說虎死則眼光入地，便是如此。問：或云氣散而非無，某竊謂人稟得陰陽五行之氣以生，到死後，其氣雖散，祇反本還原去。曰：不須如此説。若説無，便是索性無了，惟其可以感格得來，故祇説得散。要之，散也是無了。又問：燈熖衝上漸漸無去，要之不可謂之無，祇是其氣在此一室之內。曰：祇是他有子孫在，便是不可謂之無。死而氣散，泯然無跡者是其常，道理怎地。有托生者是偶然聚得氣不散，又怎生去湊著那生氣便再生。然非其常也。問：游魂爲變。間有爲妖孽者，是如何得未散。曰：游字是漸漸散，若是爲妖孽者，多是不得其死，其氣未散，故欝結而成妖孽。若是尫羸病死底人，這氣消耗盡了方死，豈復更欝結成妖孽，然不得其死者，久之亦散。如今打麵做糊，中間自有成小塊核不散底，久之漸漸也自會散。横渠云：物之初生，氣日至而滋息，物之既盈，氣日反而游散，至之謂神，以其伸也。反之謂鬼，以其歸也。天下萬物萬事，自古及今，祇是個陰陽消息屈伸。横渠將屈伸説得貫通，上蔡説卻似不説得循環意思。萇弘死三年而化爲碧，此所謂魄也。如虎威之類，弘以忠死，故其氣凝結如此。

問鬼神魂魄。就一身而總言之，不外乎陰陽二氣而已。然既謂之鬼神，又謂之魂魄，何耶。某竊謂以其屈伸往來而言，故謂之鬼神，以其靈而有知有覺而言，故謂之魂魄。或者乃謂屈伸往來不足以言鬼神，蓋合而言之，則一氣之往來屈伸者是也。分而言之，則神者，陽之靈，鬼者，陰之靈也。以其可合而言，可分而言，故謂之鬼神。以其可分而言，不可合而言，故謂之魂魄。或又執南軒陽魂爲神，陰魄爲鬼之説，乃謂鬼神魂魄不容更有分別，某竊謂如《中庸或問》雖曰一氣之屈伸往來，然屈者爲陰，伸者爲陽，往者爲陰，來者爲陽，而所謂陽之靈者，陰之靈者，亦不過指屈伸往來而爲言也。曰：鬼神通天地間一氣而言，魂魄主於人身而言，方氣之伸，精魂固具，然神爲主，及氣之屈，魂氣雖存，然鬼爲主，氣盡則魄降，而純於鬼矣。故人死曰鬼。南軒説不記首尾云何，然祇據二句，亦不得爲別矣。問：聖人凡言鬼神，皆祇是以理之屈伸者言也。鬼者，屈也，神者，伸也。屈者，往也。伸者，來也。屈伸往來之謂也。至言鬼神禍福凶吉等事，此亦祇是以理言。蓋人與鬼神天地同此一理，而理則無有不善，人能順理則吉，逆理則凶，其於禍福亦然。此豈謂天地鬼神一一下降於人哉。且如《書》稱天道福善禍淫，《易》言鬼神害盈而福謙，亦祇是這個意思。蓋盈者，逆理者也，自當得害。謙者，順理者也，自應獲福。自是道理合如此，安有所謂鬼神降之哉。嘗讀《禮記·祭義》，宰我曰，吾聞鬼神之名，不知其所謂。孔子曰，神也者，氣之盛也。鬼也者，魄之盛也。又曰，衆生必死，死必歸土，是之謂鬼。骨肉斃於下，陰爲野土，其氣發揚於上，爲昭明，焄蒿悽愴，百物之精，神之著也。魄既歸土，此則不同，其曰氣，曰精，曰昭明，又似有物矣。既祇是理，則安得有所謂氣與昭明者哉。及觀《禮運》論祭祀，則曰以嘉魂魄，是謂合莫。注謂，莫，無也。又曰：上通無莫。此説又似與《祭義》不合。曰：如子所論，是無鬼神也。鬼神固是以理言，然亦不可謂無氣。所以先王祭祀，或以燔燎，或以鬱鬯，以其有氣，故以類求之爾。至如禍福吉凶之事，則子之言是也。橫渠所謂物怪神姦不必辨，且祇守之不失。如精氣爲物，游魂爲變，此是理之常也。守之勿失者，以此爲正，且恁地去，他日當自見也。若要之無窮，求之不可，知此又溺於茫昧，不能以常理爲主者也。伯有爲厲，別是一種道理，此言其變，如世之妖妄者也。

南軒張氏曰：向在淮上宿一小寺中，夜聞小雞聲，以數萬計，起視之，見彌空燈明滿地。問之寺僧，云：此舊戰場也。遇天氣陰晦，則有此。夫氣不散，則因陰陽蒸薄而有聲，氣自爲聲，於人何預。又曰：鬼神之說，須自窮究，真是無疑方得。不然，他人說得分明，亦不濟事。

勉哉黃氏曰：夫人之生，惟精與氣。爲毛骨肉血者，精也。爲呼吸冷熱者，氣也。然人爲萬物之靈，非木石，故其精其氣莫不各有神焉。精之神謂之魄，氣之神謂之魂。耳目之所以能視聽者，魄爲之也。此心之所以能思慮者，魂爲之也。合魄與魂，乃陰陽之神，而理實具乎其中。惟其魂魄之中，有理具焉，是以靜則爲仁義禮智之性，動則爲惻隱羞惡恭敬是非之情，胥此焉出也，人須如此分作四節看，方體認得著實。或問：朱文公但將理與氣對看，今先生分作四節，何也。曰：理與氣對，是自天地生物而言。今之說，是自人稟受而言。若但言氣，大易何以謂精氣爲神，但言理，橫渠何以謂合性與知覺爲心耶。此意玩味，當自知之，若以語人，徒起紛紛也。因論虛靈知覺。曰：人祇有個魂與魄。人記事自然記得底是魄，如會恁地搜索思量底，這是魂。魂日長一日，魄是稟得來合下恁地，如月之光彩是魂，無光處是魄。魄亦有光，但是藏在裏面。又曰：氣之呼吸爲魂，耳目之精明爲魄。耳目精明是光藏在裏面，如今人聽得事，何嘗是去聽他，乃是他自入耳裏面來，因透諸心，便記得，此是魄。魄主受納，魂主經營，故魄屬陰，魂屬陽，陰凝靜，陽發散。《易》云精氣爲物。精是精血，氣是煖氣，有這兩件方始成得個好物出來。如人在胞胎中，祇是這兩個物，骨肉肌體是精血一路做出，會呼吸活動是煖氣一路做出。然而精血煖氣，則自有個虛靈知覺在裏面，精血之虛靈知覺便是魄，煖氣之虛靈知覺便是魂，這虛靈知覺又不是一個虛浮底物，裏面卻又具許多道理。故木神曰仁，是虛靈知覺，人受木之氣，其虛靈知覺則具仁之理。木便是氣血，神便即是魂魄，仁便是個道理，如此看方是。

北溪陳氏曰：《禮運》言，人者，陰陽之交，鬼神之會，說得亦親切。此真聖賢之遺言，非漢儒所能道也。蓋人受陰陽二氣而生，此身莫非陰陽。如氣陽血陰，脉陽體陰，頭陽足陰。上體爲陽下體爲陰。至於口之語默，目之瘉寐，鼻息之呼吸，手足之屈伸，皆是陰陽分屬。不特人如此，凡萬物皆然。《中庸》所謂體物而不遺者，言陰陽二氣爲物之體，而無不在耳。天地間無一物不是陰陽，則無一物不是鬼神。子產謂人生始化曰魄，既生魄，陽曰魂。斯言亦真得聖賢之遺旨。所謂始化，是胎中略成形時，人初間纔受得氣，便結成個胚胎模樣，是魄既成，魄便漸漸會動，屬陽，曰魂。及形既生矣，神發知矣，故人之知覺屬魂，形體屬魄，陽爲魂，陰爲魄。魂者，陽之靈而氣之英。魄者，陰之靈而體之精。如口鼻呼吸是氣那靈處，便屬魂。視聽是體那聰明處，便屬魄。就人身上細論，大槩陰陽二氣會在吾身之中爲鬼神，以寤寐言，則寤屬陽，寐屬陰。以語默言，則語屬陽，默屬陰。及動靜進退行止皆有陰陽。凡屬陽者，皆爲魂，爲神。凡屬陰者，皆爲魄，爲鬼。人自孩提至於壯，是氣之伸，屬神。中年以後漸漸衰老，是氣之屈，屬鬼。以生死論，則生者氣之伸，死者氣之屈。就死上論，則魂之升者爲神，魄之降者爲鬼。魂氣本乎天，故騰上。體魄本乎地，故降下。《書》言帝乃殂落，正是此意。殂是魂之升上，落是魄之降下者也。《易》云精氣爲物，游魂爲變，故知鬼神之情狀。言陰精陽氣，聚而生物，乃神之伸也，而屬乎陽。魂游魄降，散而爲變，乃鬼之歸也，而屬乎陰。鬼神情狀，大槩不過如此。

西山真氏曰：人之生也，精與氣合而已。精者，血之類，是滋養一身者，故屬陰。氣是能知覺運動者，故屬陽。二者合而爲神。精即魄也，目之所以明，耳之所以聰者，即精之爲也，此之爲魄。氣充乎體，凡人心之能思慮，有所識，身之能舉動，與夫勇決敢爲者，即氣之所爲也，此之爲魂。人之少壯也血氣強，血氣強故魂魄盛，此所謂伸。及其老也，血氣既耗，魂魄亦衰，此所謂屈也。既死，則魂升於天，以從陽，魄降於地，以從陰，所以各從其類也。魂魄合則生，離則死，故先王制祭享之禮，使爲人子孫者，盡誠致敬。以炳蕭之屬，求之於陽，灌鬯之屬，求之於陰。求之既至，則魂魄雖離而可以復合，故《禮記》曰：合鬼與神，敬之至也。神指魂而言，鬼指魄而言，此所謂屈而伸也。

論祭祀祖考神祇

程子曰：致敬乎鬼神者，理也。瀆鬼神而求焉，斯不智矣。古人祭祀用尸，極有深意，不可不深思。蓋人之魂氣既散，孝子求神而祭，無尸則不享，無主則不依，故《易》於渙萃皆言王假有廟，即渙散之時事也。魂氣必求其類而依之。人與人既爲類，骨肉又爲一家之類。己與尸各既以潔齊，至誠相通，以此求神，宜其享之，後世不知此，直以尊卑之勢，遂不肯行耳。祖考來格者，惟至誠，爲有感必通。

上蔡謝氏曰：陰陽交而有神，形氣離而有鬼。知此者爲智，事此者爲神。推仁智之合者，可以制祀典。祀典之意，可者，使人格之，不使人致死之。不可者，使人遠之，不使人致生之。致生之，故其鬼神。致死之，故其鬼不神。則鬼神之情狀，豈不昭昭乎。動而不已，其神乎。滯而有跡，其鬼乎。往來不息，神也。推仆歸根，鬼也。致生之，故其鬼神。致死之，故其鬼不神。何也。人以爲神則神，以爲不神則不神矣。知死而致生之，不智。知死而致死之，不仁。聖人所以神明之也。問死生之説。曰：人死時，氣盡也。曰：有鬼神否。曰：余當時亦曾問明道先生。明道云，待向你道無來，你怎生信得。及待向你道有來，你但去尋討看。此便是答底語。又曰：橫渠説得來別，這個便是天地間妙用，須是將來做個題目，入思議始得，講説不濟事。曰：沉魂滯魄影響底事如何。曰：須是自家看得破，始得。曰：王祭享鬼神則甚。曰：是他意思別。三日齋，五日戒，求諸陰陽四方上下，蓋是要集自家精神，所以假有廟必於萃與渙言之。如武王伐商，所過名山大川致禱。山川何知。武王禱之者，以此。雖然，如是以爲有，亦不可。以爲無，亦不可。這裏有妙理，於若有若無之間，須斷置得去，始得。曰：如此却是鶻突也。曰：不是鶻突，自家要有便有，自家要無便無，始得。鬼神在虛空，中辟塞滿，觸目皆是，爲他是天地間妙用，祖考精神，便是自家精神。

朱子曰：自天地言之，祇是一個氣。自一身言之，我之氣即祖先之氣，亦祇是一個氣。所以纔感必應。問：何故天曰神，地曰祇，人曰鬼。曰：此又別氣之清明者爲神，如日月星辰之類是也，此變化不可測。祇，本示字。以有跡之可示。山河草木是也，比天象又差著。至人則死爲鬼矣。又問：既曰往爲鬼，何故謂祖考來格。曰：此以感而言，所謂來格，亦略有些神祇意思。以我之精神，感彼之精神，蓋謂此也。祭祀之禮，全是如此。且天子祭天地，諸侯祭山川，大夫祭五祀，皆是自家精神抵當得他過，方能感召得他來。如諸侯祭天地，大夫祭山川，便没意思了。問：祖宗是天地間一個統氣，因子孫祭享而聚散。曰：這便是上蔡所謂若要有時便有，若要無時便無，是皆由乎人矣。鬼神是本有底物事，祖宗亦祇是同此一氣，但有個總腦處。子孫這身在此，祖宗之氣便在此。他是有個血脉貫通，所以神不歆非類，民不祀非族。祇爲這氣不相關。如天子祭天地，諸侯祭山川，大夫祭五祀，雖不是我祖宗，然天子者，天下之主。諸侯者，山川之主。大夫者，五祀之主。我主得他，便是他氣又總統在我身上，如此便有個相關處。問：上蔡説鬼神云，道有便有，道無便無。初看此二句與有其誠則有其神，無其誠則無其神一般。而先生言上蔡之語未穩，如何。曰：有其誠則有其神，無其誠則無其神，便是合有底，我若誠則有之，不誠則無之。道有便有，道無便無，是合有的當有，無的當無。上蔡而今都説得麤了，合當道合有底從而有之則有，合無底自是無了，便從而無之，今却祇説道有便有，道無便無，則不可。上蔡言鬼神，我要有便有，以天地祖考之類，要無便無，以非其鬼而祭之者，你氣一正而行，則彼氣皆散矣。鬼神，上蔡説得好，祇覺得陰陽交而有神之説，與後神字有些不同，祗是他大綱説得極好，如曰可者使人格之，不使人致死之。可者是合當祭，如祖宗父母，這須著盡誠感格之，不要人便做死人看待他。不可者，使人遠之，不使人致生之。不可者，是不當祭。如閑神野鬼，聖人便要人遠之，不要人做生人看待他。可者，格之，須要得他來。不可者，遠之，我不管他，便都無了。問：上蔡云陰陽交而有神，形氣離而有鬼。知此者爲智，事此者爲仁。上兩句祗是説伸而爲神，歸而爲鬼底意思。曰：是如此。問：事此者爲仁，祗是説能事鬼神者，必極其誠敬以感格之，所以爲仁否。曰：然。問：禮謂致生，爲不知，此謂致生爲知。曰：那祗是説明器。如三日齋，七日戒，直是將做個生底去祭他，方得。問：謝又云致死之，故其鬼不神。曰：你心不嚮他，便無了。又問：齋戒祗是要團聚自家精神，然自家精神即祖考精神，不知天地山川鬼神亦祗以其來處一般否。曰：是如此。天子祭天地，諸侯祭封內山川，是他是主。如古人祭墓，亦祗以墓人爲尸。

問鬼神之義。來教云，祗思上蔡祖考精神便是自家精神一句，則可見其苗脉矣。某嘗讀《太極圖》義有云人物之始，以氣化而生者也。氣聚成形，則形交氣感，遂以形化，而人物生生變化無窮。是知人物在天地間，其生生不窮者，固理也。其聚而生，散而死者，則氣也。有是理則有是氣，氣聚於此，則其理亦命於此。今所謂氣者，既已化而無有矣，則所謂理者，抑於何而寓耶。然吾之此身，即祖考之遺體，祖考之所具以爲祖考者，蓋具於我而未嘗亡也，是其魂升魄降，雖已化而無有，然理之根於彼者，既無止息，氣之具於我者，復無間斷，吾能致精竭誠以求之，此氣既純一而無所雜，則此理自昭著而不可掩，此其苗脉之較然可睹者也。上蔡云三日齋，七日戒，求諸陰陽上下，祗是要集自家精神。蓋我之精神，即祖考之精神。在我者既集，即是祖考之來格也。然古人於祭祀，必立之尸，其義精甚，蓋又是因祖考遺體，以凝聚祖考之氣，氣與質合，則其散者庶乎復聚，此教之至也。故曰：神不歆非類，民不祀非族。曰：所喻鬼神之説甚精密。大抵人之氣傳於子孫，猶木之氣傳於實也。此實之傳不泯，則其生木雖枯毀無餘，而氣之在此者猶自若也。鬼神二事，古人誠實，於此處，直是見得幽明一致，如在其上下左右，非心知其不然，而姑爲是言以設教也。問：性即是理，不可以聚散言。聚而生，散而死者，氣而已。所謂精神魂魄，有知有覺者，氣也。故聚則有，散則無，若理，則亘古今常存，不復有聚散消長也。曰：祗是這個天地陰陽之氣，人與萬物皆得之，氣聚則爲人，散則爲鬼。然其氣雖已散，這個天地陰陽之理，生生而不窮，祖考之精神魂魄雖已散，而子孫之精神魂魄自有些小相屬，故祭祀之禮，盡其誠敬，便可以致得祖考之魂魄，這個自是難説，看既散後一似都無了，能盡其誠敬，便有感格，亦緣是理常祗在這裏也。問：鬼神以祭祀而言，天地山川之屬分明是一氣流通，而兼以理言之，人之先祖則大槩以理爲主，而亦以氣魄言之，若上古聖賢，則祇是專以理言之否。曰：有是理，必有是氣。不可分説，都是理，都是氣，那個不是理，那個不是氣。又問：上古聖賢所謂氣者，祇是天地間公共之氣，若祖考精神，則畢竟是自家精神否。曰：祖考亦祇是此公共之氣，此身在天地間，便是理與氣凝聚底。天子統攝天地，負荷天地間事，與天地相關，此心便與天地相通，不可道他是虛氣，與我不相干。如諸侯不當祭天地，與天地不相關，便不能相通。聖賢道在萬世，功在萬世，今行聖賢之道，傳聖賢之心，便是負荷這物事，此氣便與他相通。如釋奠列許多籩豆，設許多禮儀，不成是無此，姑謾爲之，人家子孫負荷祖宗許多基業，此心便與祖考之心相通，《祭義》所謂春禘秋嘗者，亦以春陽來則神亦來，秋陽退則神亦退，故於是時而設祭。初間聖人亦祇是略爲禮，以達吾之誠意，後來遂加詳密。問：人之死也，不知魂魄便散否。曰：固是散。又問：子孫祭祀，却有感格者，如何。曰：畢竟子孫是祖宗之氣。他氣雖散，他根却在這裏。盡其誠敬，則亦能呼召得他氣聚在此。如水波漢，後水非前水，後波非前波，然却通祇是一水波。子孫之氣與祖考之氣，亦是如此。他那個當下自散了，然他根却在這裏，根既在此，又却能引聚得他那氣在此。此事難説，祇要人自看得。

　　問《下武》詩三后在天。先生解云：在天，言其既没，而精神上合於天。此是如何。曰：便是又有此理。問：恐祇是此理上合於天耳。曰：既有此理，便有此氣。又問：想是聖人禀得清明純粹之氣，故其死也，其氣上合於天。曰：也是如此。這事又微妙難説，要人自看得。世間道理有正當易見者，又有變化無常，不可窺測者，如此方看得這個道理活。又如云文王陟降，在帝左右。如今若説文王真個在上帝之左右，真個有上帝如世間所塑之像，固不可。然聖人如此説，便是有此理。問：先生答廖子晦書云：氣之已散者，既化而無有矣，而根於理而日生者，則固浩然而無窮也。故上蔡謂我之精神即祖考之精神，蓋謂此也。且根於理而日生者，浩然而無窮，此是説天地氣化之氣否。曰：此氣祇一般，《周禮》所謂天神地示人鬼，雖有三樣，其實祇一般。若説有子孫底引得他氣來，則不成無子孫底，他氣便絶無了。他血氣雖不流傳，他那個亦自浩然日生無窮。如禮書諸侯因國之祭，祭其國之無主後者，如齊大公封於齊，便用祭甚爽鳩氏、季萴、逢伯陵、蒲姑氏之屬，蓋他先主此國來，禮合祭他。然聖人制禮，惟繼其國者，則合祭之，非在其國者，便不當祭，便是理合如此，道理合如此，便有此氣。如衞侯夢康叔云相奪予饗，蓋衞徙都帝丘，夏后相亦都帝丘，則都其國自合當祭，不祭宜其如此。又如晉侯夢黃熊入寢門，以爲鯀之神，亦是此類。不成説有子孫底，方有感格之理，便使其無子孫，其氣亦未嘗亡也。如今祭勾芒，他更是遠，然既合當祭，他便有些（一作此）氣。要之，通天地人祇是這一氣，所以説洋洋然如在其上，如在其左右，虛空偪塞，無非此理，自要人看得活，難以言曉也。問：死者精神既散，必須生人祭祀，盡誠以聚之，方能凝聚，若相奪予饗事，如伊川所謂，別是一理否。曰：他夢如此，不知是如何。或是他有這念，便有這夢也。不可知。問：人祭祖先是以己之精神去聚彼之精神，可以合聚，蓋爲自家精神，便是祖考精神，故能如此。諸侯祭因國之主，與自家不相關，然而也呼喚得他聚。蓋爲天地之氣，便是他氣底母，就這母上聚他，故亦可以感通。曰：此謂無主後者，祭時乃可以感動，若有主後者，祭時又也不感通。問：若理不相關，則聚不得他，若理相關，則方可聚得他。曰：是如此。又曰：若不是因國也，感他不得。蓋爲他元是這國之主，自家今主他國土地，他無主後，合是自家祭他，便可感通。

問：鬼神恐有兩樣，天地之間二氣氤氳，無非鬼神，祭祀交感，是以有感。有人死爲鬼，祭祀交感，是以有感無。曰：是。所以道天神人鬼，神便是氣之伸，此是常在底。鬼便是氣之屈，便是已散了底。然以精神去合他，又合得在。問：不交感時，常在否。曰：若不感而常有，則是有餒鬼矣。鬼神以主宰言，然以物言不得。又不是如今泥塑底神之類，祇是氣。且如祭祀，祇是你聚精神以感祖考，是你所承流之氣，故可以感。問事鬼神。曰：古人交神明之道，無些子不相接處。古人立尸，便是接鬼神之意。問：祭祀之理，還是有其誠，則有其神，無其誠，則無其神否。曰：鬼神之理即是此心之理。祭祀之感格，或求之陰，或求之陽，各從其類，來則俱來，然非有一物積於空虛之中，以待子孫之求也。但主祭祀者既是他一氣之流傳，則盡其誠敬感格之時，此氣固寓此也。問：子孫祭祀，盡其誠意，以聚祖考精神，不知是合他魂魄，祇是感格其魂氣。曰：燔蕭祭脂所以報氣，灌鬼鬱鬯所以招魂，便是合他。所謂合鬼與神。教之至也。又問：不知常常恁地，祇是祭祀時恁地。曰：但有子孫之氣在，則他便在。然不是祭祀時，如何得他聚。人死雖是魂魄各自飛散，要之魄又較定，須是招魂來復這魄，要他相合，復不獨是要他活，是要聚他魂魄，不教散了。聖人教人子孫常常祭祀，也是要去聚得他。問：祖考精神既散，必須三日齊七日戒，求諸陽，求諸陰，方得他聚。然其聚也倏忽，其聚到得禱祠既畢，誠敬既散，則又忽然而散。曰：然。問：祖考精神便是自家精神，故齊戒祭祀則祖考來格，若祭旁親及子亦是一氣，猶可推也。至於祭妻及外親，則其精神非親之精神矣，豈於此但於心感之，而不以氣乎。曰：但所祭者，其精神魂魄無不感通。蓋本從一源中流出，初無間隔，雖天地山川鬼神，亦然也。問：死者魂氣既散，而立主以主之，亦須聚得些子氣在這裏否。曰：古人自始死弔魂復魄，立重設主，便是常要接續他些子精神在這裏。古有釁龜用牲血，便是覺見那龜久後不靈了，又用些子生氣去接續他。《史記》上《龜策傳》占春將雞子就上面開卦，便也是將生氣去接他，便是釁龜之意。又曰：古人立尸，也是將生人生氣去接他。

勉齋黃氏曰：古人奉先追遠之誼，至重生而盡孝，則此身此心無一念不在其親。及親之歿也，升屋而號，設重以祭，則祖考之精神魂魄亦不至於遽散，朝夕之奠，悲慕之情，自有相爲感通而不離者。及其歲月既遠，若未易格，則祖考之氣雖散，而所以爲祖考之氣未嘗不流行於天地之間，祖考之精神雖亡，而吾所受之精神即祖考之精神，以吾受祖考之精神而交於所以爲祖考之氣，神氣交感，則洋洋然在其上，在其左右者，蓋有必然而不能無者矣。學者但知世間可言可見之理，而稍幽冥難曉，則一切以爲不可信，是以其說率不能合於聖賢之意也。

北溪陳氏曰：古人祭祀，以魂氣歸於天，體魄歸於地，故或求諸陽，或求諸陰，如《祭義》曰：燔燎羶薌，見以蕭光，以報氣也。薦黍稷羞，肝肺首心，加以鬱鬯，以報魄也。《郊特牲》曰：周人尚臭，灌用鬯臭，鬱合鬯臭，陰達於淵泉。既灌，然後迎牲，致陰氣也。蕭合黍稷，臭陽達於牆屋，故既奠然後爇蕭，合羶薌，凡祭謹諸此。又曰：祭黍稷加肺，祭齊加明水，報陰也。取膟膋燔燎升首，報陽也。所以求鬼神之義，大槩亦不過如此。人與天地萬物，皆是兩間公共一個氣。子孫與祖宗又是就公共一氣中有個脉絡相關繫，尤親切。謝上蔡曰：祖考精神便祇是自家精神，故子孫能極盡其誠敬，音馨音香，則己之精神便聚，而祖宗之精神亦聚，便自來格。今人於祭自己祖宗，正合著實處，却都鹵莽，祇管外面祀他鬼神，必極其誠敬，不知他鬼神與己何相干涉，假如極其誠敬，備其牲牢，若是正神，不歆非類，必無相交接之理，若是淫邪，苟簡竊食而已，亦必無降福之理。范氏謂有其誠，則有其神，無其誠，則無其神。此說得最好。誠祇是真實無妄，雖以理言，亦以心言，須是有此實理，然後致其誠敬，而副以實心，方有此神。苟無實理，雖有實心，亦不歆享。且如季氏不當祭泰山，而冒祭，是無此實理矣。假饒極盡其誠敬之心，與神亦不相干涉。泰山之神決不吾享。大槩古人祭祀，須是有此實理相關，然後三日齋七日戒，以聚吾之精神。吾之精神既聚，則所祭者之精神亦聚，必自有來格底道理。

鶴山魏氏曰：或曰：盈宇宙之間，其生生不窮者，理也。其聚而生，散而死者，氣也。氣聚於此，則其理亦命於此。今氣化而無有矣，而理惡乎寓。曰：是不然。先儒謂致生之，故其鬼神。致死之，故其鬼不神。古人修其祖廟，陳其宗器，設其裳衣，薦其時食者，將以致其如在之誠，庶幾享之，其昭明焄蒿悽愴，洋洋乎承祀之際者，是皆精誠之攸寓，而實理之不可揜也。

論祭祀神祇

程子曰：俗人酷畏鬼神，久亦不復敬畏。問：《易》言知鬼神情狀。果有情狀否。曰：有之。又問：既有情狀，必有鬼神矣。曰：《易》說鬼神便是造化也。又問：如名山大川，能興雲致雨，何也。曰：氣之蒸成耳。又問：既有祭，則莫須有神否。曰：祇氣便是神也。今人不知此理，纔有水旱，便去廟中祈禱，不知雨露是甚物，從何處出，復於廟中求邪。名山大川，能興雲致雨，却都不說著，却祇於山川外木土人身上討雨露，木土人身上有雨露邪。又問：莫是人自興妖。曰：祇妖亦無，皆人心興之也。世人祇因祈禱而有雨，遂指爲靈驗耳。豈知適然。

張子曰：所謂山川門雷之神，與郊社（一作祀）天地陰陽之神，有以異乎。《易》謂天且不違，而況於鬼神乎。仲尼以何道而異其稱耶。又謂遊魂爲變，魂果何物，其遊也，情狀何如，試求之使無疑，然後可以拒怪神之說，知亡者之歸，此外學素所援據以質成其論者，不可不察，以自袪其疑耳。

或問鬼神事。伊川以爲造化之跡，但如敬與遠字，却似有跡，不知遠個甚底，和靖尹氏正色曰：非其鬼而祭之，諂也。又如今人將鬼神來邀福，便是不敬不遠。又曰：鬼神事無他，却祇是個誠。呂堅中曰：如在其上，如在其左右。曰：然。

朱子曰：地祇者，《周禮》作示字，祇是示見著見之義。地之神，祇是萬物發生，山川出雲之類。鬼神若是無時，古人不如是求。七日戒三日齊或求諸陽，或求諸陰，須是見得有。如天子祭天地，定是有個天，有個地，諸侯祭境內名山大川，定是有個名山大川，大夫祭五祀，定是有個門行户竈中雷。今廟宇有靈底，亦是山川之氣會聚處，久之被人掘鑿損壞，於是不復有靈，亦是這些氣過了。問：祭天地山川而用牲帛酒醴者，祇是表吾心之誠耶。抑真有氣來格也。曰：若道無物來享時，自家祭甚底。肅然在上，令人奉承敬畏，是甚物。若道真有雲車擁從而來，又妄誕。問：天神地示之義。曰：注疏謂天氣常伸，謂之神。地道常默以示人，謂之示。問：鬼者，陰之靈。神者，陽之靈。司命中雷竈與門行，人之所用者，有動有静，有作有止，故亦陰陽鬼神之理，古人所以祀之，然否。曰：有此物，便有此鬼神。蓋莫非陰陽之所爲也。五祀之神，若細分之，則户竈屬陽門行屬陰，中雷兼統陰陽。就一事之中，又自有陰陽也。問：子之祭先祖，固是以氣而求。若祭其他鬼神，則如之何。有來享之意否。曰：子之於祖先，固有顯然不易之理。若祭其他，亦祭其所當祭。祭如在，祭神如神在。如天子則祭天，是其當祭，亦有氣類，烏得而不來歆乎。諸侯祭社稷，故今祭社亦是從氣類而祭，烏得而不來歆乎。今祭孔子必於學，其氣類亦可想。問：天地山川是有個物事，則祭之，其神可致人死。氣已散，如何致之。曰：祇是一氣。如子孫有個氣在此，畢竟是因何有此。其所自來，蓋自厥初生民氣化之祖相傳到此，祇是此氣。問：祭先賢。先聖如何。曰：有功德在人，人自當報之。古人祀五人帝，祇是如此。後世有個新生底神，道緣眾人心邪向他，他便盛。如狄仁傑，祇留吳泰伯，伍子胥廟，壞了許多廟，其鬼亦不能爲害，緣是他見得無這物事了。

上蔡云：可者，欲人致生之，故其鬼神。不可者，欲人致死之，故其鬼不神。問：道理有正，則有邪。有是，則有非。鬼神之事亦然。世間有不正之鬼神，謂其無此理，則不可。曰：老子謂，以道蒞天下者，其鬼不神。若是王道脩明，則此等不正之氣都消鑠了。一云：老子云，以道治世，則其鬼不神。此有理。行正當事人，自不作怪，棄常則妖興。

北溪陳氏曰：古人祭天地山川，皆立尸，誠以天地山川祇是陰陽二氣，用尸，要得二氣來聚這尸上，不是徒然歆享，所以用灌用燎用牲用幣，大要盡吾心之誠敬，誠敬既盡，則天地山川之氣便自聚。天子是天地之主，天地大氣關繫於一身，極盡其誠敬，則天地之氣關聚有感應處。諸侯是一國之主，祇祭境內之名山大川，極盡其誠敬，則山川之氣便聚於此而有感應，皆是各隨其分限小大如此。敬鬼神而遠之，此一語說得圓而盡。如正神能知敬矣，又易失之，不能遠邪。神能知遠矣，又易失之，不能敬。須是都要敬而遠，遠而敬，始兩盡幽明之義。文公論解說專用力於人道之所宜，而不惑於鬼神之不可知，此語示人極為親切。未能事人，焉能事鬼，須是盡事人之道，則事鬼之道斷無二致，所以發子路者深矣。

論生死

程子曰：死生存亡，皆知所從來，胸中瑩然無疑，止此理爾。孔子言：未知生，焉知死。蓋略言之。死之事，即生是也。更無別理。凡物參和交感則生，離散不和則死。合而生，非來也，盡而死，非往也。然而精氣歸於天，形魄歸於地，謂之往，亦可矣。原始則足以知其終，反終則足以知其始，死生之說如是而已矣。故以春為始，而原之必有冬。以冬為終，而反之其必有春。死生者，其與是類也。

五峰胡氏曰：物之生死，理也。理者，萬物之貞也。生聚而可見，則為有。死散而不可見，則為無。見者，物之形也。物之理，則未嘗有無也。

朱子曰：氣聚則生，氣散則死。問：死生一理也。死而為鬼，猶生而為人也。但有去來幽顯之異耳。如一晝一夜，晦明雖異，而天理未嘗變也。曰：死者去而不來，其不變者，祇是理。非有一物常在而不變也。問：人死時，祇當初稟得許多氣，氣盡，則無否。曰：是。曰：如此，則與天地造化不相干。曰：死生有命，當初稟得氣時便定了。便是天地造化，祇有許多氣，能保之，亦可延。

魯齋許氏曰：人生天地間，生死常有之理，豈能逃得。卻要尋個不死，寧有是理。

清《聖祖仁皇帝庭訓格言》

訓曰：子曰，鬼神之為德，其盛矣乎。使天下之人齊明盛服，以承祭祀，洋洋乎如在其上，如在其左右。蓋明有禮樂，幽有鬼神。然敬鬼神之心，非爲禍福之故，乃所以全吾身之正氣也。是故君子修德之功，莫大於主敬。內主於敬，則非僻之心無自而動。外主於敬，則惰慢之氣無自而生。念念敬斯念念正，時時敬斯時時正，事事敬斯事事正。君子無在而不敬，故無在而不正。《詩》曰：明明在下，赫赫在上。維此文王，小心翼翼。昭事上帝，聿懷多福。其斯之謂與。

清《御製日知薈説》卷三

天德王道，其本一也。一者何。曰：心而已。聖人言王道必本諸一心。然心不可以名象形，不可以言語飾，不可以事功論，不可以鬼神惕。蓋敬鬼神而遠之，鬼神亦吾心中之一物，可以事功論，則唐太宗致治之盛，幾於成康，而於古聖王天德王道一以貫之者，則概乎其未有聞也。至於言語名象，更爲枝蔓，其不可以徵心，明矣。故《記》言王道亦曰：心無爲也，以守至正。

清《御定孝經衍義》卷十七

《禮運》曰：故政者，君之所以藏藏，猶安也。身也。是故夫政，必本於天，穀音效，下同。以降命。命降於社之謂穀地，降于祖廟之謂仁義，降于山川之謂興作，興作之事，非材不成，故於山川。降于五祀之謂制度。此聖人所以藏身之固也。故聖人參於天地，並於鬼神，以治政也。制度之興，始於宮室，故本五祀。

臣按：經言天明地察，神明彰矣。宗廟致敬，鬼神著矣。故聖王孝治天下，發號出令，特寓之於天地鬼神，使萬物莫不聽命焉。蓋政者，以己正人之名。聖王明察天地，致敬鬼神，先立于無過之地，而後教人以順天時，因地利。自仁率親，自義率祖，賴其器用，安其居處，使死者有所歸，生者有所養，非直神道設教而已，此所以其政不嚴而治者也。

又卷四十八

《禮記·禮運》：故祭帝於郊，所以定天位也。祀社於國，所以列地利也。祖廟，所以本仁也。

臣按：此即《易·觀卦·象傳》所謂聖人以神道設教，而天下服也。然而郊社宗廟之禮，非徒行之而已，必有盥而不薦，有孚顒若之敬著存，不忘形之於外，然後天神地祇人鬼可得而格矣。《經》曰：天明地察，神明彰矣。宗廟致敬，鬼神著矣。此之謂也。

清陸世儀《思辨錄輯要》卷二十

天地間祇有幽明死生鬼神六個字，最難理會，最易惑人。凡異端邪教，無不從此處立説，以其無可捉摸，無可對証，所謂乘人之迷也。孔子《繫辭》曰：仰以觀於天文，俯以察於地理，是故知幽明之故。原始反終，故知死生之説。精氣爲物，遊魂爲變，是故知鬼神之情狀。是與他個實境界，實對証，人被異端惑，祇是讀此節書未透。

二氏之説，以爲天堂地獄，人死之後，果報歷歷不爽，即賢知者亦然。其説果爾，是幽勝於明也。天地之間，陰不能勝陽，夜不能勝晝，豈有幽勝於明之理。即所云果報，祇是惠迪吉，從逆凶，祇在明中，非在幽也。

或謂果如此言，則自古忠孝受殃，奸惡倖免者，將遂如是已耶。曰：此氣之不齊者也。自有天地以來，氣之不齊者多矣，何獨於此致疑，而必沾沾然責其報乎。且古之爲忠臣孝子者，非以其必有果報而爲之也。以果報而爲，則其爲忠孝也亦薄矣。夫忠孝而受殃，奸惡而倖免者，氣也。惠迪必吉，從逆必凶者，理也。氣有時而勝理，而理必勝氣。試觀天地之間，忠孝獲福者多乎，奸惡獲福者多乎。忠孝獲罪者多乎，奸惡獲罪者多乎。得其正者，常也。不得其正者，千百中之一二也，變也。常則人不以爲訝，變則人皆怪之，故往往以爲不平，而必快其意於果報也。要之，果報非無，但皆在明中，未必如二氏之説耳。

忠孝雖受殃，奸惡雖倖免，然事定之後，或易世之後，未有不表揚忠孝，追罰奸惡者，是即所謂果報也。豈藉於不可見，聞之空言乎。

或曰：《禮》言，明則有禮樂，幽則有鬼神。若子言，則幽無鬼神耶。曰：何言無鬼神。但禮言禮樂，鬼神亦祇是惠迪吉，從逆凶之意。非必如二氏刻畫一不可見之鬼神，以滋人之惑也。

古人動色相戒，往往稱天稱鬼神。五經中所載甚多，四書中雖罕言，然《中庸》稱鬼神之爲德，《論語》稱敬鬼神而遠之，何嘗不言鬼神。乃今人不學五經四書之言鬼神，而效二氏之言鬼神，亦昧於幽明之故矣。

問：《易》言，仰以觀於天文，俯以察於地理，是故知幽明之故。朱子釋之曰：天文則有晝夜上下，地理則有南北高深，以晝上南高爲明，以夜下北深爲幽，何如。曰：此以釋幽明，則得矣。然幽明之故，故字則如何解。故字中須有個所以然在。蓋幽明二字，人知之矣，而其中所以然，則未必知。故往往一言幽明，則便有許多異端雜説，使人恍惚疑似而無所主，此不讀《易》之過也。惟一讀《易》，則知天文之所以爲天文，地理之所以爲地理，不過是陰陽所成道理。俱有一個來歷，俱有一個着落，即周子《太極圖説》所謂太極動而生陽，動極復靜，靜而生陰，靜極復動，一動一靜，互爲其根，分陰分陽，兩儀立焉之謂也。此數語便是此段書故字注脚。不然，舍《太極圖》而別求一解，不惟膚淺，且全失聖人之意矣。

天文不但晝夜上下，地理不但南北高深，其中無窮無盡道理，總祇在一故字中也。

二氏好言果報，往往綴拾閭閻細事爲書，其爲果報淺矣。予謂廿一史是大果報書，試觀多少成敗興亡，那一件不是果報。

問：釋氏好言生死，吾儒獨不言生死，何也。曰：儒家如何不言生死，祇是言生死與釋氏不同。朝聞夕死，全受全歸，此一身之生死也。使民養生喪死無憾，此天下之生死也。生事以禮，死葬以禮，此孝子事親之生死也。事君有犯無隱，服勤至死，此忠臣事君之生死也。無求生以害仁，有殺身以成仁，此志士仁人之生死也。危邦不入，亂邦不居。天下有道則見，無道則隱，此明哲保身之生死也。吾儒之言生死也大矣。豈必日日低眉合眼，飽食安坐，思所謂無常迅速者，而後謂之生死哉。

儒者之言生死，專在生上用功，故曰，未知生，焉知死。祇求盡生前之學問，以祈夕死之可。佛氏之言生死，專在死上用力，故曰：但念無常，慎勿放逸。祇求盡死時之工夫，以冀來生之福緣。爲僧之人多係鰥寡孤獨，現前已無生路，不得不於死路上開一生面。要之，祇是世上無全受全歸之聖人，不能行養生喪死之王政，故使窮民之無告者，鬱而爲此等生死之説，所謂如得其情，哀矜勿喜也。

友人問：生從何來，死從何往。予曰：子未讀《太極圖説》乎。無極之真，二五之精，妙合而凝，乾道成男，坤道成女，此生之所從來也。知生之所從來，則知死之所從往矣。孔子曰：未知生，焉知死。此是實話，不是機鋒話。

問：朱子言，僧道既死，多不散。此語有之乎。曰：有之。蓋僧道平日務於寶嗇精神，完養此心，又其胸中無窮，意願未曾發舒，故其死往往結而不散，生有投胎奪舍之事，亦是常理。此等事，君子非不能爲，然非天地間中正經常之道，故不肯爲。

問：僧道雖保嗇完養，恐必無死而不散之事。曰：未必人人如此，然此亦不是奇特事。譬如妖狐拜月，亦可爲人。草木無情之物，久得天地之精氣，亦可作怪。《家語》所謂物老則爲怪者也。況人爲萬物之靈，豈不能結聚精神，神通作弄，但此亦是成精作怪之類，故君子不之貴耳。

問：僧徒如何必要打坐坐化，豈以此惑世乎。曰：人之精神，豎起則明，放倒則昏。《醫經》言肺爲心之華。蓋豎起，則肺不掩心，故明。放倒，則掩心，故昏。又睡中以手掩心，則夢魘。此一証也。《左傳》云：沐則心覆，心覆則圖反。亦是此意。僧徒打坐坐化，祇是要其生前死後不昏散之意。

養生家議論，如調息守中，嚥津叩齒之類，皆有益於人。予少嘗爲之，亦頗有益。然殊費讀書工夫，年餘遂決去人欲，思爲聖賢，不知有幾多事業在，安能垂簾塞兌，日日學深山道士乎。

問：三魂七魄之説。朱子謂，魂屬木，魄屬金，三七祇是金木之數，是如何。曰：此亦不典之論，不必究心穿鑿。魂祇是氣，魄祇是精。人之悟性屬魂，記性屬魄，大約即是天氣地質，故人死則魂升魄降，復歸於天地也。

質附氣而起，魄附魂而強。今人視聽衰者，魄先衰也。大約由思慮物欲之多，故古人恒用收視返聽之功，朱子所謂收召魂魄也。

問：《繫辭》言，精氣爲物，游魂爲變，是故知鬼神之情狀。朱子注曰，陰精陽氣，聚而成物，神之伸也。魂游魄降，散而爲變，鬼之歸也。何如。曰：此似説死生，不似説鬼神矣。物祇是神物，非人物。如龍螻流庭化爲黿，及神降於莘之類。游魂祇是説魂氣無不之，非魂升魄降之意。變如伯有爲厲，嘯於梁，觸於胸之類。情狀二字妙，蓋鬼神有情亦有狀。如鬼猶求食，及爲立後，是其情也。神燈鬼火，是其狀也。人能明於《易》道，則鬼神雖千態萬狀，不過陰陽之所爲。其爲物者，精氣也。其爲變者，游魂也。其所以精氣爲物，游魂爲變者，陰陽也。從爲物爲變中想出鬼神許多情狀，則所以安妥鬼神之道，即在於此矣。

問：如此似止論得變怪之鬼神，其尋常之鬼神，却不曾言得。曰：尋常之鬼神，不過是天神地祇人鬼。然天神地祇人鬼，意已在上文幽明之故，死生之説中。此祇是因鬼神中有變怪者，雖賢智不能無惑，故又摘抉言之，所謂鑄鼎以知神奸，使民入川澤山林，不逢不若之意也。細玩精氣爲物，游魂爲變八字，意可見。

即兩句中，亦可以見尋常鬼神。精氣爲物，天神地祇也。游魂爲變，人鬼也。然物字變字，終有形跡。

問：如何是安妥鬼神之道。曰：龜山楊氏曰，可者，使人格之，不使人致死之。不可者，使人遠之，不使人致生之。致生之，故其鬼神。致死之，故其鬼不神。議論最妙。祇是有其誠則有其神，無其誠則無其神之意。言鬼神有無，祇在人心也，妙處在分別可，不可。可者，正祀也。不可者，淫祀也。可者使人致生之，不可者使人致死之。聖人務民義而敬鬼神之道，不過如此。故曰：推此義也，可以制祀典。

鬼神，氣也。氣必有所憑而後久。設主以依之，血食以資之，皆所以使之有所憑也。此古人制祭祀之意也。

鬼神二字畢竟與陰陽不同。程子曰，鬼神者，天地之功用，造化之跡也。張子曰，鬼神者，二氣之良能也。雖説得精密潤大，然畢竟是就陰陽上説。所以一向講到春生秋殺，日升月沉，花開葉落，手持足行，竟與陰陽無二至。於伯有爲厲，則以爲別是一種道理。意在扶持世教，防世人之惑，而世人之惑滋甚，此主於理而失之過者也。愚謂鬼神二字與陰陽不同。以鬼神爲陰陽則可，以陰陽爲鬼神則不可，即以四書五經中所稱鬼神証之。季路問事鬼神。子曰：未能事人，焉能事鬼。是把鬼神與人對說。又曰：敬鬼神而遠之。若是陰陽之鬼神，如何可遠。《中庸》云：鬼神之爲德，其盛矣乎。下面便說使天下之人緊緊接去，明是指祭祀之鬼神。《易經》：鬼神害盈而福謙，人道惡盈而好謙。亦是把鬼神與人對說。與四時合其序，與鬼神合其吉凶。四時是四時，鬼神是鬼神。《繫辭》曰：原始反終，故知死生之說。精氣爲物，游魂爲變，是故知鬼神之情狀。以鬼神根（跟）死生言，是鬼神二字明明專指祭祀之鬼神，何嘗與陰陽相混。惟其不與陰陽相混，而又確然有一定之理，不離世俗之所謂鬼神，亦不雜世俗之所謂鬼神，此聖人之理所以不同於異端也。

天之神曰神，地之神曰示，人之神曰鬼。又曰：凡天地風雷山川之屬，皆曰神。祖考饗於廟曰鬼。此是鬼神正訓。

鬼神祇是天地祖宗。五祀，天地之屬也。厲，祖宗之屬也。不過是天神人鬼。至於淫祠邪鬼，雖非正理，然天地間亦自有此理。蓋鬼神由人而生，淫祠邪鬼由邪人之所生也。世無邪人，則自無淫祠邪鬼矣。語云：有道之世，其鬼不靈。愚亦云：有道之人，其鬼亦不靈。世決無正人爲鬼迷者。

問：如何是不離世俗之鬼神，亦不雜世俗之鬼神。曰：世俗之所謂鬼神，天地祖宗也。聖人之所謂鬼神，亦天地祖宗也。此所謂不離世俗之鬼神也。然世俗之所謂天地，則如二氏之所稱梵天，帝釋，玉皇，十地謂必有宮闕，殿宇，人物，形像。聖人則以爲皇天后土，裁培傾覆，爲萬事萬物之主宰而已。世俗之所謂祖宗，則如二氏之所謂追薦超度與夫盂蘭盆會，謂必有輪迴，必有地獄。聖人則以爲祖考精神之所存，子孫孝思之所寄，致吾孝敬，致吾思念而已。一以誠，一以妄。一則惑於事之所本無，一則信於理之所必有。此所謂不雜世俗之鬼神也。

言夏問：事鬼神章，是事鬼神之理，即在事人中。知死之理，即在知生中否。曰：不知死生，須觀晝夜。假如人欲夢寐清穩，夢寐中卻着不得力，須全是從日間修身養性。然日間修身養性，原不是專求夢寐中清穩，祇是日間所爲原自當如是。晝之所爲出於正，則夜之所夢亦出於正耳。君子止有事人知生學問，更無事鬼知死學問也。

言夏兄問：嘉靖中，凡塑像，皆易爲木主，固善。然城隍似不妨塑像。予曰：城隍，地祇也。人鬼可以塑像，天神地祇不可以塑像。曰：然則孔子不妨塑像耶。曰：可。但時代即遠，傳寫非真，雖欲貌之，無從而貌之，則塑像恐涉偽耳。非理有不可也。江升士兄曰：予嘗見蘇州郡學，立木主於座，而刻孔子石像於傍。予曰：得之。推此以往，則不惟文廟，凡有功德於民之人鬼，皆當如此。既無褻瀆之嫌，亦盡景仰之道。

儒者之斥塑像，以其始於釋氏也。然天神地祇，原無是形，故不可妄爲塑像。若人鬼，則原有是形，塑像何妨。龜山楊氏曰：致生之，故其鬼神。塑像亦致生之一事也。此猶勝於古人之立尸。蓋古人立尸，亦是想像之意，使當時有塑像法，古人必用之矣。

伊川先生以塑像之故，并不取影神之說，以爲苟毫髮而不似我父母，則爲他人，此言似屬太過。夫父母之有影神，亦人子思慕音容之一助也，亦何害於義理，而必欲去之。是使人子之幼喪其父母者，并其彷彿而不得一覯也，此予於先妣，亦抱終天之憾也。

人子於父母之亡，決當依禮立主，至於影神，則隨其心力。若祖宗有賢德，及爲時名臣，則斷不可不傳影神，爲後人瞻仰之資。

問：二氏之鬼神如何。曰：道家之所謂鬼神，尊則上帝，卑則里社，皆本有之鬼神也，而稱之以玉皇，褻之以齊醮，其失在於過卑。釋氏之所謂鬼神，遠則西域，曠則三世，皆本無之鬼神也，而以爲主持歷劫，以爲普度衆生，其失在於過高。過高過卑，即所謂過不及也。無是理，即無是氣，何以爲鬼神。

人死之有鬼，猶木爐之有烟，皆氣之餘也。橫死者，其鬼屬，強死者，其鬼靈，猶今之生柴頭，木性未燼，而強滅其火，則其烟盛。至老病而死者，其鬼多寂然無聞，蓋其氣已盡，猶之油乾而火盡者，燈熄亦無烟也。或執以爲必有，或執以爲必無，皆未知此義。

問：凡物之有光者，皆屬陽。神燈鬼火，此陰屬也，何以有光。曰：有光者，不必皆陽屬也。惟天爲純陽，然天未嘗有光。日陽精而中有闇虛，火陽盛而外明內暗，皆爲坎象，故知陽雖有光，必麗陰始明，陰雖無光，然得陽亦現。螢火宵行，陰蟲也，而有光者，鬱蒸之氣爲之也。神燈鬼火，或氣盛而有光，或氣鬱而有光。氣盛則陰兼陽，氣鬱則陰生陽，故有光。昔人謂戰場多燐，下有戰血也。此即是鬱氣所爲。

月陰精而有光者，得日而明也。蚌，陰物，產珠夜明，亦得日月之精也。恒星有光者，星爲少陽，亦非純陽也。故陰陽必相兼而有光。

聞戰場燐火既得聞命矣。所謂陰房鬼火，則何如。曰：總之，非盛而有光，即鬱而有光，二語盡之。陰房則陰盛而有光也。

精氣已成，故爲物。游魂未散，故爲變。

問：鬼神無形與聲，乃或有形有聲，何也。曰：無形無聲，常也。有形有聲，變也。然聲或有之矣，形則未必。蓋必衆人共見者，然後謂之形。若一人獨見，則目眚也。所以然者，鬼神，氣耳。聲乃氣之所爲，形則非質不成也。

問：精氣爲物，亦有形乎。曰：此如龍漦爲黿之類。蓋神怪之屬，非尋常之鬼神也。所以然者，氣無質，精有質。龍漦，精之屬也，故有形。

問：山魈木客之類，亦常有形，何也。曰：此則神怪之屬，兼精與氣者也。

世間多有妄託鬼神者，不特巫覡，即士君子之中往往有之。予初聞雖不之信，亦不敢斷以爲欺人。徐而詢之，率皆欺人也。非爲利，即爲名，甚有爲色者，亦大可駭矣。其人大率多遭奇疾奇禍，此則眞鬼神之靈也。孔子曰：敬鬼神而遠之。彼獨褻鬼神而慢之，恰恰相反，安得不遭疾禍。

吾鄉有託鬼神言幽冥事者，鄉人競往聽之，抄傳其說。予時方十七八，閱其說即指爲僞。鄉人皆爲予汗下，不半年，其人以奇疾死。賢者當於此等事，深加辨察，庶不爲妄人妄書所惑。

佛氏輪迴之說，所以不可信者，以其不通也。天地之間有化生，然後有形生。若以爲輪迴，則化生之初，未有萬物，誰爲輪迴。形生之後，自少而衆，自一而萬，如何輪迴。這便是矛盾處。

世俗投胎之說，理亦有之。蓋彼處人初死，氣猶未滅，此處人初生，氣方成象。兩氣相取，忽然相合。此如磁之引針，珀之吸芥，亦不足怪。往往多出於親讐者，蓋所親所讐，心嘗不忘，則氣嘗相逐故也。然此亦巨萬中之一二，乃釋氏至以爲人死必投胎，遂有輪迴之說，儒者不之信似矣。然每因偶有所見所聞，則又持兩說而不安，此不得理一分殊之義也。

通侯問：投胎之說，恐未必止於初死，即親讐亦不必盡拘。愚謂親讐予原未嘗拘，但謂多出於此耳。至於投胎，則初死時容或有之，久之必無此理。蓋此氣離軀殼既久，漸散漸滅，安能復與生氣相取。其散見於雜說，及以夢寐爲言者，皆妄也。予於投胎之說，但謂理亦有之，不欲遽斷其無耳。至眞正耳目所及，則並未見有一投胎者，未可輕信也。

凡產不由戶者，釋氏以爲世尊轉輪，聖王之瑞，儒者則以爲未必然。偶閱祝枝山所記成化十七年張珍事。珍，宿州人，妻王氏，於臍右產一男，鼻準中有黑痣一。又尹氏《瑣綴録》則云，成化二十年，徐州婦人肋下生瘤，瘤破產兒，有司具聞，日給膳米，尹曾見之。又嘉靖末，眞定屬縣婦人右脇生男，甚雄壯，六歲死。前二男至長，亦不聞有異。天地大矣，何所不有。

清陸隴其《讀朱隨筆》卷三

《朱子大全集》卷五十七

李堯卿謂，樊遲問知，告以敬鬼神而遠之。在三代之時，民間所謂鬼神，士則有五祀與其先祖，此樊遲之所當祭。想無後世之所謂淫祠者。告以敬而遠之，莫祇以五祀爲戒也。朱子答曰：鬼神固不謂淫祠。然淫祀之鬼神既不當，其位未能除去，則亦當敬而遠之耳。

愚按：堯卿看得切實，朱子所答則又是爲後人言之耳。

清周召《雙橋隨筆》卷一

《詩》之惡讒人也，曰，如鬼。余以爲，人比於鬼尤甚也。夫使世果有鬼焉，其爲物也，天定之矣。彼雖欲不爲鬼焉，而不得也。猶之蛇與蝎，然天與之毒，彼雖欲不螫人而亦不得也。若夫人，天之所賦者，仁義禮智，其性也。君臣，父子，兄弟，夫婦，朋友，其倫也。《禮》《樂》《詩》《書》，其文也。衣冠劍佩，其儀也。一旦而如鬼焉，是天命之以人，而彼乃自變而爲鬼也。其罪加於真鬼一等矣。魏徵有言，若人漸澆詭，不復反朴，今當爲鬼爲魅。嗟乎。此時世界竟多若是之人矣。然使爲鬼魅者，并其形而亦變焉，可以知其爲鬼而避之矣。乃五官四體猶人也，聲音笑貌猶人也，甚而文章議論猶人也，猶然人而實則鬼，人又烏得而知之，而又烏得而避之。甚矣，天下惟人而鬼者爲不可測也。鬼神二字，世人不解，誤爲妖邪幻異之物。在兒童婦女，市井村落中人，猶不足怪，乃讀書學道，號爲正人君子者，亦復如是，不知何故。《中庸》不云乎，鬼神之爲德，其盛矣乎。程子曰，鬼神，天地之功用，而造化之跡也。張子曰，鬼神者，二氣之良能也。朱子曰，以二氣言，則鬼者，陰之靈也，神者，陽之靈也。以一氣言，則至而伸者爲神，反而歸者爲鬼。其實一而已。《易》曰，精氣爲物，游魂爲變，是故知鬼神之情狀。《本義》云，陰精陽氣，聚而成物，神之伸。魂游魄降，散而爲變，鬼之歸也。陳紫芝曰，天命，無妄之理。聚於人心者，有情有性。散於天地者，爲鬼爲神。性情者，人心之鬼神也。鬼神者，天地之性情也。鬼神之義，略盡於此，可謂深切著明矣。而人皆夢，夢何也。然則孔子所謂敬而遠之者，非歟。曰：孔子敬而遠者，謂所當祭之鬼神。即天子之天地，諸侯之社稷，大夫之五祀，士之先，庶人之寢是也。而今之謂鬼者，判官獄卒，木客山魈之類，非孔子之所謂鬼也。今之謂神者，天尊大王，將軍夫人之類，非孔子之所謂神也。蓋巫覡僧道，禳灾懺過等事，初不見於有道之時，至於衰世而始盛。大約不善之人多，而畏禍之心急，故惟求庇於彼之所謂鬼神者，而跪之拜之耳。噫嘻。使鬼神果如人所謂，而又可市以顛倒其福善禍淫之柄，則天且譴而責之，不能自保矣，又何暇徇人之情，以相庇護哉。此蓋必無之理，而倡於惑世誣民者之所爲。有心世道者，當進而希孟夫子反經之意可也。余素持無鬼之論，而晉人之爲鬼，是復有鬼矣。不可以不辯。

清何焯《義門讀書記》卷三

论语上

樊遲問知章。敬鬼神而遠之。卜筮稽疑，亦質鬼神事。程朱《語錄》，非一條不可專指祀典。就祀典論，若臚列國家大事，不切學者日用，於樊遲何與耶。

先難而後獲二句。先難者，克己也。程子亦統言其無私之意，若以克己實疏
所難，則此因樊遲之失而告之。遽躐等而希顏子之乾道哉。例以先事後得，祇當
就處心積慮上發明。仁者循天理之自然，無計功謀利之私意，就凡事泛說。注：
民，亦人也。按：此恐人誤以此爲有位之事耳。

集部

宋楊時《毗陵所聞》（《龜山集》卷十三）

劉元承言，相之無所不用其敬。嘗掛真武畫像於帳中，其不欺暗室，可知。
曰：相之不自欺，則固可取。然以神像置帳中，亦可謂不智。曰：何以言之。
曰：果有真武，則敬而遠之，乃所謂智。帳中臥之處，至褻之所也，何可置神
像。君子喻於義，小人喻於利。所謂喻於義，則唯義而已。自義之外，非君子之
所當務也。夫然後所守者約。如孟施舍知守氣，可謂約矣。所以不及曾子者，以
曾子唯義之從故也。

宋羅從彥《豫章文集》卷十

民之所宜者，務之。所欲，與之聚。所惡，勿施爾也。人之所以近鬼神而褻
之者，蓋惑也。故有非鬼而祭之，淫祀以求福。知者，則敬而遠之。（明道）

宋胡寅《零陵郡學策問》（《斐然集》卷二十九）

問：鬼神之理，學者所當知也。樊遲問知，孔子語以敬鬼神。子路問事鬼
神，孔子語以事人爲先，何也。或不問而語之，或問而不語，是可疑也。《中
庸》曰：鬼神之爲德，視之不可見，聽之不可聞。而舜之作樂也，祖考來格。周
之作樂也，天神降，地祇出，何以知其格其降其出歟。是又可疑也。夫所謂視不
見，聽不聞者，爲其無形聲可接也。而《易》曰精氣爲物，遊魂爲變，是故知
鬼神之情狀。既有情，又有狀，則非不可見，不可聞矣。而《中庸》云爾，是
又可疑也。以天神地祇言之，其情與狀可得而言歟。孔子祭如在，祭神如神在。
蓋亦誠心想其嗜欲貌象以致之。祖考，可爾也。天神地祇，若爲而想之，是又可
疑也。今釋老二教皆言鬼神，且又繪事之，土木偶之，果得其情狀乎。若以爲
是，則世人所不識也，安知其爲是乎。若以爲非，則聖人所未及言也，又安知其
爲非乎。是非有無，茫茫於吾心，以之事祖考，祖考必不格矣，又況於凡爲鬼神
者乎。此學者所當精思而明辨之，不可以難知而遂止者也。

宋朱熹《晦庵集》卷五十七

樊遲問知，告以敬鬼神而遠之。在三代之時，民間所謂鬼神，士則有五祀與其先祖，此樊遲之所當祭。想無後世之所謂淫祠者。告以敬而遠，莫祇以五祀爲戒也。然以子路請禱觀之，則曰禱爾於上下神祇。程子謂子路以古人之《誄》對，則是子路但舉此《誄》詞，謂其有此禱之理耳，意不在指所禱之神，以爲請否。

鬼神固不謂淫祀，然淫祀之鬼神既不當，其位未能除去，則亦當敬而遠之耳。

宋張栻《答呂子約》（《南軒集》卷三十二）

樊遲問知。子曰：敬鬼神而遠之，可謂知矣。所謂知者，知鬼神之德，是已知事乎此，則敬。敬，則有事乎此矣。有事乎此，勿忘勿助，則鬼神著矣。故其洋洋如在者，狀其昭著云耳。於此知之有所未明，體之有所未盡，迫切而求的見，則愈近而愈妄，愈親而愈非，計度想料，妄而益妄。所謂鬼神之德，何從而可識乎。其爲不知，孰大於是。《中庸》論鬼神之德，如曰：視而不見，聽而不聞。而又繼之曰：體物而不可遺。觀乎此，恐是敬而遠之之旨，敢祈指誨。

《遺書》中有一段，或問知鬼神之道，然後能近能遠否。曰：亦未說到深處。且大綱說當敬不惑也。迫切而求的見，則愈近而愈妄，愈親而愈非。此數語好，但更當深思孔子答子路之意。

敬鬼神而遠之，可謂知矣。惑而信之，非知也。孟浪不信，非知也。能近能遠，始謂之知。敬而不能遠者，則其敬也，生於畏禍與福而已，非所謂敬也。遠而忘乎敬者，則其遠也，生於忘禍與福而已，非所謂遠也。二者均於疑以爲有，疑以爲無，非的實有見乎。此兩句固大綱說示人以知之事，然非知鬼神之情狀，則安能敬而遠之乎。

敬鬼神而遠之。或問伊川，知鬼神之道，然後能敬能遠否。先生曰：亦未說到如此深遠處。且大綱說當敬不惑，此是玩味經旨之法，若更別生出事，却失了當時意。

氣聚則生，氣散則死，大化一移。升於天者爲魂氣，落乎地者爲體魄。魂游魄降，形質安有，其理固然。然闇處獨行，畏心或生，則疑以爲或有，豈非緣於習俗，而中主不立故耶。又豈非隱微之中神明集舍，而自有不可揜者耶。今固不敢徇於流俗，而返之於理。然孟浪不信，卒然撞出駭異之事，安敢自保其不爲所移乎。如魂魄之影響，奪胎受蔭之說，理安有之。然亦當了然無疑，乃爲可耳。窺識髣髴，何得於已。

此等事不可放過，須窮究到實然無疑處，不然被一兩件礙阻著，或爲異説動了，未可知也。

君子上交不諂，下交不瀆。何以謂之知幾其神乎。

交際易於因循。上交主於恭，過其則斯爲諂。下交主於和，過其則斯爲瀆。能持而不失，非知幾，其能之乎。聖人論介於石之義，而獨以上下交之事爲言，惟篤實爲己者，知其爲甚切要也。

元蕭𣂏《地震問答》（《勤齋集》卷四）

昔者夫子疾病，子路請禱，子曰：丘之禱久矣。蓋聖人未嘗有過，無善可遷，其行素合於神明，雖不禱，猶禱也。常人所行，違背天理，雖日禱之，猶不禱也。如己有子或婢僕事事違背於己，而每每祇來禱告，是欺侮於己，則愈增怒矣。能無答責乎。昔樊遲問知。子曰：務民之義，敬鬼神而遠之，可謂知矣。義是人所當爲之理，人祇合專力爲之。若不明義理，祇知褻瀆鬼神，可謂不知也已。然此猶論當祀之鬼神爾，若淫祀，又所不論也。《記》曰：淫祀無福。若遇正人，則自當廢去矣。夫豈能貪天之功，而禍斯民耶。故漢谷永曰：明于天地之性，不可惑以神怪。知萬物之情，不可罔以非類。人而可不知學哉。曰：盧而處，禮乎。曰：禮若有疾風迅雷甚雨，則必變。雖夜必興。衣服冠而坐，所以敬天之怒也。孟子謂知命者，不立乎巖墙之下。盡其道而死者，正命也。桎梏死者，非正命也。人事盡處，方可言命。今天地大變，而人豈可偃然無所變其處哉。須一切廢罷宴樂聲伎，紛華利欲之事，常以憂畏改悔處之，則可。《詩》云：敬天之怒，無敢戲豫。敬天之渝，無敢馳驅。當如是也。曰：聞之。自古災異多云政令之闕失，何也。曰：各盡其職分，可也。職分者，各人分限中理之當爲者也。在位者固當自改其一官之政治闕失，然而無位者不當自責其一身之失理乎。昔者大舜爲其父母所怒，每往於田，則呼天號泣，曰：我竭力耕田，共爲子職，父母不我愛，不知我有何罪，怨己失愛，自求己過，不得於是，戀慕而號泣，故終能致父母和悦。漢萬石君，子孫有過失，爲便坐，對案不食，然後諸子相責，因長老肉袒，固謝罪改之乃許。凡父母若有怒，爲子孫者當相責而悔改，況天地大變如此，而人可不自求己過以改之乎。

明張寧《讀史録》（《方洲集》卷二十八）

除秘咒十四年，增諸祀壇場珪弊，詔曰：禍自怨起，福由德興。又曰：先王遠施，不求其報。望祀不祈其福，其令祠官致敬，無有所祈。

觀二詔之言，可謂敬鬼神而遠之，粹然一出於正。及郊雍之後惑於新垣平，遂有禱祀之作。蓋帝天資雖美，素無學問之功，是以不能精一，而守其常德也。

明胡直《談言上》（《衡廬精舍藏稿》卷三十）

問：鬼神有諸。曰：苟無鬼神，則上帝亦虛器矣。夫在天之日月星辰，風雲雷雨，在地之山川海嶽，五方八蜡，莫不各有神祇。故國家莫不各有祀典。《書》曰禋於六宗，望於山川，遍於群神。《詩》曰靡神不舉，靡愛斯牲。夫豈虞周聖人知其無神，而繆爲崇祀哉。孔子曰，曾謂泰山不如林放。則泰山之有神，明矣。迎貓迎虎皆有神，其他者，安得謂之無神。但君子當自盡人事，行求無負，敬鬼神而遠之，不可諂瀆，以自爲戾。故曰：國將興，聽於人。國將亡，聽於神。子不語神，貴盡人也，非謂無神也。若夫鬼，則《易·繫》遊魂之說，已著之矣。人之逝，始有招，繼有靈帛，末有主，歲時有祀，欲其魂得所依也。子產曰：鬼有所歸，乃不爲厲。亦非爲漫也。《記》曰：人死，則魄降於地，其魂氣無不之。夫曰無不之，則非可以窮詰。高者，如《詩》所謂，於昭於天，在帝左右。次者，如蘇氏所謂，幽爲鬼神，而明復爲人。其下，則如賈誼所謂，忽然爲人，化爲異物。凡此皆繫於其所習，故君子不可罔生。老子曰：死而不亡。莊子曰：無情死。又曰：火傳。此皆有深者，未可槩以其學而廢之也。曰：若是，則輪迴之說亦有之矣。曰：輪迴吾未敢言，然嘗觀史稱羊祜先爲李氏子，唐時如房琯顧非熊，宋時如蘇軾真德秀諸君子之事，而宋史載王貞婦之事尤奇。近時聞見頗不鮮，豈盡誣哉。大要，體魄有形有質者，固常以聚散爲有無，性靈無聲無臭者，詎當以生死成聚散哉。但性靈因所習爲變，則不可知耳。在吾儒苟人人如文王，人人不罔生，則自不至于此。惟佛氏乃盡棄倫物，而專力超之，佛氏非欲趁輪迴規再生利也。今儒者攻佛氏，輒謂其欲規再生利益，則不能中其病矣。曰：佛氏之病奚在。曰：佛氏病在于專力超輪迴，而盡棄倫物者也。

明劉健《論聖政疏》（清黄宗羲編《明文海》卷四十九）

竊惟天下之事，有輕有重，有緩有急，得其序則治，不得其序則亂，而所不當爲者，弗論也。夫事之重且急者，不過親賢愛民，賞功罰罪而已。近時以來，奏事之期，日漸遲晚，散本不及，禁門已閉。內外章疏動經累日，甚者或延至半年，或終留不出。因循積習，遂以爲常。仰惟皇上於聲色貨利，無所嗜好，宮禁嚴密，臣等所不敢知。但恐佛老鬼神之事，有妨聖政耳。夫神之所當祭者，不過天地宗廟社稷山川，及古昔聖賢而已。其禮有時，而不妨於政，其用有節，而無害於民。若佛老之教，邪妄不經，空虛無益，蠹政病民，非所當務者也。竊聞寺院宮觀，齋醮無時，佛書道經，刊寫相繼。甚者，或累歲掛袍於千里之外，或白晝散燈於大市之間。朝野傳聞，無不駭異。夫寵尚僧道，則親賢之禮疏。耗費錢糧，則愛民之意闕。以方便爲仁厚，則冒功求進者得蒙濫賞。以慈悲爲寬容，則壞法失機者得逃重罰。是當急者反緩，當重者反輕。凡政之弊皆由於此。孔子曰：務民之義，敬鬼神而遠之。蓋謂當祭之鬼也，而況非所當祭者乎。老子亦有曰：明王在上，其鬼不神。蓋謂邪之不能干正也，而況爲吾聖人之教者乎。伏願皇上法孔子之正言，原老子之初意，洞啓聖聰，奮行乾健，以萬幾爲重務，而速賜施行。以異端爲蠹政，而不勞聖慮。務使紀綱大振，德化旁通，下結人心，上回天意，寔宗社萬萬年無疆之慶也。

明張治道《城隍廟石欄記》（《明文海》卷三百六十八）

嘉靖乙酉，城隍廟修前後殿，及兩廡並石欄成，本廟都紀黨明理，暨住持黨宗源，道士張宗良輩，以余嘗習舉業於此，而明理、宗源又與余有方外之交，走余爲記，且以啓後之繼，而欲有所增修之如今日者。余曰：兹功亦大矣。財力將焉出，而考若此其急也。明理曰：殿廡取常儲之積而爲之。石欄乃鄉民張錦輩捐財而助成者也。余即以此而呼錦曰：有是哉。余嘗觀城中祀典，應祀之神及他非祀典之神，而能禍福人者，非一廟。人之尊崇敬信而弗敢有二焉者，無過城隍廟焉。重捐以備儲，厚施以濟費，豈非神之威力，在人能察善惡，而人之尊崇者，若將有默運於其間，而奔走敬信之不暇，是故有由然矣。近觀廟制雖日侈，而人之尊仰敬信，殆不如昔日之誠，捐財濟費之人，日趨於嗇且薄，殆不如昔日之厚。豈非以神之威靈日泯，而禍福日差耶。故今災沴頻見，司民事者，惟身家是圖，過繩以殘其生，疴法以掠其所有，其餘奸盜化亂之人，敗倫干義之徒，增見迭出，而神之災害殃咎，略不少施其威靈若此，是故宜民之狎且慢，而昔日之敬信厚施者，弗聞焉。錦曰：不然。神之靈不靈由於人之敬不敬，人之敬不敬係於心之誠不誠，不誠而弗靈者有矣，未有誠而弗靈者也。故曰：敬鬼神而遠之。又曰：洋洋乎如在其上，如在其左右。錦，一細民也，嘗有所禱於神，必齋戒擇日沐浴悔過，而後進謁，則神之禍福休咎，雖毫髮而應咎如響。況非錦而有爵位司民事者，苟能潔己以彰聞，端行以養譽，則水旱災沴將無求而不獲，無欲而不答，禍福昭格，烏有所謂差忒者耶。百姓之崇敬，烏有所謂日入於薄且嗇者耶。石欄費銀若干，皆錦與弟鏜暨咸寧高蕭所出，又何有官法逼之而然耶。余曰：然。神之不靈，當責諸今日之司民事者而已。今以明理之請，意遂及此，其興功之歲月，木石之多寡，與鄉民之姓名，易具諸石陰。

《欽定四書文·本朝四書文》卷三

樊遲問知 一節 韓菼

推知仁之事與心，而各得其所專及者焉。蓋鬼神亦義之存，獲亦難之驗，而所務所先不存焉。此爲知仁之事與心歟。且夫世有至人，其量固無乎不舉也。然其生平功力之所積，則必不雜乎其途。事事去其可疑而中之，不精焉者寡矣。念念去其可欲而中之，不純焉者亦寡矣。故至人一出，而其事恒足以正天下之人心，而其心亦足以任天下重遠之事。昔者樊遲問知。子曰，知者以無不知爲大也，無不知則不特以人世之所可知者爲知，而必以所不可知者爲知矣。今夫人心之知至無窮也，無論耳目所覩記之物，日相尋於今古而變化以生，乃至屈伸往來之交而能確然指其爲鬼爲神之故，斯亦極天人之致矣。而抑知知者正不以之爲教也。知者以爲民之所與立，獨有義而已。習之於君臣父子之節，使不遷於異物，經可守而權可達也。游之於詩書禮樂之途，使不惑於異言，德可成而藝亦可觀也。而至於郊壇日月之文，廟祧享嘗之制，已於敬之之中寓以遠之之意，要亦明夫義之所當然而已。夫人惟有所不知，斯益相蒙於幽深曠渺之端，故好言知者不爲民欺，而常爲神愚。若茲之於可知不必知之，介斷如也，斯必其無不知而然也。雖欲不謂之知，不可矣。

【略】

反覆條暢，兼有蘇之豪，曾之質，所以能獨挺流俗，而力開風氣。（原評）

第二章　季路問事鬼神

經文：季路問事鬼神。子曰，未能事人，焉能事鬼。敢問死。曰，未知生，焉知死。

注疏類

魏何晏集解，梁皇侃義疏《論語集解義疏》卷六

季路問事鬼神。子曰：未能事人，焉能事鬼。曰：敢問死。曰：未知生，焉知死。

注：陳群曰：鬼神及死事難明，語之無益，故不答也。

疏：季路問至知死。云季路問事鬼神者，外教無三世之義，見乎此句也。周孔之教，唯說現在，不明過去、未來。而子路此問事鬼神，政言鬼神在幽冥之中，其法云何也。此是問過去也。云子曰云云者，孔子言人事易，汝尚未能，則何敢問幽冥之中乎。故云焉能事鬼。云曰敢問死者，此又問當來之事也。言問今日以後，死事復云何也。云曰未知生，焉知死者，亦不答之也。言汝尚未知，即見生之事難明，又焉能豫問，知死沒也。顧歡曰：夫從生可以善死，盡人可以應神。雖幽顯路殊，而誠恒一。苟未能此，問之無益，何處問彼耶。

魏何晏集解，宋邢昺疏《論語注疏》卷十一

季路問事鬼神。子曰：未能事人，焉能事鬼。曰：敢問死。曰：未知生，焉知死。

注：陳曰：鬼神及死事難明，語之無益，故不答。

疏：正義曰：此章明孔子不道無益之語也。子路問事鬼神者，對則天曰神，人曰鬼，散則雖人亦曰神，故下文獨以鬼答之。子路問承事神，其理何如。子曰：未能事人，焉能事鬼者，言生人尚未能事之，況死者之鬼神，安能事之乎。曰：敢問死者，子路又曰敢問人之若死，其事何如。曰未知生，焉知死者，孔子

言女尚未知生時之事，則安知死後乎。皆所以抑止子路也，以鬼神及死事難明，又語之無益，故不答也。

宋陳祥道《論語全解》卷六

善教者不陵節，善學者不躐等。子路問事鬼與知死，躐等也。孔子不告之，不陵節也。蓋盡事人之道，則知事鬼。盡知生之理，則可以知死。死生之説，鬼神之情狀，非夫原始要終，極物知變，孰與此哉。然子貢問死者之所知而不告，宰予問鬼神之名而告之。其不告與此同，其告與此異者，蓋所告者，事鬼之事，不告者，事鬼之道也。《易》以知死生先於鬼神，子路之問則先事鬼而後及知死者，蓋問事鬼而不可得，然後及於其次者。

宋朱子《論語集注》卷六

問事鬼神，蓋求所以奉祭祀之意，而死者，人之所必有，不可不知，皆切問也。然非誠敬足以事人，則必不能事神。非原始而知所以生，則必不能反終而知所以死。蓋幽明始終，初無二理，但學之有序，不可躐等。故夫子告之如此。

程子曰：晝夜者，死生之道也。知生之道，則知死之道。盡事人之道，則盡事鬼之道。死生人鬼，一而二，二而一者也。或言夫子不告子路，不知此乃所以深告之也。

宋朱子《論語精義》卷六上

伊川曰：晝夜者，死生之道也。知生之道，則知死之道。盡事人之道，則盡事鬼之道。死生人鬼，一而二，二而一者也。又曰：子路問死，曰：未知生，焉知死。人多言孔子不告子路，祇此便是深告之也。《易》曰：原始反終，故知死生之説。蓋人能原始而知生理，便能要終知得死理。若不明得，則雖千萬般安排著，亦不濟事。又曰：死生存亡，皆知所從來，胸中瑩然無疑，止此理爾。孔子言：未知生，焉知死。蓋略言之，死之事，即生是也，更無別理。或問：佛言死生輪迴，果否。曰：此事説有説無，皆難，須自見得。聖人祇一句斷盡了，故對子路曰：未知生，焉知死。

范曰：事人者，為臣則忠，為子則孝，則忠孝可以事鬼神。忠信至誠，鬼神饗之。能事人，則能事神矣。君子為善，惟日不足，修身以俟死，死非所當問也。聖人教人，能盡人道，則可以事神。能知生，則可以知死。問死，非學之序，故不以告也。

呂曰：能盡人之道，則事鬼之道備。知所以生之理，則死之理明。蓋通乎晝夜之道，則人鬼無異，事生死為一貫爾。此所以答子路，非拒之之辭。

謝曰：此夫子深語子路以死與鬼神之理也。天下之事，雖在八荒之外，猶有見聞之驗，獨死與鬼神之情狀，從古以來不見以聞見驗，特知者以理考之，故欲知死莫如知生，欲知鬼神莫如知人也。

楊曰：通乎晝夜之道而知，則人鬼死生當源源自見，初無二致也。故問事鬼告以事人，問死告以知生，所以發子路之問而不隱也。蓋聖人之言常近矣，探索之，則頤隱存焉。

尹曰：能事人，則能事鬼。知生，則知死。蓋一理也。所以深告子路，或以爲學不躐等，失其義矣。

宋戴溪《石鼓論語答問》卷中

夫子何以知子路未能事人，若能事人，定能事鬼神。何以知子路未知生，若能知生，定能知死，不復來問矣。人事不盡，而曰可以事鬼神，此身不自知，而曰知死，皆欺也。

宋鄭汝諧《論語意原》卷三

子路欲知臨祭祀，交鬼神之義，與夫遇患難，處死之道，所問亦未爲過。鬼神之情狀，死生之説，於《易》嘗言之矣，乃不對子路之問，何也。蓋夫子之設教也，即顯以見微，未嘗示人以其微。即粗以求精，未嘗示人以其精也。祭如在，祭神如神在。此告人以事鬼神也。朝聞道，夕死可矣。此告人以其死也。豈子路未之聞歟。抑聞之，而未之思歟。程子曰：知生之道，則知死之道。盡事人之道，則盡事鬼神之道。死生人鬼，一而二，二而一者也。或言夫子不告子路，此所以深告之也。

宋張栻《癸巳論語解》卷六

人以鬼神與死爲異事，而不知其爲常也，蓋不越於理而已。由聚散，故有死生。由幽明，故有人鬼。能事人，則能事鬼矣。知生，則知死矣。事人者，事君、事親、事長之類是也。知生者，知所以生也。然則所謂事鬼神之理，與死之理，豈外是乎哉。故君子之於學，務於其近而已，而其遠者，莫之能違也。若異端，則以鬼神與死別爲一説，驚怪恍惚，而其失莫之窮也。

宋真德秀《論語集編》卷六

問事鬼神，蓋求所以奉祭祀之意，而死者，人之所必有，不可不知，皆切問也。然非誠敬足以事人，則必不能事神。非原始而知所以生，則必不能反終而知所以死。蓋幽明始終，初無二理，但學之有序，不可躐等。故夫子告之如此。

程子曰：晝夜者，死生之道也。知生之道，則知死之道。盡事人之道，則盡事鬼之道。死生人鬼，一而二，二而一者也。或言夫子不告子路，不知此乃所以深告之也。

朱子又曰：事君親，盡誠敬之心，即移此心以事鬼神，則祭如在，祭神如神在。人受天所賦，自然完具無欠闕，須是得這道理無欠闕，到那死時，乃是生理已盡，亦安於分而無愧。又曰：事人事鬼以心言，知生知死以理言。又曰：事人須是誠敬，事鬼亦要如此。事人如出則事公卿，入則事父兄，事其所當事者，事鬼亦然。苟非其鬼而事之，則諂矣。

問云云。曰：若曰氣聚則生，氣散則死，纔說破，人便都理會得。然須知道人生有多少道理，自稟五常之性以來，所以父子有親，君臣有義，須至一一盡得這生底道理，則死底道理皆可知矣。張子所謂，存，吾順事。沒，吾寧也。又曰，鬼神自是難理會底，且就日用緊切處做工夫，將來自有見處。

宋蔡節《論語集說》卷六

《集》曰：此切問也。（晦菴朱氏）幽明之理，一也。能盡事人之道，則能盡事鬼之道矣。死生之理，一也。知所以生之道，則知所以死之道矣。或言夫子不告子路，不知此乃所以深告之也。（本伊川程子說）

宋趙順孫《論語纂疏》卷六

問事鬼神，蓋求所以奉祭祀之意。而死者人之所必有，不可不知，皆切問也。輔氏曰：祭祀之意，非精義不足以究其說，非體道不足以致其義。此固學者之所當講求也。又曰：有生必有死，其為變亦大矣。醉生夢死者固不知求，學者其可不求以知之乎。此格物之大者，子路之問，可謂切矣。然亦未免傷於剛勇，故於道有強探力取，略其所易知，而遽欲求其所難知之病。

然非誠敬足以事人，則必不能事神。輔氏曰：誠則有物，敬則有禮。有物有禮，則內外兩盡矣。此事人事神之大務也。使在我之誠敬，明猶不足以事人，則幽而鬼神，其何能事之乎。

非原始而知所以生，則必不能反終而知所以死。輔氏曰：生死者，氣之聚散耳。儻不能推原於前，而知氣聚故生，則必不能反要於後，而知氣散故死也。

蓋幽明始終，初無二理，但學之有序，不可躐等，故夫子告之如此。輔氏曰：人鬼雖有幽明之分，生死雖有始終之辨，然其理則未嘗有二也，學者當有序。若未能事人，而遽求事神，未知其生，而遽欲知死，則是躐等。故夫子之告子路者如此。

程子曰：晝夜者，死生之道也。知生之道，則知死之道。盡事人之道，則盡事鬼之道。死生人鬼，一而二，二而一者也。《語録》曰：有是理，則有是氣。有是氣，則有是理。氣則二，理則一。輔氏曰：晝夜者，氣之明晦也。死生者，氣之聚散也。故晝夜之道，即死生之道也。明則有晦，聚則有散，理之自然也。一而二者，人鬼死生，雖是一理，而有幽明始終之不同。二而一者，雖有幽明始終之不同，而其理則未嘗有二也。永嘉陳氏曰：死生人鬼，雖幽明之事，了不相關，然天地間，不過聚散陰陽屈伸。聚則生，散則死。伸爲人，屈爲鬼。有聚必有散，有伸必有屈。理一而分則殊，分殊而理則一。非微眇不可信之事也。蔡氏曰：人鬼死生，雖二而一，不過一氣之屈伸而已。但屈者，幽而不可見，伸者，明而易行易知。苟能盡理以事人，及其至也，不可度者亦可得而格之矣。苟能窮察乎其生之所以然，及其至也，不可得而知者亦可從而識之矣。夫子教人以可見者，致其不可見者，非聖人，孰能如是乎。又曰：事人事鬼以心言，知生知死以理言。然人鬼生死之理雖一，但既是人，便與鬼不同，既是生，便與死不同，故曰一而二。然雖是二，又是一理，故曰二而一。

或言夫子不告子路，不知此乃所以深告之也。

宋錢時《融堂四書管見》卷六

名，有人鬼之異。道，無人鬼之異。身，有生死之殊。道，無生死之殊。人鬼死生，實一非二。能事人，則能事鬼矣。知所以生，則知所以死矣。

元陳天祥《四書辨疑》卷六

季路問事鬼神。子曰：未能事人，焉能事鬼。敢問死。曰：未知生，焉知死。

注：問事鬼神，蓋求所以奉祭祀之意。而死者人之所必有，不可不知，皆切問也。然非誠敬足以事人，則必不能事神。非原始而知所以生，則必不能反終而知所以死。蓋幽明始終，初無二理，但學之有序，不可躐等，故夫子告之如此。程子曰：晝夜者，死生之道也。知生之道，則知死之道。或言不告子路，不知此乃所以深告之也。

注文本宗程子之説，而又推而廣之也。程子以晝夜諭生死。晝諭生，夜諭死，此乃生死常理，人人之所共知者。注言原始而知所以生，却是説受胎成形，初爲父母所生之生。反終而知所以死，又是説預知所死之由也。不惟所論過深，與程子之説亦自不同。所謂死者，人之所必有，不可不知，皆切問也。又言幽明無二理，但學之有序，不可躐等。此又迂遠之甚也。夫二帝三王，周公仲尼之道，切於生民日用，須臾不可離者，載之經典，詳且備矣，而皆不出於三綱五常，人倫彝則之閒而已。未聞教人幽明次序，必須知死也。必欲於常行日用人道之外，推窮幽冥之中，不急之務，求知所以死者之由，縱能知之，亦何所用。今以季路爲切問，誠未見其爲切也。夫子正爲所問迂闊，不切於實用，故言未能事人，焉能事鬼。未知生，焉知死。知生謂知處生之道，非謂徒知其生。如原始知所以生，晝夜如生死之生也。蓋言事人之道尚且未能，又焉能務事鬼神乎。生當爲者尚且未知，又焉用求知其死乎。此正教之使盡人事所當爲者，非所以教事鬼神，告其知死也。王澧南曰：蓋以子路不能切問近思，以盡人事之實，而妄意幽遠，實拒之而不告也。此説本分。注文解務民之義，敬鬼神而遠之，云專用力於人道之所宜，而不惑於鬼神之不可知，知者之事也。《語錄》曰：鬼神自是第二着，那個無形影是難理會底，未消去理會，且就日用緊切處做工夫。子曰：未能事人，焉能事鬼。未知生，焉知死。此説盡了，予謂此二説所論却公，足以自證今注之誤。

元胡炳文《論語通》卷六

問事鬼神，蓋求所以奉祭祀之意。而死者人之所必有，不可不知，皆切問也。然非誠敬足以事人，則必不能事神。非原始而知所以生，則必不能反終而知所以死。饒氏曰：未能事人，焉能事鬼者，如人有個父母活在這裏，尚不會奉事，得死後如何會奉事。未知生，焉知死者，死生祇是一個來去底道理，未識得來處，如何識得他去處。

蓋幽明始終，初無二理，但學之有序，不可躐等，故夫子告之如此。程子曰：晝夜者，死生之道也。知生之道，則知死之道。盡事人之道，則盡事鬼之道。死生人鬼，一而二，二而一者也。或言夫子不告子路，不知此乃所以深告之也。永嘉陳氏曰：死生人鬼，雖幽明之事，了不相關。然天地間不過陰陽聚散屈伸。聚則生，散則死。伸爲人，屈爲鬼。有聚必有散，有伸必有屈。理一而分則殊，分殊而理則一。非微渺不可信之事也。通曰：此言人鬼死生，而《集注》以爲學之有序，須看本文能字知字，蓋學兼知與能而言，未盡事人之能，而欲盡事鬼之能，非學之序也。於其所以生者未知，而欲於其所以死者知之，非學之序也。

元詹道傳《論語纂箋》卷六

問事鬼神，蓋求所以奉祭祀之意。而死者人之所必有，不可不知，皆切問也。然非誠敬足以事人，則必不能事神。非原始而知所以生，則必不能反終而知所以死。《易・繫辭》曰：原始反終，故知死生之説。蓋幽明始終，初無二理，但學之有序，不可躐等，故夫子告之如此。程子曰：晝夜者，死生之道也。知生之道，則知死之道。盡事人之道，則盡事鬼之道。死生人鬼，一而二，二而一者也。或言夫子不告子路，不知此乃所以深告之也。

元朱公遷《四書通旨》卷四

季路問事鬼神。子曰：未能事人，焉能事鬼。敢問死。曰：未知生，焉知死。（《季氏》）

陳亢問於伯魚，曰：子亦有異聞乎。對曰：未也。嘗獨立，鯉趨而過庭，曰：學《詩》乎。對曰：未也。不學《詩》，無以言。鯉退而學《詩》。他日，又獨立，鯉趨而過庭，曰：學《禮》乎。對曰：未也。不學《禮》，無以立。鯉退而學《禮》。聞斯二者，陳亢退而喜曰：問一得三，聞《詩》聞《禮》，又聞君子之遠其子也。（《先進》）

右循其序而進之。

愚謂此所謂教不躐等者，與《詩》立《禮》之序，即此而可見。性與天道不可聞者，又因此而可知。

明胡廣等《論語集注大全》卷十一

問事鬼神，蓋求所以奉祭祀之意。而死者人之所必有，不可不知，皆切問也。然非誠敬足以事人，則必不能事神。非原始而知所以生，則必不能反終而知所以死。朱子曰：反祇是推轉來，謂推原於始，却折轉來看其終。原字反字，皆就人説，反如回頭之意。慶源輔氏曰：死生者，氣之聚散耳。倘不能推原其始，而知氣聚故生，必不能反要於終，而知氣散故死也。新安陳氏曰：深意在二所以字。《易·繫辭》曰：原始反終，故知死生之説。

蓋幽明始終，初無二理，但學之有序，不可躐等，故夫子告之如此。覺軒蔡氏曰：夫子以未能對焉能，以未知對焉知，正欲子路循其序而不躐等也。新安陳氏曰：由明而幽，由始而終，則為有序。未能事人，而先欲事神。未知生，而先欲知死，則為躐等。

程子曰：晝夜者，死生之道也。知生之道，則知死之道。《易·繫辭》曰：通乎晝夜之道而知。朱子《本義》曰：通，猶兼也。晝夜，即幽明、死生、鬼神之謂。

盡事人之道，則盡事鬼之道。死生人鬼，一而二，二而一者也。問：一而二，二而一，是兼氣與理言之否。朱子曰：有是理則有是氣。有是氣則有是理。氣則二，理則一。慶源輔氏曰：晝夜者，氣之明晦也。死生者，氣之聚散也。故晝夜之道，即死生之道也。明則有晦，聚則有散，理之自然也。一而二者，人鬼死生，雖是一理，而有幽明始終之不同。二而一者，雖有幽明始終之不同，而其理則未嘗有二也。潛室陳氏曰：死生人鬼，雖幽明之事，了不相關。然天地間不過陰陽聚散屈伸。聚則生，散則死。伸爲神，屈爲鬼。有聚必有散，有伸必有屈。理一而分則殊。分殊而理則一。非微昧不可究詰之事也。

　　或言夫子不告子路，不知此乃所以深告之也。新安陳氏曰：告之以所當先能先知者，是即所以深告之。朱子曰：事人事鬼，以心言。知生知死，以理言。人且從分明處理會去。如事君親盡誠敬之心，即移此心以事鬼神，則祭如在，祭神如神在。人受天所賦許多道理，自然完具無欠闕，須盡得這道理，到那死時，乃知坐理已盡，亦安於死而無愧矣。事人，如出則事公卿，入則事父兄，事其所當事者，事鬼亦然。苟非其鬼而事之，則諂矣。問：未知生，焉知死。曰：氣聚則生，氣散則死，才說破，則人便都理會得。然須知道人生有多少道理，自稟五常之性以來，所以父子有親，君臣有義者，須要一一盡得這生底道理，則死底道理皆可知矣。問：天地之化，雖生生不窮，然而有聚必有散，有生必有死。能原始而知其聚而生，則必知其後必散而死。能知其生也，得於氣化之日，初無精神寄寓於太虛之中，則知其死也，與氣而俱散，無復更有形象尚留於冥漠之內。曰：死，便是都散了。盡愛親敬長，貴貴尊賢之道，則事鬼之心不外乎此矣。知乾坤變化，萬物受命之理，則生之有死，可得而推矣。夫子之言，固所以深曉子路，然學不躐等，於此亦可見矣。天道流行，發育萬物，人得之以有生。氣之清者爲氣，知覺運動，陽之爲也。氣之濁者爲質，形體，陰之爲也。氣曰魂，體曰魄。高誘注《淮南子》曰：魂者，陽之神。魄者，陰之神。以其主乎形氣，故曰神。人所以生，精氣聚也。人祇有許多氣，須有個盡時，盡則魂氣歸於天，形魄歸於地而死矣。人將死時，熱氣上出，所謂魂升。下體漸冷，所謂魄降也。此所以有生必有死，有始必有終也。夫聚散者，氣也。若理，則泊在氣上，初不是凝結，別爲一物，但人分上合當恁地，便是理，不可以聚散言也。然人死，氣雖終歸於散，亦未便散盡，故祭祀有感格之理。先祖世次遠者，氣之有無不可知，然奉祭祀者既是他子孫，畢竟祇是一氣，所以可感通。然已散者不復聚，釋氏卻謂人死爲鬼，鬼復爲人。如此，則天地間常祇是許多來來去去，更不由他造化生生，必無是理也。至伯有爲厲，伊川云別是一般道理。爲其人氣未盡而强死，自是能爲厲。如子產爲之立後，使有所歸，遂不爲厲，亦可謂知鬼神之情狀矣。雙峰饒氏曰：未能事人，焉能事鬼。如人有個父母活在這裏，尚不會奉事。得死後，如何會奉事。蔡氏曰：事人事鬼，以所能之事言。知生知死，以所知之理言。

明蔡清《四書蒙引》卷七

　　是問事鬼神之道，當如何。子曰：未能事人，焉能事鬼。盍亦先求其所以事人之道邪。敢問死，何爲而死也。曰：未知生，焉知死。盍亦先求其所以生之道邪。鬼神，指當祭者而言，山川、社稷、天地、人鬼皆是。誠敬、原始、反終字，都是朱子生出，今學孔子説話，未可便説。未能盡誠敬以事人，則又焉能事鬼。未能原始而知所以生，則又焉能反終而知所以死。聖人語意自是蘊而不露，引而不發。季路此問，使夫子而正告之，亦須動着事人及所以生之道，不然更答不來。蓋要之至理，實不外是。使子路果能因夫子之言，而先盡事人之道，則事鬼神之道，不勞問矣。先知所以生之道，則知所以死之道，亦不待問矣。何也，理一故也。故先儒云：此乃所以深告之也。先儒云：晝夜者，死生之道也。祗是言此理循環，無他物也，故得此則併得彼。一而二者，理雖一而有幽明始終之分。二而一者，雖有幽明始終之分，而理則一。

明吕柟《四書因問》卷四

問：季路問事鬼神及問死，夫子告以事人與知生者何。

曰：子路剛强，非事人爲生之道。如曰誠敬事神，則子路忠信有餘。如曰原始知生，則衆人所共知也。

大器問：未能事人。如見在君父其未散之精神，尚不能格，何況既散之精神乎。此説如何。

先生曰：亦好。但事人事神之説，亦未盡此。乃因子路所不足處而言。如禮讓，如中和，如仁，如德，皆事人事神之道，子路之所不足者也。以此而言，方見聖人造化子路處。

又問：氣聚生，氣散死之説，如何。

曰：如好勇，如行行，如暴虎馮河，皆非生道也。是故臨深履薄，吾知免夫者，其知死之道乎。

旦問：事神知生，如何。

先生曰：此夫子深見子路之病，而抑之也。子路祗是個不能事人，就不能知生，故死於孔悝之難。

顧問：子路死難，亦勇於義者，於事人也何與。

曰：衛輒何人，而可事之乎。一事了衛輒，則其結纓而死者，宜也，又安得謂之知生。向使當時夫子言之，子路能發其故，則或可以免矣。然此處，諸生更要窮究，始得。

泉曰：子路恐是血氣之質盛，學問之功少，故有此事。

曰：不可謂子路盡無學問也。見義必爲，唯恐有聞，何等的工夫。昔顔子幾至聖人田地，夫子尤稱其好學，怎麽説無學問。大抵子路忠信果敢處多，而精察緊密處少，故夫子嘗抑其無所取材，死而無悔者也。

諸生又請知生事人之故，先生曰：事人之中看來，要一個明誠。蓋人之於神，固無不敬，而明有未盡，又有非所事而事者矣。故云明乎郊社之禮，能明而誠，則親親之殺，尊賢之等，決不至於諂瀆者也。故曰：幽明祇是一理。知生之中看來，要一個仁義。蓋仁者，人也。與生俱生而不息也。譬如物有杏仁，棗仁，桃仁，則自然生生不已。天之生物，到春生時，萬物暢茂條達，此處却是仁。到秋殺時，萬物憔悴枯槁，此處又却是義。故曰，知生之道，莫大於仁義。是故子路忠信有餘，而明不足，故有衛輒之事。義勇有餘而仁不足，故有孔悝之死。學者究其極而論之，則格物致知，明善誠身，工夫闕一不可。

問：季路問事鬼神章，如何。

先生曰：未能事人與未知生，不是泛答事箋捄子路之失處，依注似不切。凡夫子答門人，皆是醫他的病。子路於明處有不足，如强其所不知以爲知也。誠敬足以事人，添出一個明來。如入事父兄，出事公卿，皆是未知生。生是仁理，言仁則統四德，兼萬善。未知生，即明善保身之理。夫子於子路每以剛勵之語，所謂强弗友剛克，故夫子每每以剛克之。子路在當時，祇是忠信果敢不可當，但少中和之氣，以致死輒難。然其失不在於死難之日，而在於事輒之非。這便是未能事人，未知生處。

明劉宗周《論語學案》卷六

天地之性人爲貴。所以生也能盡其性，則能盡人之性，所以事人也。有生也者，則有未始有生也者，是生死之說也。有體於明者，則有體於幽者，是鬼神之說也。問事鬼神者，事吾心之鬼神也。子曰：未能事人，焉能事鬼。即人以達天也。知死者，知未始有生之理也。子曰：未知生，焉知死。盡性以至命也。幽明生死，初無二理，而學者易溺於玄遠之見，至有忽庸行而不修，舍日用飲食而外求道者，故夫子兩以儆子路，其所以教天下萬世，微矣。人鬼死生，祇是一個，纔問死與鬼神，便是支離之見，故聖人就從一處指點之。蓋生可以該死，而溺於死之說者，反至於遠生。人可以盡鬼，而溺於鬼之故者，反至於遠人。故曰：下學而上達。

清《日講四書解義》卷八

此一章書是孔子戒人務遠之心也。季路問鬼神者，人之所當事，其道當何如。孔子曰：可見者，人。不可見者，鬼神。未能事人，而得其歡心，焉能事鬼，而冀其來格乎。季路又問死者，人之所必有，其道爲何如。孔子曰：難窮者生，不必究者死。未能原始而知所以生，焉能反終而知所以死乎。可見人鬼總是一道，死生原屬一理。惟務力於平實之處，即知明足以通幽，而全生即以全歸，豈可舍近求遠，而鶩於幽杳難知之域哉。

清陸隴其《四書講義困勉録》卷十四

他處不膩等，多以費隱遠近言，此章不躐等，是以幽明始終言，另是一樣。

就道理上看，則理一而分則殊，分殊而理則一。就學者説，則由明而幽，由始而終者，學之序。盡事人之道，則盡事鬼之道，知生之道，則知死之道者，學之一各兼兩項。朱子意重有序邊，程注專就合一處説，故在圈外。

程注，一而二，二而一，似當兼理氣説。所謂理一而分殊，分殊而理則一，唯氣亦然。朱子謂氣則二，理則一，似未妥。蓋理氣原不相離，似難説氣二而理一。

畢竟依朱子解爲妥。（己亥四月廿四）

呂伯恭曰，子路問事鬼神，問死之道，蓋以人與生，吾所自知，所不知者，鬼神與死而已。蓋至理無二，知則俱知，惑則俱惑。子路果知人，必無鬼神之問矣。子路果知生，必無死之問矣。觀其鬼神之問，可以占其未知人也。觀其死之問，可以占其未知生也。夫子答之曰：未能事人，焉能事鬼。未知生，焉知死。此是提耳而誨之，無非真實話，世儒乃爲拒子路之問，豈不哀哉。

程注，此乃所以深告之也，謂即是告之以事鬼，告之以知死也。呂伯恭説亦是如此。

然須知其與圈内有別，要知亦相發明，故此題破，當云聖人不欲告賢者，以所難明，而即以深告之矣。如此，則圈内外俱明矣。

事人事鬼，知死知生，蔡氏以知行分，然須知人鬼邊亦有知，生死邊亦有行，但此各就其一邊言耳。

孫淮海曰，事人，便有全綱常，盡人道的工夫。知生，便有踐形盡性，無忝所生的工夫。

此是兼行説。

子路所問，夫子所答鬼神，皆指祭祀之鬼神。《大全》南軒張氏所列，祇是泛論鬼神，非謂此章鬼神，兼此數項也。

蕭惠問死生之道。陽明曰，知晝夜，則知死生。問晝夜之道。曰，晝夜有所不知乎。陽明曰，憒憒而興，蠢蠢而食，行不著，習不察，終日昏昏，祇是夢晝，唯息有養，瞬有存，此心惺惺常明，天理無一息間斷，才是能知晝，這便是天德，便是通乎晝夜而知，更有甚麼死生。

程注，晝夜者，死生之道也，是就晝夜上見得與死生一理。蓋言在天地，則有晝夜。在人，則有生死也。陽明是就人之所以處晝夜説，另是一解，然可相發明。

《大全》辨卓菴張氏謂，知生死非生死聚散之説，謂欲知其所以生之理耳。

如人之生也直。《集注》引《易》原始反終，專從氣化聚散上説，非孔子立言之意。《小注》蔡氏輔氏皆傅會朱子，不可從。

按：張氏駁注，未是。

知生知死，當兼理氣説。若謂知氣聚故生，則知氣散故死。知生，吾順事，則知殁，吾寧也。麟士祇主理言，似偏。若邢疏，殊不見實落麟士，反以爲蘊藉而嘆其妙，吾不知也。

存疑。祇主氣言，亦偏也。

須知謂知生知死當兼。理氣之理乃當然之理，與理一分殊之理不同。（己亥四月廿四）

《蒙引》曰，誠敬、原始、反終字，都是朱子生出，今學孔子説話，未可便説。未能盡誠敬以事人，則又焉能事鬼。未能原始而知所以生，則又焉能反終而知所以死。聖人語意自是蘊而不露，引而不實。

按：《蒙引》説即麟士以邢疏爲蘊藉之意看來，還他實落爲是，何必爲此影響之論。

按：《蒙引》此條，開含糊法門。

經部

宋林之奇《尚书全解》卷三十《召誥》

王先服殷御事，比介於我有周御事，節性，惟日其邁。王敬作所不可不敬德。我不可不監於有夏，亦不可不監於有殷。我不敢知曰，有夏服天命，惟有歷年。我不敢知曰，不其延，惟不敬厥德，乃早墜厥命。我不敢知曰，有殷受天命，惟有歷年。我不敢知曰，不其延，惟不敬厥德，乃早墜厥命。今王嗣受厥命，我亦惟茲二國命，嗣若功。王乃初服。嗚呼。若生子，罔不在厥初生，自貽哲命。今天其命哲，命吉凶，命歷年。知今我初服，宅新邑，肆惟王其疾敬德。王其德之用，祈天永命。其惟王勿以小民淫用非彝，亦敢殄戮用乂民，若有功，其惟王位在德元。小民乃惟刑用於天下，越王顯。上下勤恤，其曰，我受天命，丕若有夏歷年，式勿替有殷歷年。欲王以小民受天永命，拜手稽首曰：予小臣敢以王之讎民百君子，越友民，保受王威命明德。王末有成命，王亦顯。我非敢勤，惟恭奉幣，用供王能祈天永命。

成王之營洛邑，而遷殷頑民者，蓋以其更紂武庚之亂，其頑狠無恥之心，未能以遽革，故使之密邇王室以馴致於善。然其遷之也，豈能空瀍水之西移其舊民，而使殷民居之哉。蓋使周民與殷民雜居故也。惟周民與殷民雜居，故有殷治事之臣，亦有周治事之臣，然殷之小大草竊姦宄驕淫矜夸，靡所不爲，而周人以文武美教善化漸漬之日，久莫不歸於士君子之域，其善惡相反，不啻若薰蕕白黑之殊，其勢不能以同居也。自非上之人有以迪之，其能使之和叶而爲一哉。故召公旣欲王誠於小民，又欲王治民，則遂告以王先服殷御事，比介於我有周御事也。有周御事其於朝廷之教令，如草之從風，無事於服之也。所當先者，惟訓服殷家舊治事之臣，除其暴虐而消其貪鄙，使之親比介助我周家治事之臣，和叶而爲一則可以誠於小民，亦可以治民矣。欲服殷御事，無他節性而已。孟子曰：性無有不善，水無有不下。殷之御事，當成王之世，天下之所謂惡人也。周之御事，天下之所謂善人也。雖有羑惡之異，然原夫殷御事，所稟於天之性，未喪之前，與周之御事有以異哉。惟上之人有以唱之，遂陷溺其良心，而不義之習遂與性成寖淫日久，牢不可遏，必有以節之而後可也。節之者，非強其所無也，以其所固有之性，還以治之，去其不善而反之善也。有以節之，則臣民將遷善遠罪而不自知，惟日其進於善也。故曰惟日其邁。董仲舒曰：積善在身，猶長日加益而人不知也。惟日其邁正仲舒長日加益之譬也。王氏曰：當明政刑以節之。此不知道者之言。《湯誥》曰：惟皇上帝，降衷於下民，若有常性。克綏厥猷惟后。夫所貴乎后者，因斯民有常性，順以治之而已矣。若明其政刑爲可以節性，豈所謂若有常性哉。其身正，不令而行。其身不正，雖令不從。欲節民之性，惟王能敬德，則殷之御事翕然而化矣。故曰王敬作所不可不敬德。王氏曰：敬德者，所以作所。蘇氏曰：作所者，所作政事也。此皆於所字強生義理，其辭爲費。當從先儒之說，謂其不可以不敬德，王當敬作之也。敬作猶言敬爲，即《周官》所謂作德。王旣當敬德，則不可不以夏殷爲監也。不可不以夏殷爲監者，以夏殷之歷年脩短，惟在敬德與不敬德故也。其曰我不可不監於有夏，亦不可不監於有殷。孔子所謂周監於二代者，其原蓋出於此。有夏之服天命以王天下，傳十有七王，四百三十一年，固多歷年也。至桀嗣位，而夏之天命於是而殄滅，則其不延長矣，此非我之所敢知也。惟敬德則多歷年所，桀不敬厥德，則早墜厥命，此則我知之矣，故不可不監於有夏也。有殷之受天命以王天下，傳二十有八王，六百二十九年，固多歷年也。至紂嗣位，而殷之天命於是而殄絕，則其不延長矣，此非我之所敢知也。惟敬德，則多歷年所，紂不敬厥德，則早墜厥命。此則我知之矣，故不可以不監於有殷也。古人之於天命不以爲必有，不以爲必無，而每致於不可測知之域，惟人事之脩於昭昭赫赫之間者，則未嘗不盡言之也。故召公於夏殷之有歷年，及不其延，皆曰我不敢知者，疑之之辭也。至於敬德，則有歷年，不敬德，則墜厥命，蓋無可疑者。

季路問事鬼神。子曰，未能事人，焉能事鬼。曰，敢問死。曰，未知生，焉知死。鬼神與死，夫子不之告也，而告以事人知生，蓋能事人，則能事鬼矣，知生，則知死矣。此正召公之意。由是觀之，夫子罕言命與不語怪神者，非故匿而不言也，不可以正言之也。正言之，則學者舍人事而求天命鬼神於難知之際，爲巫覡瞽史之事矣。惟夏殷之受命，其所以歷祚之長短，不可得而知者，惟其敬與不敬之異，則今王繼此二代而受天命以王天下，亦當思惟此二國長短之命以繼其功也。繼其功，則脩人事，不責天命，不過敬德而已。夏以敬德而有歷年，殷亦以敬德而有歷年，皆其功效也。成王既嗣其命，其可不嗣其功哉。王惟敬德，乃可以享天休命，緜緜而不絕。況今周公既營洛邑，乃歸政於成王，正成王初聽政，以有事於萬幾之務，一號令之所發，一賞罰之所施。天下之民，將拭目而視，傾耳而聽，實治亂安危之所自始，故高宗曰，以台正於四方，台恐德弗類，茲故弗言，恭默思道。誠以聽政之初不可不慎。故召公謂王政之隆替，蓋萌於初服之日，若人之生子，其善惡之習，無不在於初生之日也。習之善則爲善人，習之惡則爲惡人矣。孔子曰：少成若天性，習慣如自然。古之人，其所以薰陶美質而優入於聖域者，惟其孩提之日，教之有素也。若孟母之擇鄰，曾子之殺豚以食其子是矣。苟初生之日，習於善，則是自貽哲命也。蓋天以正性而命於人，初無上智下愚之別，其所以爲上智下愚者，於己取之而已矣。故曰自貽哲命。言人之秉哲者，雖命於天而其所以能哲者，乃自遺之也。孟子曰：自暴者，不足與有言也。自棄者，不足與有爲也。惟下愚者，自暴自棄，則哲者豈非自貽乎。然則王之於初服，其治亂安危無非自取之也。可不慎哉。今天其命哲，命吉凶，命歷年者，言天之於人，或命之哲，或命之以吉與凶，或命之以歷年，此三者豈人之所能爲哉，天實命之也。然天命之以哲，而不能使之必哲，能命之以歷年，而不能使之必歷年，其所以哲、所以吉、所以歷年之長者，非天也，人也。其所以不哲、所以凶、所以歷年不其延者，非天也，人也。天非人不因，人非天不成，天始之而人終之也。今天知我王初有事於萬幾，而居新邑洛，其命之哲與不哲，吉與凶，歷年與不歷年，蓋決於此日，則王之敬德，其可緩哉。正當惟此德之用，造次必於是，顛沛必於是，以祈於天而永其命也。祈非祈禱之祈，敬德者所以祈之也。蓋敬德以祈之，其諸異乎人之祈之與。此所謂祈正與《詩》言自求多福之求同。早墜厥命者，非天實促之也，在我者遏而絕之也。祈天永命者，非天實延之也，在我者引而伸之也。孟子曰，禍福無不自己求之者，此之謂也。王既惟德之用，則推之以治天下國家，豈以刑罰而繩斯民哉。故王不當以此小民過用非常之故，亦敢殄戮以治其民。如殷俗之靡，其淫用非彝。爲日久矣。然不教而殺之，是果於殺戮也。豈可以乂民乎。當武庚之既滅，而殷之遺民有留居於衛者，有遷於成周者，然其染紂之化，皆未之革，必有以教之而後可，故成王之告康叔，既謂不可以其民亂非彝，而速用刑罰，不可以其淫於酒而庸殺。召公之告成王，又謂不可以淫用非彝而敢殄戮，此皆忠厚之心也。非縱釋有罪也，百姓有過，在予一人故也。

王氏曰，不敢慢小民而淫用非彝，亦當敢於殄戮有罪以乂民也。凡《書》之告戒，以不殺之言者，王氏皆以爲使之殺也。蘇氏破其說矣，正猶治獄之吏持心近厚者，惟求所以生之，持心近薄者，惟求所以殺之。若有功，其惟王位在德元，小民乃惟刑用於天下，越王顯。先儒及王氏皆以若訓順，惟蘇氏曰，民之有過罪在我，及其有功，則王亦有德，何也。王之位，民德之先倡也。如此則法用於天下，而王亦顯矣。此說得之，蓋民之於德，不能自有功也，必在上之人，有以倡之，而後小民效之，則民皆有功矣。民之有功，獨非王之功乎。故王顯也，惟王之顯在於小民，故當君臣之間，盡其憂勤，其言曰我周之受天命，大於有夏，歷年之長，用勿廢。有殷歷年之長，夏殷歷年以能化小民之故，欲王以此小民而祈天永命也。蓋王惟德之用，雖可以祈天永命，然使小民尚淫用非彝而不足其上，則天或絕之矣。故必王敬厥德於上，而小民儀刑於下，上下好德如一，則天豈用釋之哉。孟子曰：民爲貴，得乎邱民而爲天子。故祈天永命必在於小民也。讎民，殷之頑民也。殷爲讎民，則友民者，周民也。讎民，謂之百君子者，君子之稱不一而足。有德之稱君子，和而不同之類是也。有位之稱君子，學道則愛人之類是也。有凡人皆稱之者，今之君子，過則順之之類是也。故此讎民而謂之君子，正猶頑民而謂之多士也。周民涵濡累世之仁政，同心同德以輔成文武之基業，有大勳勞於王室，而殷之餘民新從武庚三叔之亂，舊染污俗於我周家不無嫌貳，使成王之心置親疎輕重於其間，則亂之所由起也。張子房曰：所封皆平生故人，所誅皆平生仇怨。此屬恐見疑及誅，故聚而謀反耳。召公之心慮此，故欲成王先服殷御事，比介於我有周御事，又拜手稽首而言曰：我雖小臣，敢以殷民及周民安受王之威命與明德，而奉行之，則王終有成命而顯於天下也。蓋謂王能一視殷周之民，無有或讎或友之間，則周之社稷，其萬年永保矣。我非敢以此爲勤也，惟敬奉其幣帛，用供於王欲，王之能祈天命而已。此太保召公愛君之心也。

詳考此篇，其大意在於祈天永命，而其所以祈天永命者，敬德而已。蓋敬德在人，而永命在天。脩其在人者，而在天者自至。如炊之必熟，耕之必穫也。苟其德之不建，而晏然自以爲天命之在我，此則紂之謂己有天命也，其亡不旋踵矣。魯哀公問孔子曰：國家存亡，信有天命，惟非人也。孔子曰：存亡禍福，皆己而已。天災地妖，不能加也。唐德宗謂自古興衰，皆有天命。今之厄運，恐不在人。陸贄曰，天所視聽皆因於人，非人事之外，自有天命。人事治而天降亂，未之有也。人事亂而天降康，亦未之有也。大抵臨亂之君，莫不自以爲有天命，令皆覺悟，天下安得危亡之事乎。故召公於成王之初服，即以此告之，賢者之愛君，必止亂於未形，而閑邪於未然。若其已然而後救之，則眾人之所皆能也，何賴於賢乎。成王之成厥德，蓋有自來也。

宋呂祖謙《左氏博議》卷六

怪生於罕，而止於習，赫然當空者，世謂之日。粲然徧空者，世謂之星。油然布空者，世謂之雲。隱然在空者，世謂之雷。突然倚空者，世謂之山。渺然際空者，世謂之海。如是者，使人未嘗識而驟見之，豈不大可怪耶。其所以舉世安之而不以爲異者，何也。習也。舄蒿悽愴之妖，木石鱗羽之異，世爭怪而共傳之者，以其罕接於人耳。天下之理，本無可怪。吉有祥，凶有禖，明有禮樂，幽有鬼神，是猶有東必有西，有晝必有夜也，亦何怪之有哉。

夫子之不語怪者，非懼其惑眾也，無怪之可語也。左氏嗜怪，時神怪之事，多出其書。范甯闢之以誣，說者是之。吾謂載之者非，闢之者亦非也。載之者，必以爲怪而駭其有，闢之者，必以爲怪而意其無。一以爲有，一以爲無，至於心以爲怪，則二子之所同病也。人不知道，則所知者不出於耳目之外，耳目之所接者，謂之常。耳目之所不接者，謂之怪。凡所謂怪者，共辨而競爭之，至於耳目之所常接者，則輕之，曰是區區者，吾既飫聞而厭見之矣，何必復論哉。抑不知耳之所聞，非真聞，目之所見，非真見也。耳之所聞者，聲爾。而聲聲者，初未嘗聞，目之所見者，形爾。而形形者，初未嘗見。日星也，雲雷也，山海也，皆世俗飫聞而厭見者也。至於日星何爲而明，雲雷何爲而起，山何爲而峙，海何爲而停，是孰知所以然者乎。其事愈近，其理愈遠，其跡愈顯，其用愈藏，人之所不疑，有深可疑者存焉。人之所不怪者，有深可怪者存焉。吾日用飲食之間，行不著，習不察，尚莫知其端倪，反欲窮其辭於荒忽茫昧之表，何其舛於先後也。天下皆求其所聞，而不求其所以聞，皆求其所見，而不求其所以見，使得味於飫聞厭見之中，則彼不聞不見者，亦釋然而無疑矣。

子路學於夫子，以事鬼神爲問，又以死爲問。（見《先進》）子路之心，蓋以人者，吾所自知，所不知者，鬼神。生者，吾所自知，所不知者，死耳。子路果知人，則必無鬼神之問矣。子路果知生，則必無死之問矣。觀其鬼神之問，可以占其未知人也。觀其死之問，則可以占其未知生也。夫子答之曰，未能事人，焉能事鬼。未知生，焉知死。此蓋夫子提耳而誨子路，無非真實語。世儒乃或以爲拒子路之問，豈不哀哉。子路深省於一言之下，故白刃在前，結纓正冠，不改其操，則死生鬼神之際，子路其自知之矣。

在睽之歸妹曰睽孤，見豕負塗，載鬼一車，先張之弧，後說之弧。匪寇，婚媾。往遇雨則吉。其象曰遇雨之吉，群疑亡也。幽明實相表裏，幽隣於明，明隣於幽，初未嘗孤立也。是爻居睽之孤，孑然孤立，睽幽明而爲兩塗，睽生疑，疑生怪，故負塗之豕，載車之鬼，陰醜詭幻，無所不至。然至理之本，同然者，終不可瞶。疑則射，解則止，疑則寇，解則婚，向之疑以爲怪者，特未能合幽明爲一耳。猶陽之發見，陰之伏匿，陽明陰幽，常若不通，及二氣和而爲雨，則陽中有陰，陰中有陽，孰見其異哉。陰陽和而爲雨，則群物潤，幽明合而爲一，則群疑亡，融通貫注，和同無間，平日所疑，蕩滌而不復存矣。子路之問人鬼死生，瞶而不合，既聞夫子之言，豈非遇雨而群疑亡乎。

左氏與子路，而同遊夫子之門者也，猶不能除嗜怪之習，然則夫子之雨，亦擇地而降歟。曰：非也。五日霏微，十日霹霖，而枯荄槁木不能沾點滴之澤焉。非雨之有所吝，我無以受之也。我無以受之，則日見降雨，猶爲不遇雨。日見聖人，猶爲不遇聖人。左氏遇聖人而蒙蔽，是誰之罪耶。

齊侯見豕莊八年冬，蛇鬥於鄭莊十四年初，神降於莘莊三十二年秋七月，卜偃童謠僖五年，狐突遇申生僖十年，城鄟有夜登丘僖十六年十二月，柩有聲如牛僖三十二年冬，蛇出泉宫文十六年，魏顆見老人宣十五年，鳥鳴亳社襄三十年，鄭伯有昭七年，石言於晉昭八年春，當壁而拜昭十三年初，鄭龍鬥昭十九年，玉化爲石昭二十四年，鸜鵒來巢昭二十五年夏，龍見於絳昭二十九年秋

宋朱熹《論語精義》卷四上

子曰：二三子以我爲隱乎。吾無隱乎爾。吾無行而不與二三子者，是丘也。

伊川解曰：孔子之道一也。其教人則異，孔子常俯而就之。孟子則推而高之。孔子不俯而就則人不親，孟子不推高則人不尊。聖賢之分也。二三子不能窺見聖人，故告之以無隱也。又《語錄》曰：聖人之道猶天。然門弟子親炙而冀及之，然後知其高且遠也。使誠若不可及，則趨向之心不幾於怠乎。故聖人之教常俯而就之，曰：吾無隱乎爾。我非生而知之者，好古敏以求之者也。非獨使資質庸下者，勉思企及，而才氣高邁者，亦不敢躐易而進也。

范曰：夫子之於人，無所不用其極。惟恐人以己爲不可及而不學，故告二三子無隱，欲其皆如己也。

吕曰：聖人體道無隱，與天象昭然，莫非至教，常以示人，而人自不察。

謝曰：道在八荒之外，近在父子夫婦之間，視聽食息之際。雖聖人何得而隱哉。仰觀俯察，無往而不與二三子共之也。二三子特習矣，而不察耳。故曰吾無隱乎爾。若不與二三子共之，豈所謂天下之達道乎。

游曰：聖人語默動靜，無非教者，其所以與二三子者，甚易知而易見也。惟其聽之者自不能見，則以爲有隱耳。其曰是丘也者，質諸己以實其言也。故曰天何言哉。四時行焉，百物生焉。聖人亦天而已矣。子貢曰：夫子之言性與天道，

不可得而聞也。是性與天道，仲尼固嘗言之，曷嘗有甚高不可測之論，大而無當，不近人情乎。蓋亦不離於文章也。而學者自不能以心契，則或疑其未嘗言耳。子貢既聞道矣，故知夫子之未嘗不言也。子路問事鬼神。子曰，未能事人，焉能事鬼。敢問死。曰，未知生，焉知死。蓋能盡人道，則於事鬼神之道，可以不學而能也。能知生之說，則於死之說，可不問而知也。告人之道於是乎盡。孰謂夫子有隱於由乎。

楊曰：君子之道，不出乎百姓日用之間，夫何隱之有。而由之者，自不知也。疑若有隱焉，故曰，吾無行而不與二三者者，是丘也。

尹曰：聖人作止語默，無非教也。恐弟子不能窺識，故曰無隱爾。

宋衛湜《禮記集說》卷二十

唯祭祀之禮，主人自盡焉爾。豈知神之所饗，亦以主人有齊敬之心也。

孔氏曰：既因上文用素，以表哀。素遂廣論虞祭之後及卒哭練祥之祭，故云此等祭祀之禮，主人既見親，終自盡致孝養之道，豈知神之所享，湏設此祭，所以設之者，以主人有齊敬之心也。

廬陵胡氏曰：自盡加飾。

慈湖楊氏曰：此章及下，子游曰，既葬而食之，未見其有享之者，嗚呼。鬼神之道不如是也。孔子曰：未能事人，焉能事鬼。蓋曰：知人則知鬼矣。形有死生，神無死生。故孔子之祭，如鬼神之實在，而群弟子觀孔子祭時，精神以爲如在也。今子游以爲未見其享之，是求鬼神之道於形也。

又卷一百二十八

子曰：**鬼神之爲德，其盛矣乎。視之而弗見，聽之而弗聞，體物而不可遺，使天下之人，齊明盛服，以承祭祀，洋洋乎如在其上，如在其左右。《詩》曰：神之格思，不可度思，矧可射思。夫微之顯，誠之不可揜，如此夫。**

鄭氏曰：齊明，明猶潔也。洋洋，人想思其傍僾之貌。格，來也。矧，況也。射，厭也。思，聲之助。言神之來，形象不可億度，而知事之盡敬而已，況可厭倦乎。微之顯，誠之不可揜。言神無形而著，不言而誠。

孔氏曰：此一節明鬼神之道無形，而能顯著。誠信中庸之道，與鬼神之道相似，亦從微至著，不言而自誠也。齊明盛服，齊戒明潔盛飾衣服，以承祭祀也。鬼神之情狀，人想象之，如在人之上，如在人之左右，所引《詩·大雅·抑》之篇，言神之來至以其無形，不可度知，常須恭敬，況於祭祀，可厭倦乎。微之顯者，鬼神之狀微昧不明，而精靈與人爲吉凶，是從微之顯也。誠之不可揜者，鬼神誠信不可掩蔽，善者必降以福，惡者必降以禍。如此夫者，此詩人所云，何可厭倦。此鬼神即《易·繫辭》知鬼神之情狀。與天地相似，以能生萬物也。彼注云：木火之神生物，金水之鬼終物。彼以春夏對秋冬，故以春夏生物，秋冬終物。其實鬼神皆能生物終物也，故此云體物而不可遺。此雖說陰陽鬼神，人之鬼神亦附陰陽之鬼神，故此云齊明盛服，以承祭祀，是兼人之鬼神也。

　　河南程氏曰：夫天，專言之，則道也。分而言之，則以形體謂之天，以主宰謂之帝，以功用謂之鬼神，以妙用謂之神，以性情謂之乾。（伊川）又曰：鬼神者，造化之跡也。又曰：鬼是往而不返之義。又曰：立清虛一大爲萬物之原，恐未安。須兼清濁虛實，乃可言神。道體物不遺，不應有方所。（明道）又曰：上天之載，無聲無臭，其體則謂之易，其理則謂之道，其用則謂之神。故說神如在其上，如在其左右，包小大事，而祇曰誠之不可揜如此夫。徹上徹下，不過如此。問：世言鬼神之事，雖知其無，然不能無疑，如何可以曉悟其理。曰：理會得精氣爲物，遊魂爲變，與原始要終之說，便能知也。鬼神之道，祇恁說與賢，雖會得亦信不過，須是自得也。

　　横渠張氏曰：鬼神者，二氣之良能也。又曰：天道不窮，寒暑已。衆動不窮，屈伸已。鬼神之實，不越二端而已矣。又曰：鬼神，往來屈伸之義。故天曰神，地曰祇，人曰鬼。神示者，鬼之始。歸往者，來之終。又曰：天體物而不遺，猶仁體事而無不在也。禮儀三百，威儀三千，無一物之非仁也。昊天曰明，及爾出王，昊天曰旦，及爾游衍，無一物之不體也。又曰：凡可狀皆有也，凡有皆象也，凡象皆氣也，氣之性本虛而神，則神與性乃氣所固有。此鬼神所以體物而不可遺也。

　　藍田呂氏曰：此章論誠之本。唯誠所以能中庸，神以知來，知以藏往，往者屈也，來者伸也。所屈者不亡，所伸者無息。雖無形聲可求，而物物皆體，弗聞弗見，可謂微矣。然體物不遺，此之謂顯，不亡不息，可謂誠矣。因感必見，此之謂不可揜。又曰：鬼神者無形，故視之不見，無聲，故聽之不聞。然萬物之生，莫不有氣。氣也者，神之盛也。莫不有魄。魄也者，鬼之盛也。故人亦鬼神之會爾。此體物而不可遺者也。鬼神者，周流天地之間，無所不在，雖寂然不動，而有感必通。通雖無形無聲，而有所謂昭昭不可欺者，故如在其上，如在其左右也。弗見弗聞，可謂微矣。然體物而不可遺，此之謂顯。周流天地之間，昭昭而不可欺，可謂誠矣。然因感而必通，此之謂不可揜。又曰：鬼神者，二氣之往來爾。物感雖微，無不通於二氣，故人有是心，雖自謂隱微，心未嘗不動，動則固已感於氣矣。鬼神安有不見乎，其心之動，又必見於聲色舉動之間，人乘間以知之，則感之著者也。

　　上蔡謝氏曰：動而不已其神乎，滯而有跡其鬼乎。往來不息，神也。摧仆歸根，鬼也。致生之，故其鬼神。致死之，故其鬼不神。何也。人以爲神則神，以為不神則不神矣。知死而致生之，不智。知死而致死之，不仁。聖人所為聖明之也。或問死生之說。謝曰，人死時，氣盡也。曰：有鬼神否。謝曰：余當時亦曾問明道先生，明道曰，待向你道無來，你怎信得。及待向你道有來，你但去尋討看。謝曰：此便是答底語。又曰：橫渠說得來別，這個便是天地間妙用，須是將來做個題目，入思議始得，講說不濟事。曰：沈魂滯魄，影響底事，如何。曰：須是自家看得破，始得。張亢郡君化去，嘗來附語。亢所知事，皆能言之。亢一日方與道士圍棋，又自外來，道士封一把棋子，令將去問之。張不知數，便道不得。又如紫姑神，不識字底把著寫不得，不信底把著寫不得，推此可以見矣。曰：先生祭饗，鬼神則甚。曰：是他意思別。三日齋七日戒。求諸陰陽四方上下。蓋是要集自家精神。所以格有廟必於萃與渙言之。雖然。如是以為有亦不可。以為無亦不可。這裏有妙理。於若有若無之間。須斷置得去始得。曰：如此却是鶻突也。謝曰：不是鶻突。自家要有便有，自家要無便無，使得鬼神在虛空中辟塞滿，觸目皆是。為他是天地間妙用。祖考精神便是自家精神。

建安游氏曰：道無不在，明則為禮樂，幽則為鬼神。鬼神，具道之妙用也，其德顧不盛歟。夫欲知鬼神之德者，反求諸其心而已。神將來舍，則是神之格思也。若正心以度之則乖矣，所謂不可度思也。正己度之猶不可，又況得而忘之乎，所謂不可射思也。不可度，故視不見，聽不聞。不可射，故如在其上，如在其左右也。夫微之顯如此，以其誠之不可揜也。誠則物，物皆彰矣，故不可揜。為之顯者，其理也。誠之不可揜，以其德言也。

延平楊氏曰：鬼神之德，唯誠而已。誠，無幽明之間，故其不可揜如此夫。不誠，則無物。所謂體物而不可遺者，尚何顯之有。知此，其知鬼神矣。又曰：鬼神，體物而不可遺，蓋其妙萬物而無不在故也。

河東侯氏曰：鬼神之德，天地乾坤，陰陽造化之理而已。有是道，有是理，故視之而弗見，聽之而弗聞。有是物，有是用，故體物而不可遺。消息，盈虛，往來，神明，皆是理也。吉凶，悔吝，剛柔，變化，皆是物也。妙而無窮，微而至顯，使天下之人，齊明盛服，以承祭祀，洋洋乎如在其上，如在其左右。《詩》曰：神之格思，不可度思，矧可射思。射讀作石字，故曰：鬼神之為德，其盛矣乎。或曰：鬼神，其誠乎。曰：祇是鬼神，非誠也。曰：非誠，則經言誠之不可揜，何也。曰：誠者，誠也。充塞乎上下，無物可間者也。以陰陽言之，則曰道。以乾坤言之，則曰易。貫通乎上下，則曰誠。蓋天非誠，其行也不健。地非誠，其載也不厚。人非誠，其形也不踐。總攝天地，斡旋造化，動役鬼神，闔闢乾坤，萬物由之以生死，日月由之而晦明者，誠也。經不曰鬼神，而曰鬼神之為德，其盛矣乎。鬼神之德，誠也。誠無內外，無幽明，故可格而不可度射。《易》曰：形而上者謂之道，形而下者謂之器。鬼神亦器也，形而下者也，學者心得之可也。

新安朱氏曰：此第十六章，張子以二氣言，則鬼者陰之靈也，神者陽之靈也。以一氣言，則至而伸者爲神，反而歸者爲鬼。其實一物而已。爲德猶言性情功效，鬼神無形與聲，然物之終始，莫非陰陽合散之所爲，是其爲物之體，而物之所不能遺也。其言體物，猶《易》所謂幹事。齊之爲言，齊也，所以齊不齊而致其齊也。洋洋，流動充滿之意，能使人畏敬奉承，而發見昭著如此，乃其體物而不可遺之驗也。孔子曰，其氣發揚於上，爲昭明，焄蒿悽愴，此百物之精也，神之著也。正謂此爾。誠者，真實無妄之謂。陰陽合散，無非實者，故其發見之不可揜如此。此前三章以其費之小者而言，此後三章以其費之大者而言，此一章兼費隱，包小大而言。不見不聞，隱也。體物如在，則亦費矣。或問鬼神之說，其詳奈何。曰：鬼神之義，孔子所以告宰予者，見於《祭義》之篇，其說已詳而正。鄭氏釋之，亦已明矣。其以口鼻之噓吸者爲魂，耳目之精明者爲魄，蓋指血氣之類以明之。程子張子更以陰陽造化爲說，則其意又廣，而天地萬物之屈伸往來，皆在其中矣。蓋陽魂爲神，陰魄爲鬼，是以其在人也，陰陽合則魄凝魂聚而有生，陰陽判則魂升爲神魄降爲鬼。《易大傳》所謂：精氣爲物，遊魂爲變，故知鬼神之情狀者，正以明此。而《書》所謂徂落者，亦以其升降爲言耳。若又以其往來者言之，則來者方伸而爲神，往者既屈而爲鬼，蓋二氣之分實一氣之運，故陽主伸，陰主屈，而錯綜以言，亦各得其意焉。學者熟玩而精察之。如謝氏所謂做題目，入思議者，則庶乎有以識之矣。又曰：呂氏推本張子之說，尤爲詳備，但改本有所屈者，不亡一句，乃形潰反原之意。張子他書亦有是說，而程子數辨其非，《東見錄》中所謂不必以既反之氣復爲方伸之氣者，其類可考也。謝氏說則善矣，但歸根之云似亦微有反原之累耳。游楊之說皆有不可曉者，唯妙萬物而無不在一語近是，而以其他語考之，不知其於是理之實果如何也。侯氏曰：鬼神，形而下者，非誠也。鬼神之德，則誠也。

案：經文本贊鬼神之德之盛，如下文所云，而結之曰誠之不可揜如此，則是以鬼神之德所以盛者，蓋以其誠耳，非以誠自爲一物，而別爲鬼神之德也。今侯氏乃析鬼神與其德爲二物，而以形而上下言之，乍讀如可喜者，而細以經文事理求之，則失之遠矣。程子所謂祇好隔壁聽者，其謂此類也。曰：子之以幹事明體物，何也。天下之物，莫非鬼神之所爲也，故鬼神爲物之體，而物無不待是而有者，然曰爲物之體，則物先乎氣，必曰體物，然後見其氣先乎。物而言順耳，幹猶木之有幹，必先有此，而後枝葉有所附而生焉，貞之幹事亦猶是也。

長樂劉氏曰：鬼神之爲德，所以盛者，以其主宰於萬化。無形也，而形由之以生，無氣也，而氣由之以兆。其體虛空，故能役用於萬有，其用沖寂，故能造化於三才不可得而見也，而欽敬畏仰，孰敢慢之。於無形不可得而聞也，而恭肅恐懼，孰敢忽之。於無聲不可得而名也，隨其用而名其功，不可得而體也，隨其物而體其德，是故用其健順者，强之曰乾坤，用其覆載者，强之曰天地，用其氣者，强之曰陰陽，用其道者，强之曰仁義，用之爲燠潤者，强之曰水火，用之爲鼓撓者，强之曰雷風，用之爲養悅者，强之曰山澤，歸之於主宰者，强之曰鬼神。然則鬼神無體，萬物流行，莫非其體也。資其物者，莫不荷鬼神之功，故曰體物而不可遺。《易》曰：神也者，妙萬物而爲言，資其功而享其妙，又可遺哉。故使天下之人，齊明盛服，以承祭祀，不遺其覆載之德，而祀乎天地也。不遺其照臨之功，而祀乎日月也。不遺其仁義之道，而祀乎堯舜也。不遺其生育之恩，而祀乎祖先也。不遺其變化之勤，而祀乎四時風霆雷雨山川丘陵也。故曰：洋洋如在其上，如在其左右，以言乎無所入而不仰乎鬼神之功，無所至而不沐乎鬼神之德也。

海陵胡氏曰：鬼神，以形言之則天地，以氣言之則陰陽，以主宰言之則鬼神。鬼神無形，故視之弗見，無聲，故聽之弗聞，無體，以物爲體，視其所以生所以成，莫非鬼神之功，故天下之人，不可遺忘，以神無形無聲，故其來也不可億度，人當敬事之不暇，況可厭射之乎。

莆陽林氏曰：此一段，自非深於道德性命之理，未易到此。蓋唯性能知之，知之然後能言之，明而禮樂，幽而鬼神，一而已矣。以有求之，則窈窈冥冥而不見其跡。以無求之，則又洋洋如在其上，如在其左右者也。子思作《中庸》而有及於鬼神之事，是其窮理至此，有得於此矣。人多見子路問鬼神之事，則疑之。不知當時發此一問，亦子路窮高極遠見到此，方有此問。孔子答之以未知生，未事人，則往往以爲鬼神又道德之別一事，不可學也。今人不會此意，祇説能事人便能事鬼，失之遠矣。殊不知孔子之言，謂子路不可躐等，須學至此，然後可以知此也。此乃子路之幼學，其後燔臺結纓，想子路亦知之矣。然則子思之言，可謂深於道德性命之理，然後能形容此言也。如致中和一事，則知天地之位，萬物之育。孝一事，則知其通神明，光四海，皆學之極到處，然後能知而言也。

范陽張氏曰：惟鬼神之德如此，是以發天下之敬。

高要譚氏曰：誠者，實理也。貫幽明，通晝夜，亙古今，窮萬世，此理常在，不亡不息，未嘗有纖毫間斷也。雖隱於至微，不可以形聲求，然物物皆體，隨所遇而著見，惟其如是，故天下之物莫能擬其形容，獨鬼神變化無方，可以推見其理之不可揜者，此夫子所以稱鬼神之德爲盛也。微而顯者，鬼神之德如此，蓋實有是理故也。若無是理，安得隨感而著見乎。誠之爲道，與鬼神之德，更無異理。方其隱於至微，有如鬼神之不可聞見也，此所謂往者屈也。及其著見而不可揜，又如鬼神之隨感隨應也，此所謂來者伸也。聖人知鬼神之情狀，不過往來屈伸之理。方其往而屈也，若甚隱微，及其來而伸也，尤爲顯見。因以見誠之不可揜者，其理如此。故曰：微之顯，誠之不可揜如此夫。

　　吳興沈氏曰：中庸之道，顯則有人事，幽則有鬼神，曰忠恕，曰舜之大智，曰顏子之擇善，曰子路之强，曰君子之道四，皆人事也。至此，又指其幽者示之，其實皆中庸也。

　　嚴陵喻氏曰：晦菴曰，其言體物，猶所謂幹事。旨哉，言乎。木非幹則不能生，築非幹則不能立。不曰物之體，而曰體物，猶不曰事之幹，而曰幹事也。

　　宣城奚氏曰：世之言鬼神者，皆失之誕謾荒怪，惟聖人之論，極乎實理。經曰：明則有禮樂，幽則有鬼神。其曰有者，實理也。知禮樂，則知鬼神矣。蓋盈乎天地之間，凡其可名狀者，皆有也，皆實理也。名之曰鬼神，雖弗見弗聞，本無真體，而默體於物，自有不可遺者，故在天地則有天地之鬼神，在山川則有山川之鬼神，在宗廟則有宗廟之鬼神，凡報本反始之有乎物者，皆鬼神之不可遺者也。惟君子知其不可遺，故齊明盛服，以承祭祀，洋洋乎如在其上，如在其左右，此豈故爲是勉强矯飾之態哉。亦曰實有是理耳。夫以其弗聞弗見，而乃使人敬之若是者，微之顯也。人之所以敬鬼神若是者，誠之不可揜也。此鬼神之德所以爲盛也。彼惑於世俗誕謾荒怪之説者，至謂真聞真見，可驚可愕，此豈知鬼神之德哉。

　　錢塘于氏曰：此章發鬼神之爲德，而著誠之不可揜。誠之一字，始開於此。

　　新定顧氏曰：陟降厥士日監在兹，非是虛語。鬼神，充塞天地間，司察生人，但人不見爾。如今人請大仙，大仙便降，法師行法，神將便至，何其相去之近也。有疑人死後，神識散不散者，答曰：人之智慮淺，未到這地，如何探。先臆度死了神識散不散，所可知者，明則有禮樂，幽則有鬼神，此是決定，若要盡測鬼神中事，如何容你識盡。且如禽獸亦有靈性，他祇知得他類中事，如何知得人事曲折。人之神識，自道中生出來，亦有神識復歸道體之理，但其間曲折，不齊不可盡知。或問：神識亦有壞時否。答曰：以理推之，鬼神亦有代謝，纔著於有便有壞時。惟神其神者，不壞不滅。又曰：人纔動念，鬼神便知。此某所洞見者。吾人但當正心誠意，戒謹恐懼，到得德重鬼神欽田地，也早得。何須更説過頭事。人之所爲善惡報應遲緩者，自是天道長遠，不如此屑屑定須次序報來。或問：釋氏輪回之説，如何。答曰：姑存之。若果有天堂地獄，爲善者定不到得墮惡地獄分明。或問東萊《書説》云，後人祭山神，須泥塑木刻爲人形，不知峙而爲山，流而爲川，飛走而爲禽獸，靈而爲人，各自有個形。若謂山神之形如人，則人之形亦可爲山矣。此説有理。答曰：固是。但鬼神之形，不必指定形貌而論。安知山神必爲人形，必不爲人形，所謂游魂爲變，却自有變現時，不可執定説。又曰：實有之理是謂誠。夫惟實有是理，則無隱而不章者。鄭康成曰：可，猶所也。言不有所遺，鬼神無往不在，暗室屋漏可以隔絶，人之視聽不可以隔絶，神之往來，體物而不可遺之謂也。

蔡氏曰：此言感應微妙之理。君子之道，自家齊以前，人力可至，其國治天下平之事，非誠之至與造化同體者，不能也。君子至此，其功用與聖人同矣。子思特舉此義以合之，故下文即以聖人之事接之也。又曰：凡物之體，無非鬼神體之，故曰：體物而不可遺。此體字虛，非若形體之體實。蓋體其體之謂也。又曰：誠之不可揜，誠字恐是指人之成德而言也。

宋方聞一編《大易粹言》卷六十五

原始反終，故知死生之説。

伊川先生曰：原究其始，要考其終，則可以見死生之理。（《經説》）原始則足以知其終，反終則足以知其始，死生之説如是而已矣。故以春爲始，而原之，其必有冬。以冬爲終，而反之，其必有春。死生者，其與是類也。（《暢潛道錄》）原始要終，知得死生之説。人能原始知得生理，便能要終知得死理，若不明得，便雖千萬般安排着，亦不濟事。（劉元承手編）原始反終，故知死生之説，但窮得則自知死生之説，不湏將死生便做一個道理求。（《入關語錄》）夫子曰：未知生，焉知死。知生則知死矣。能原始，則能要終矣。（答謝若雨疑難）

橫渠先生曰：海水凝則冰，浮則漚，然冰之才、漚之性，其存其亡，海不得而與焉。推是，足以究死生之説。《易》謂原始要終，故知死生之説者，謂原始而知生，則求其終而知死必矣。此夫子所以直季路之問而不隱也。（並《正蒙》）

白雲郭氏曰：在人則原形氣之始，反形氣之終，其死生之説尤爲易知，故（謂幽明之故）者，以事理言，至死生，則可説者也。（《易説》）

宋朱鑑《文公易説》卷二十三

來書云：引大易生死之説。程氏語默，日月洪鑪之論。熹案：此四者之説，初無二致，來書許其三，排其一，不知何所折衷而云然，然則所許三説，恐未得其本意也。愚意以爲不必更於此理會，且當案聖門下學工夫求之，久自上達，所謂未知生，焉知死。（答李宗思）

元解蒙《易精蘊大義》卷九

仰以觀於天文，俯以察於地理，是故知幽明之故。原始反終，故知死生之説。精氣爲物，游魂爲變，是故知鬼神之情狀。

先儒曰：以者聖人作《易》之本意，下文皆《易》中具足之理也。天高垂象，故言觀。地卑效法，故言察。文者交錯以相成，理者性情之必至。天文地理亦互言耳。幽隱而不可見者，明顯而可見者，幽之故生於明，明之故生於幽，隱者復顯，而顯者固隱，故即其不能不然者也。始者，明之初。終者，明之盡。明盡則向於幽矣。原者，推其所以然。不過未明之前，其理已具，時至則必來，如夜之必旦也。謂之原始者，周流而得其源也。反終者，反之於終。其所以終，即其所以始者也。始必有終，生必有死，往來出入，一統同條，纔明彼即曉此，纔明始即知終。始終不同，而同一當然之理，故孔子曰：未知生，焉知死。死生非二道也。死生之説，其爲人情之好惡，莫甚於此者。知其説，明其理，故能無妄。無妄，故生順死安也。聖人即物以明理，因有以見無，得之則自爲一貫矣。情者，實理之必至。狀者，衆有之可名也。精氣自無而入有，游魂自有而趨無。自無而有，神之情也。自有而無，鬼之情也。自無而有，故顯而爲物。自有而無，故隱而爲變。顯而爲物者，神之狀也。隱而爲變者，鬼之狀也。蓋鬼靜而神動，其實一條，非二物也。皆二氣之聚散，事理之當然也。理之所成，故似無而實有，是蓋幽明死生之理，貫乎幽明死生之中，以時出入，妙其用而盡其事者也。然總而言之，則不過陰陽兩端而已。蓋聖人體造化之理以作《易》，故舉天下之理不能外於《易》，而聖人用《易》以窮理也。

元袁俊翁《四書疑節》卷十

子不語神，而曰：祭神如神在。《中庸》又曰：鬼神之爲德，何邪。

朱子《集注》嘗謂，答述曰語，自言曰言。按此章語字，蓋亦答述云耳。故《魯論》有所謂不語。又有所謂罕言，雅言，言語二字有不容於無辨，且如祭神如神在，是乃門人記夫子祭祀之誠意，初非夫子答述之語，亦非夫子自言之辭，姑勿論。至如《中庸》鬼神盛德之説，正與《易繫》所謂鬼神神明之説，本皆指言天地之功用而造化之跡，特明其理而已。初未始顯言其事，且皆聖人著作之辭，初非答述之語。與子不語神之説，初何戾哉。他日季路問事鬼神，直拒之曰：未能事人，焉能事鬼。即此一節而觀，則夫子之不語神，其不見於答述者爲益信。

子不語怪力亂神，《魯論》有是言也。然四者之中，惟怪異勇力悖亂之事，非理之正，故聖人所不語。至若鬼神，造化之跡，初非有害於道者，其理幽深，故聖人有不輕以語人。愚嘗以子所不語，合子所罕言論之，計利則害義，非理之正，故夫子所罕言，猶夫子之不語怪力亂也。子之不語神者，正猶命之理微，仁之道大，而夫子之所罕言也。然則夫子之不語神者，正以其不易語也。不易語，而或一二言之，庸何傷。

元朱公遷《四書通旨》卷三

鬼神（附神）

鬼神之爲德，其盛矣乎。視之而弗見，聽之而弗聞，體物而不可遺。使天下之人，齊明盛服，以承祭祀，洋洋乎如在其上，如在其左右。《詩》曰：神之格思，不可度思，矧可射思。夫微之顯，誠之不可揜如此夫。（《中庸》十六章）季路問事鬼神。子曰：未能事人，焉能事鬼。（《先進》）敬鬼神而遠之。（《雍也》）質諸鬼神而無疑，知天也。（《中庸》二十九章）非其鬼而祭之，諂也。（《爲政》）子不語怪力亂神。（《述而》）

右自造化而言。

愚謂自造化而言，是專言之也。主乎祭祀而言，是偏言之也。於二氣良能之中，我祭其氣之與我相接者，則理之正也。鬼神爲德，質諸鬼神，怪力亂神，皆汎以造化之鬼神言。齊明盛服以下，及敬鬼神，事鬼神，非其鬼而祭之，皆特舉其祭祀之鬼神言也。

又祭祀之可格者，是鬼神之靈。質之而無疑者，是鬼神之理。夫子之不語者，是鬼神之妙。

故至誠如神。（《中庸》二十四章）

右自人心而言。

愚案：至誠如神，是鬼神之神。若所存者神，聖不可測之謂神，則是神妙之神。聖不可測，是專言其德行。所存者神，是兼言其德業。

明劉宗周《論語學案》卷二

子曰：朝聞道，夕死可矣。

人一生在道中作活，祇行而不著，習而不察，恁地昏昏終無所聞，則此生與道，了無關涉，遺却塊焉一身，祇是行尸坐肉，一旦颷然而死，臨岐之際，若有一未了之勾當，懸在生前，至死不肯瞑目，却是逋負而死，然亦甚可惜也。一日不聞道，一日死不得，纔一朝聞道，生無逋負，至此而死，却就生時了過來。故曰：未知生，焉知死。此朝聞夕死之説也。聞道不廢尋求，亦不關尋求。不廢解悟，亦不關解悟。不廢躬行，亦不關躬行。不廢真積力久，亦不關真積力久。道祇是本來，人即率性之謂，真聞道者，盡性焉已矣。盡性，則與天地合德，與日月合明，與四時合序，與鬼神合吉凶。先天而天弗違，後天而奉天時。天且弗違，而況於生死之故，然其要，祇是一念慎獨。此一念圓滿，決之一朝不爲易，須之千古萬世不爲難。學者省之。

明呂柟《四書因問》卷二

詔問達孝先生曰：達，是明也，通也，即達天德，達禮樂之達。言惟武王周公能通明此孝道耳。其孝則謂之何。惟在善繼其志，善述其事而已。必以祭祀之禮爲繼述之大者，豈以國之大事在祀歟。

曰：是固然。但祭祀時可以觀繼述之孝，夫何故。春秋脩祖廟，乃四時之祭，即下嘗字也。宗廟之禮，乃禘祫之祭，即下禘字也。能脩祖廟，則非不屋者，比陳宗器，則能世守，非抱祭器他歸者比。設裳衣，薦時食，則能來四方之貢，非攘竊犧牲者比。昭穆，咸序，則子孫不至裸將他廟。序爵，見得天下諸侯皆來助祭，辨賢逮賤。序齒，則又皆懽忻流通，諸父昆弟不怨。故踐位一節，總申上意，以見先王之位與禮樂，真能保守其志與事。必如此，而後爲繼述之也。明乎郊社之禮，禘嘗之義者，正以此耳。

蓋郊社禘嘗之前，有多少事件皆爲治國耳。脩身不待說了。其尊賢親親，敬大臣，體群臣，子庶民，來百工，柔遠人，懷諸侯，無一事不盡。故到祭祀時候，庶民得以供時食，諸侯以下得以序爵。親親得以序昭穆，序齒。群臣得以序事。祖考之志與事，於是乎遂矣，故來格而享之。故曰惟仁人爲能饗帝，惟孝子爲能享親，此也。此便是能明此禮義，則治國之道固已在乎其先。故曰：未能事人，焉能事鬼。可見此孝，非武王周公莫能明也。

後王不能治國，使眾叛親離，禮崩樂壞，是棄先王之志與事，而不知繼述。雖有黍稷之馨，以瀆鬼神，祖考亦不格矣。此便是不達乎孝者。辟如人家子孫於祖考，能守其基業，遵其教訓，大則立身，行道顯揚，其親到祭祀時節，雖瓜菓菜茹之獻，祖考亦來歆享。其或蕩廢家產，虧體辱親，雖有祭祀祖考，亦含恨九泉矣。故此孝字，似武王周公能通明的幾人。

清孫奇逢《四書近指》卷二

鬼神爲德章

鬼神之德，即率性之道。不覩不聞，而莫見莫顯，道之所以不可離，弗聞弗見，而體物不遺，神之所以無不在。物之體也，即鬼神之德也。天下無二，鬼神驗之，祭而鬼神體祭祀驗之承祭祀之人，而鬼神體承祭之人，發現昭著，不可測度，總之，體物不遺，形容鬼神之德之盛，而其所以盛者，誠也。誠者，天之道。誠之者，盡人以合天之道。此之不可掩。蓋以鬼神之情狀，發明《中庸》微顯之義。後章諸誠字，皆從此立根。夫子與季路論鬼神。曰：未能事人，是祇以盡人爲主，而鬼神聽令焉。子思子言鬼神，而要之誠正盡人，以合天之事，未可作岐觀也。金中洲曰：此以鬼神明《中庸》，劈頭說個德，結尾說個誠，中間提出齊明二字，分明見鬼神不外人心。人心即是鬼神，何處更著隱怪。前面言夫婦鳶魚，言子臣弟友，言富貴貧賤等境遇，并言妻子兄弟父母，皆從顯處見顯，至此忽插鬼神一段，却又從微處指出個顯來。見鬼神至變幻，至微茫，都是至平常道理，須識得鬼神與《中庸》合德處。

又《讀易大旨》卷三

死生之說，祇原始反終四字，已說得明盡。未知生，焉知死。人多言孔子不告子路，程正叔曰：此乃深告之也。即原始反終之義。

清刁包《易酌》卷八

九二，困于酒食。朱紱方來。利用享祀，征凶，無咎。

本義云，困于酒食，厭飫苦惱之意，謂醉飽過宜也。郭氏云，困于家無飲食宴樂之奉。二說迥異，然不如傳意爲長。需之九五需于酒食，困之九二困于酒食，皆以在坎中也。需，就養人說。困二，亦宜就養人說。傳曰君子之所欲澤天下之民，濟天下之困也，二未得遂其欲，施其惠，故爲困于酒食也。先代亂離之世，以世有醉人爲瑞，豈非困于酒食之一驗與。二以剛中之德困于下，正己而無求者也。上有九五剛中之君，同德相應，必能造廬而請，故曰朱紱方來。朱紱，王者之服，蔽膝也。服蔽膝而來，便有造膝意。方來者，謂其來方自此始也。利用享祀，傳所謂以至誠通神明是也。未能事人焉能事鬼，欲以事人者事神也。利用享祀欲以事神者，事人也。潔誠齋一，莫過于享祀。故九二利用之。傳曰，自昔賢哲困于幽遠，而德卒升聞，道卒爲用者，唯自守至誠而已。征凶無咎，傳云，無所歸咎也。《本義》云，若征行則非其時，而于義爲無咎也。反覆求之，既云凶矣，何以無咎。既云行非其時，則非義矣，又何以于義無咎。畢竟未安。主傳爲是征凶者，君不來而自往無媒，是以凶也。將誰咎乎。當困之時，慮其以急于濟困之心而不遑自愛，故戒之也。

又卷十一

仰以觀于天文，俯以察于地理，是故知幽明之故。原始反終，故知死生之說。精氣爲物，游魂爲變，是故知鬼神之情狀。

仰以觀于天文，日月星辰之類，其燦然者矣。燦然者，其明也。其所以燦然者，則未嘗不幽。俯以察于地理，山川動峙之類，其秩然者矣。秩然者，其明也。其所以秩然者，則未嘗不幽。明者，其象也。幽者，其理也。象不出乎理，理不出乎陰陽，陰陽不出乎易，可觀察而知其故也。《本義》云，天文則有晝夜上下，謂晝明夜幽，上明下幽也。地理則有南北高深，謂南明北幽，高明深幽也。尤確仙釋之家，脫離生死之外，既不能原其始。功利之徒，醉生夢死之中，又不能反其終。知其說者，或鮮矣。原者，推原之意，探本窮源也。反者，還反之意，歸根復命也。能原始而知其所以生，有全而生者，必能反終而知其所以死，有全而歸者。生死者，其命也。所以生死者，其理也。命不離乎理，理不離乎陰陽，陰陽不離乎《易》，可原反而知其説也。

子路問死。子曰：未知生，焉知死。其告以原始反終之説乎，以鬼神爲有者，談玄説怪，既誕妄而不可信。以鬼神爲無者，直欲一筆勾倒，反滋世人之疑，知其情狀者或鮮矣。精，陰也。氣，陽也。精氣凝結爲物。魄，陰也。魂，陽也。魂魄升降爲變，爲物爲變者，其數也。所以爲物爲變者，其理也。數不外乎理，理不外乎陰陽，陰陽不外乎《易》，可考而知其情狀也。楊誠齋曰：與鬼神合其吉凶，鬼神害盈而福謙，此其情也。視之不見，聽之不聞，體物而不可遺，洋洋乎如在其上，如在其左右，此其狀也。説的甚分明，自天子以至于庶人，莫不有祖宗，莫不有祀。自天地山川，風雲雷雨社稷，以至大聖大賢，忠孝節義之類，莫不有祀。

子曰：敬鬼神而遠之。曰：非其鬼而祭之，諂也。記者又曰：子不語神，神與怪與力與亂，都是有的，若是無，他何用説不語。蓋聰明正直而爲神，固其理也。若邪魅則亦有之。昔者少昊氏之衰，九黎亂德，神人雜糅。至顓頊絕地天通，無相侵瀆，然後神人不雜，各安其位焉。大抵身心正大則鬼不爲祟，世道休明則鬼不爲厲。自古如此，彰彰可考，故曰，國將興，聽于人。國將亡，聽于神。若以《中庸》所謂鬼神者言之，誠則有，不誠則無。以世俗所謂鬼神者言之，正則無，不正則有。然則鬼神之有無，其在人乎。學者衹是誠正二字治心治身的工夫，便是事鬼事神的道理。子路問事鬼神。子曰，未能事人，焉能事鬼。正此意也。《禮記》孔子答宰我問，曰：氣也者，神之盛也。魄也者，鬼之盛也。合鬼與神，教之至也。衆生必有死，死必歸土，是之謂鬼。骨肉斃于下，陰爲野土，其氣發揚于上，爲昭明，焄蒿悽愴，此百物之精也。張橫渠曰，精氣者，自無而有。游魂者，自有而無。朱子曰，陰精陽氣，聚而成物，神之伸也。魂游魄降散而爲變，鬼之歸也。合三説，而鬼神之義始備矣。

清黃宗炎《周易象辭·周易尋門餘論》卷下

神，天神，引出萬物者也。從示，從申，凡陽氣皆升。天爲衆陽之所歸，故萬物之陽氣必親上而申出，借爲神明神聖。神者，氣也。氣空而明，能爲變化，莫測其方。質凝而暗，囿于一隅，不能奇異。鬼，人所歸爲鬼，從人，而戴異物之首，無形之形也。人身惟髑髏最後朽，故以取象，從厶者，神爲天地間陽之靈，天下所公也。鬼爲陰之靈，人所私也。天神地祇人鬼，天子祭天地，諸侯祭封內山川，人各私其親而祭祖禰。非其鬼而祭，則不享。人以陰陽和合而成形，陰陽離散而形毀。陽爲魂，如雲氣之飄颺。陰爲魄，如果實之精仁。陰陽和合，魂魄相守。陰陽離散，魂魄分馳。魂氣易銷，魄氣難泯。人之初死似有似無，恍忽莫憑者，魄也，非魂也。及其既久而魄滅，子孫之昭格，祭祀之如在者，鬼也，非魂魄也。季路問事鬼神。子曰：未能事人，焉能事鬼。問死。曰：未知生，焉知死。後儒解作不對子路之問，而使其從事于事人知生之實，非也。夫鬼神非他也，即人之不可見之靈爽也。能事人，即能事鬼矣。死非異事也，知其所以生，即知所以死矣。明暗非二境也，去來非兩路也。正夫子答子路之問也。

清李光地《周易通論》卷三

論死生之説

始終即生死也。曰：原始反終，故知死生之説。何也。曰：始終者，泛論事物之始終。死生者，切指吾身之生死言。推原反覆於事物之始終，則知吾身死生之説也。聚則物之所以有，散則物之所以無。感則事之所以生，寂則事之所以止。其生而有也有所自，其止而無也有所歸，死生之變如此而已。雖然，猶有深於是者焉。天之生物也，豈使之徒然而生，徒然而死哉。蓋必有所以生者焉，所謂全而生之也。有所以死者焉，所謂全而歸之也。百穀草木之生，能蕃其根，暢其枝，以至於成其實，則所以生之理完矣。剝落之後，其實必充美，而又可以蕃衍於無窮，蓋性之流傳不可息也。不如是，則雖有是生性而不完，既落之後必不能充美而可蕃，此萬物終始之著者也。人心之造事也，如其事之理而無虧欠，及乎事己心休，則泯然而有以自得，且可以生異日之善而為後事之師也。否則，跡雖往而縈懷者不釋，甚則過既成而追訟者無窮。人生於天地間，其生其死，蓋終始之大者，較之物類事類又相遠矣。而聖人所謂朝聞而夕可者，蓋亦等其理於一事物逡巡晨暮之間，此之謂死生之説也。異氏之學於知死之説詳焉。夫既死矣，彼何從而知之，易之所謂知者，以事物終始而知之，夫子又言未知生，焉知死。蓋此意也。周子《圖説》引此終篇，以為太極全付於人，人必全而歸之，然後三極之道立。《西銘》亂語存順没寧，指亦如之。皆聖賢深切之訓也。舍是而求死生之説，則何以知為。

清魏荔彤《大易通解》卷十三

易與天地準，故能彌綸天地之道。仰以觀于天文，俯以察於地理，是故知幽明之故。原始反終，故知死生之説。精氣為物，游魂為變，是故知鬼神之情狀，與天地相似，故不違。知周乎萬物而道濟天下，故不過。旁行而不流，樂天知命，故不憂。安土敦乎仁，故能愛。範圍天地之化而不過，曲成萬物而不遺，通乎晝夜之道而知，故神無方，而易無體。

畫卦既明，其本源《繫辭》復示明其根柢，然後可明易中之道理矣。易之道，即天地之道也。先後天聖人原將天地之氣化道理既象之于卦爻又各繫之以辭，是易之為易，與天地準也。天地之體如是高明博厚悠久，而易之體亦如是。

天地之用如是資始資生乎萬物，至于無終無始，而易之用亦如是。易一天地也，天地一易也。無二氣，無二理，故無二道也。且不惟準其體用而已。又更能以易之體用體用乎天地，以易之體彌補乎天地之體，而充周于無間也。以易之用經綸乎天地之用，而條理各足也。是天地之道備于易者，皆易能補天地之憾，而代天地之勞也。天地有此氣化，有此道理，無易以為發明，天地不能自言，百姓日用不知天地之道，亦徒存將虛而無所托矣。故有聖人作易，而天地之道，體斯立于平易簡約，用斯行于可大可久也。是皆易彌綸之也，又不止彌綸天地之道也。更開示聖人之道，使人學易而欲窮理者，有易而以之，仰觀天文，俯察地理，皆在易中，則知天陽剛而主乎明，地陰柔而主乎幽。幽明之故不可以天文地理察之乎。天文，日月星辰之運行也。地理，山川人物草木之生植也。剛柔各分，而又交際不離，上下各覿，而又升降無息，知其分纔知其合，幽明之故既得，則原其始反其終，死生之說亦皆得知矣。由幽而明以生也，由明而幽以死也。原始于終而萬物有始矣，反終于始而萬物有始矣。究之物有終始，而氣化無終始，由于道無終始，易既備乎道之體用，何不可究研之而大明乎。既明乎幽明死生，則鬼神之情狀亦可得矣。凡天地間飛潛動植之物，皆精氣凝聚而生者也。但所凝聚有厚薄，故所成之物有久暫。大槩成形屬陰，陰氣盛者成形柔而小，陽氣盛者成形剛而大。生氣者，陽氣也。原與陰精凝聚成形，如脫離焉，則陰之魄入地，陽之魂浮游，遂離于形之外，是乃謂之變也。變，即死也。不言死者，非諱言死也，變而將以復生也。豈釋氏輪迴之說乎，非也。釋氏輪迴之說，有考核功過，轉生善惡等論，失之太鑿。易之言游魂為變，是就生人生物之氣原始反終言也。至於游魂之有知無知，則未嘗言也。究之形既與神離矣，魄云入地，亦陰氣之初離形，與陽離散而陰親下，故下降入地耳。同于魂陽氣之初離形，與陰開散，親上而上遊也。故言魂魄者，皆就物言，其陰陽之氣凝聚者，至此離形各散而已。知此，則鬼者，游魂之濁而薄者也。神者，游魂之厚而清者也。如生人生物之氣資有清濁厚薄不同也。知生人生物有不同，則人物之變有鬼有神亦不同，可知矣。既知鬼神同于生人生物，鬼中情狀不可並知乎。為物者，有情。為變者，亦有狀。知有賢愚，故情有靈蠢，氣有盛衰，故狀有巨微，皆氣之所凝聚成形，既離形而未遽開散者耳。然終亦必開散，歸之天地。天地又另凝聚而生人物矣。似與釋氏說同而非，如彼執之太實，似既淪于無而實滯于有也。但其中有可疑者，有知之物亦眾矣。禽獸亦有生死，獨人乃有鬼神乎。無知之物更多矣。草木亦有生死，聞草木有妖，或久而成神，亦生物耳。未嘗聞其死而有鬼神也。易之言精氣為物，游魂為變，該萬物而立言，何以獨就人之生死可知鬼中之情狀乎。此如，孔聖答子路未知生，焉知死之說，祗就人之靈。以該物之蠢，凡物有情，自有鬼。無鬼，方無狀。所以生有精靈，死有鬼神，物之理氣亦相通于人矣。自必初死未散，亦有鬼，最靈，亦有神也乎。鬼神作二氣之良能言，宋儒之論也。祭祀之鬼神，謂之鬼神中之一鬼神，分而爲二氣矣。祭祀之鬼神又謂其中之一，然則祭祀之鬼神雖有陰有陽，祇爲鬼神中偏在陰中一邊者耳。愚謂祭祀之鬼神皆鬼也，皆游魂爲變所成也。就鬼中之靈爽尊貴者，則謂之神耳。如謂神爲陽，亦就陰中分陰陽，不與人物同。其陽也，再繹《中庸》内鬼神之爲德，其盛矣乎。通章似俱是説祭祀之鬼神，但就根源説起，乃知首二句爲二氣之良能言也。此章言鬼神情狀，《本義》云：陰精陽氣，聚而成物，神之伸也。魂游魄降，散而爲變，鬼之歸也。兼論神鬼人物矣。蓋鬼神情狀，易所明言者，亦將人物鬼神合論，總歸之於陰陽氣化，人能以易言情狀，與《中庸》言德盛對論，則大合也。此段聖傳從仰觀俯察，説到幽明，又從幽明説二氣之始終，以爲生死。末段方分精氣爲物，游魂爲變爲二。尾結説到鬼神之情狀，是要將鬼爲幽爲死，神爲明爲生，二者分剖個到底，而後將二者歸一氣行理寓。使窮理者研求到此，方爲物無不格而知無不至耳。若端言鬼之情狀，則似爲齊諧之志怪也。故姑置之。

神者，來而伸也。鬼者，往而歸也。就二氣説鬼神，是鬼神已該陰陽生死矣。但人物原與鬼神相對，一陰一陽，今將鬼神説成兩個，神來而伸也，人物亦來而伸也，鬼神與人物難分矣。愚謂鬼神，二氣良能，即氣化也。宋儒名之爲鬼神，正此章所謂鬼神情狀也。若單言乎鬼，又在陰中分陰陽，須將神謂爲陰中之陽，鬼謂爲陰中之陰，方可對待人物也。人死爲鬼，鬼之精潔靈明者爲神。如人類中賢愚，物類中靈蠢耳。至于魂游魄降之説，魂陽魄陰，亦是在陰中分陰陽。魄陰内必仍有微陽，魂陽内必仍有微陰耳。不然，並此魂魄亦無矣。惟陰中有微陽，陽中有微陰，所以尚游聚而成魂魄，徐徐方消散爲無，如火之已熄，烟尚有形，少時方散而已。然則天地間之有鬼神，皆游魂而已。其魄降而入地矣。且陰中之陰必更冥晦無知，不能自致聲靈，故人無所見聞，惟游魂尚在人間，爲神爲鬼，各以清濁厚薄分類，乘陰盛時能見形，能作聲，或于無形無聲中昭靈示異，惟其陰中之陽氣未盡，故尚得浮游。此游魂爲鬼爲神不同俱爲陰氣無二也。既爲陰氣，則與人物之陽氣方相對待，然後可以謂之來而伸者神也，往而歸者鬼也。兼人物鬼神而言二氣之良能也。要之，既成一物，必有兩在。無兩不成一矣。及其氣盡，則消歸烏有。氣未盡者，爲神爲鬼，各因其氣之盛衰，以爲久暫。亦如人物之生死，然亦終無氣不消散之鬼神也。商俗尚鬼，原兼鬼神，神亦名曰鬼，正是與人對言陰陽。故愚謂伸而來者人，屈而往者鬼。鬼神者，二氣之良能。此語並可與下章一陰一陽之謂道作注。往伸神來屈鬼，此神乃精氣，爲物中人物之神耳。

俗言新鬼長大，舊鬼矮小，亦似有理。蓋久而漸小漸無也。又俗言不正命而死者有鬼，正命死者無鬼。年壯氣盛卒死者有鬼，年老氣衰久病死者無鬼。皆有理之論也。中有爲神者，必其人生時陽剛強毅之氣居多，正直英爽之情素具者也。再如忠孝節義，持念至堅，不得伸志，抱痛而殁，自是英靈不散而爲神矣。《左傳》云：神者，聰明正直而壹者也。無此壹，則不成神。有此而純乎淳者尊而久，參以駁而漓者卑而暫也。鬼有屬鬼，神有正神，皆其氣壹而聚者所成也。其中又有不朽之神，則必有不朽之德，不朽之功垂于世也。此又因人心之推奉不忘，故其神靈爽不昧。如斯之神，亦不易多得矣。或有疑曰：人生于精氣聚矣，殁而有爲鬼神者矣。鳥獸草木，無不生于精氣之聚，何不聞有鬼神。此可以《孝經》明之。《孝經》云：天地之性，人爲貴。天地生人，天地精氣最靈最秀者，聚之于人，而鳥獸草木不能與人相類也。人在生時，即成位于中而輔相裁成乎天地。故死而爲神爲鬼，尚能于天地間作影響，昭功用可見可聞。若夫餘物，生時其知識原自十不及人二三，死何能復有靈明，爲神爲鬼乎。或又有疑曰：如此，則人死爲神爲鬼，孑然一物之外，無復他物矣。何鬼神亦有車輿宮室，衣服儀物之屬。龍虎蛇龜，犬馬牛羊之類乎，不知此等多妄誕之傳言耳。縱然有之，乃其類中之性獨靈而氣稍清者耳。其無情無識者，則神之靈氣所幻成也，亦無足異也。若莊子火盡薪傳之説，釋氏以之言轉生，然莊子本意從古謂是帝之懸解來，亦不與釋氏同。即如所説火者，一念之靈明也，此薪盡而火傳于彼，如轉生之遞傳也，但氣在則靈明方在，如氣已散，靈明何所附麗乎。薪必稍有餘燼，則可傳于他薪，如已爲灰，尚何傳火乎。愚謂縱有轉生者，亦陰中陽氣浮游未盡，故靈明得以寓于内而復形神歸合耳。天槩人死爲鬼爲神，爲轉生爲消滅，不出此論。一主乎氣之聚散，則莫能外也。不觀聖人之論乎。《禮·祭儀》載子曰，氣者，神之盛也。魄者，鬼之盛也。衆生必死，死必歸土，此之謂鬼。骨肉斃于下，陰爲野土，其氣發揚于上，爲昭明，焄蒿悽愴，此百物之精也，神之著也。聖人之言神鬼至矣。其首二句，則非宋儒二氣良能之説也。其言氣者，即游魂也。魂爲陽氣未盡，故曰盛也。魄言鬼者，鬼爲陰也，魄入地者，不能爲神。鬼挾其陽氣，發揚于上，即游魂也。爲昭明，焄蒿悽愴者，即游魂之靈明也。乃其人物精氣之未盡，故曰物之精也。能有聲靈，使人焄蒿悽愴，是其神靈之著見者也。此神字是就其靈爽言。愚謂魂入地不能有聲見形，必游魂爲神爲鬼，方能有聲形昭靈異也。蓋本于此，至于鬼神之精而著者，原該百物有情之物，亦有神鬼可知矣。故聖人言神之著也。神之著神字，是物之精氣變後既爲游魂，結而未散者，此神乃就鬼中言鬼神也。易以窮理，至于天地幽明，始終生死，精氣游魂，爲物爲變，鬼神情狀無不窮焉，可謂理無不窮焉矣。

聖人以易窮理如是，然聖人盡性亦以乎易也。以易則易簡之知能，即天地清寧之理也。蓋聖人之性，即天地所命也。率之爲道，即與天地相似也。何違乎。以此性率爲道者，用聖人之知，以周乎萬物。用聖人之道，以濟天下，自有大中至正之則也。何過不及之有。先言知周，後言道濟者，先知事物之理，後以道濟天下也。用此大中至正者，經也。又有達權之用，旁行而不出于經，故不流，固能道濟天下也。然即道不行，有天命之性，在全而畀我者，全而歸之，故無所入而不有自得之樂，是樂天也。在我性已盡，人不我知，命之不遇，道或不行，復何憂乎。但又非道不行，而成己不能成物也。素其位而行，安土也。崇一心之理廣推曁之量，不能行其道以濟天下，亦能存其理以敦吾仁。吾仁既敦，推而致之，親親而仁民，仁民而愛物，皆仁之存心爲德，及物爲愛者也。窮達顯晦雖異，而性則無不可盡也。此窮理之後，用易以盡性，性盡而倫盡物盡，能用易而仁愛乎天下有餘量也。

聖人以易窮理盡性，即天地生成，終始萬物之命，亦可用易以至之也。聖人既能窮理，復能盡性，知極義之精，行極仁之熟矣。皆于易中得來，仍用易以爲矩而範之，用易以爲方而圍之，則天地之化亦不能過矣。氣化在天地，而聖人用易以爲範圍，即位天地之説也。更能用易以曲成乎萬物，而無所遺。天地之氣化不過萬物，自能曲成矣。亦是聖人用易，萬物所以能曲成，此育萬物之説也。此聖人至命之學也。然非聰明聖知達天德者，烏足以知易而用易乎。惟聖人能通乎晝夜之道，以爲知則理無不窮于知，性無不盡于行也。且理之本道也，道之原天也，天道以道爲體，以命而生成萬物也。如學易者，由理求性，由性求天求命，則于命亦可以會其體而達其用也。此之謂至命也。何非深得乎易之道乎。以此論之，聖人垂教，原令人神明易于無方無體者也，何也。易之道，原自廣大悉備，變化無窮，而不可盡以爻象之變理道之精盡之也。有至神者，在變化爻象理道之內而不滯于其間者，所謂神無方而不可測也。不可測者，非易盡能擬議，故惟示天下後世以至變至精，其無方者在人，神明也，是易雖有一定之書，實無一定之爻象道理也。亦如神之無方而已。易何嘗有定體哉。學易者窮理盡性，皆學易之有方體者也。非極乎至命，不能得神無方，易無體之體用也。學易者可不勉哉。李云：此章言鬼神得未曾有，可謂發明先儒前所未發者矣。

清江永《禮書綱目》卷四十七

傅説曰：黷于祭祀，時謂弗欽。禮煩則亂，事神則難。祭不欲數，數則黷，黷則不敬。事神禮煩，則亂而難行。高宗之祀特豐，數近廟，故説因以戒之。子曰：非其鬼而祭之，諂也。非其鬼，謂非其所當祭之鬼。諂，求媚也。季路問事鬼神。子曰：未能事人，焉能事鬼。子路曰：吾聞諸夫子，祭禮，與其敬不足而禮有餘也，不若禮不足而敬有餘也。祭主敬。《檀弓》

史部

《魏書》卷五十三

瑒，字琚羅，涉獵史傳，頗有文才，氣尚豪爽，公强當世。延昌末，司徒行參軍，遷司徒長兼主簿。太師、高陽王雍表薦瑒爲其友正主簿。于時民多絕户而爲沙門，瑒上言：禮以教世，法導將來，跡用既殊，區流亦別。故三千之罪，莫大不孝，不孝之大，無過於絕祀。然則絕祀之罪，重莫甚焉，安得輕縱背禮之情，而肆其向法之意也。正使佛道亦不應然，假令聽然，猶湏裁之以禮。一身親老，棄家絕養，既非人理，尤乖禮情，堙滅大倫，且（闕）王貫。交缺當世之禮，而求將來之益。孔子云：未知生，焉知死，斯言之至，亦爲備矣。安有棄堂堂之政，而從鬼教乎。又今南服未靜，衆役仍煩，百姓之情，方多避役。若復聽之，恐捐棄孝慈，比屋而是。

沙門都統僧暹等忿瑒鬼教之言，以瑒爲謗毀佛法，泣訴靈太后，太后責之。瑒自理曰：竊欲清明佛法，使道俗兼通，非敢排棄真學，妄爲訾毀。且鬼神之名，皆通靈達稱，自百代正典，叙三皇五帝，皆號爲鬼。天地曰神祇，人死曰鬼。《易》曰：知鬼神之情狀。周公自美，亦曰能事鬼神。《禮》曰：明則有禮樂，幽則有鬼神。是以明者爲堂堂，幽者爲鬼教。佛非天非地，本出於人，應世導俗，其道幽隱，名之爲鬼，愚謂非謗。且心無不善，以佛道爲教者，正可未達衆妙之門耳。靈太后雖知瑒言爲允，然不免暹等之意，獨罰瑒金一兩。

宋羅泌《路史》卷三

子曰，鬼神之爲德，其盛矣乎。昔者，宰我請問鬼神之名。子曰，氣者，神之盛也。魄者，鬼之盛也。合鬼與神，教之至也。故無鬼神，則鬼神之名不立矣。奈何季路之問事鬼，則曰未能事人。既問死，則曰未知生。說者往往以生死鬼神爲性命道德外事，有不可以致詰，而子路未可與言，故夫子不與之言。夫若是，則夫子既不諴於人之子矣。聖人之言，未嘗不自盡也。鬼神生死，人事之大，奚爲而不語邪。蓋能事人，則能事鬼。知生，則知死矣。生死者，特性命道德中之一事，而鬼神者，特性命道德中之一物爾，豈復外乎。

子部

唐白居易，宋孔傳《白孔六帖》卷九十

敬遠（四）

白：子曰，敬鬼神而遠之，可謂智矣。子不語怪力亂神。《傳》曰：國將亡，聽於神。國將興，聽於民。季路問事鬼神。子曰，未能事人，焉能事鬼。鬼神之德，子曰，鬼神之爲德，其至矣乎。視之而不見，聽之而不聞，使天下之人齊明盛服，以承祭祀，洋洋乎如在其上，如在其左右。不加敬而人自祇，仲尼曾不語神（季路焉能事鬼），鬼神享德（祭祀貴誠）。子曰，夏道周人，皆事鬼敬神而遠之。殷人尊神，先鬼而後禮。瀆神，人神異業，不可瀆之。（《史記》）

孔：迎佛骨上表韓愈《迎佛骨上表》曰，況其身死已久，枯朽之骨，凶穢之餘，豈宜令入宮禁。孔子曰，敬鬼神而遠之。古之諸侯行吊於其國，尚令巫祝先以桃茢祓除不祥，然後進吊。慢侮即死，韓愈《羅池廟碑》，明年吾將死，死而爲神。後三年，爲廟祀我。及期而死。廟成，大祭。過客李儀醉酒，慢侮堂上。得疾，挾出廟門即死。冥應胖蠻鼓簧而吹笙，由是憧憧往來，無不加敬。喬潭《女媧陵記》

宋劉敞《公是弟子記》卷三

聖人受命於天，賢人受命於聖人，故聖人之命亦天命也。子事親，臣事君，出於聖人者也。是以問聖人者，問其所爲，毋問其所以爲，問其所知，毋問其必不可知，子路是矣。子路問鬼。子曰：未能事人，焉能事鬼。又問死。子曰：未知生，焉知死。故聖人有所不言也。賢者有所不問也。聖人所不言而言之，雖辯弗聽。賢者所不問而問之，雖精弗復。

《朱子語類》卷三

因說鬼神。曰：鬼神事自是第二着，那個無形影，是難理會底，未消去理會，且就日用緊切處做工夫。子曰：未能事人，焉能事鬼。未知生，焉知死。此說盡了，此便是合理會底理會得，將間鬼神自有見處。若合理會底不理會，祇管去理會沒緊要底，將間都沒理會了。

【略】

問：人之死也，不知魂魄便散否。

曰：固是散。

又問：子孫祭祀，却有感格者，如何。

曰：畢竟子孫是祖先之氣。他氣雖散，他根却在這裡，盡其誠敬，則亦能呼召得他氣聚在此。如水波樣，後水非前水，後波非前波，然却通秖是一水波。子孫之氣與祖考之氣，亦是如此。他那個當下自散了，然他根却在這裡。根既在此，又却能引聚得他那氣在此。此事難説，秖要人自看得。

問《下武》詩三后在天，先生解云。在天，言其既没而精神上合於天。此是如何。

曰：便是又有此理。

用之云：恐秖是此理上合於天耳。

曰：既有此理，便有此氣。

或曰：想是聖人禀得清明純粹之氣，故其死也，其氣上合於天。

曰：也是如此。這事又微妙難説，要人自看得。世間道理有正當易見者，又有變化無常不可窺測者，如此方看得這個道理活。又如云，文王陟降，在帝左右。如今若説文王真個在上帝之左右，真個有個上帝，如世間所塑之像，固不可。然聖人如此説，便是有此理。如周公《金縢》中乃立壇墠一節，分明是對鬼。若爾三王，是有丕子之責於天，以旦代某之身。此一段先儒都解錯了，秖有晁以道説得好。他解丕子之責如史傳中責其侍子之責。蓋云上帝責三王之侍子。侍子，指武王也。上帝責其來服事左右，故周公乞代其死，云以旦代某之身。言三王若有侍子之責於天，則不如以我代之。我多才多藝，能事上帝。武王不若我多才多藝，不能事鬼神，不如且留他在世上，定你之子孫與四方之民。文意如此。伊川却疑周公不應自説多才多藝，不是如此，他止是要代武王之死爾。

又卷三十九

季路問事鬼神章

事人事鬼，以心言。知生知死，以理言。（泳）

或問季路問鬼神章。

曰：事君親，盡誠敬之心，即移此心以事鬼神，則祭如在，祭神如神在。人受天所賦許多道理，自然完具無欠闕。須盡得這道理無欠闕，到那死時，乃是生理已盡，安於死而無愧。（時舉）

或問：二氣五行，聚則生，散則死，聚則不能散，如晝之不能不夜。故知所以生，則知所以死。苟於事人之道未能盡，焉能事鬼哉。

曰：不須論鬼為已死之物。但事人須是誠敬，事鬼亦要如此。事人，如出則事公卿，入則事父兄，事其所當事者。事鬼亦然。苟非其鬼而事之，則諂矣。

（去僞）

問：人鬼一理。人能誠敬，則與理爲一，自然能盡事人、事鬼之道。有是理，則有是氣。人氣聚則生，氣散則死，是如此否。

曰：人且從分明處理會去。如誠敬不至，以之事人，則必不能盡其道，況事神乎。不能曉其所以生，則又焉能曉其所以死乎。

亞夫問未知生，焉知死。

先生曰：若曰氣聚則生，氣散則死，才説破，則人便都理會得。然須知道人生有多少道理，自稟五常之性以來，所以父子有親，君臣有義者，須要一一盡得這生底道理，則死底道理皆可知矣。張子所謂，存，吾順事，没，吾寧也，是也。（時舉）

問：天地之化，雖生生不窮，然而有聚必有散，有生必有死。能原始而知其聚而生，則必知其後必散而死。能知其生也，得於氣化之日，初無精神寄寓於太虛之中，則知其死也，與氣而俱散，無復更有形象尚留於冥漠之内。

曰：死便是都散無了。

《或問》季路問鬼神章

曰：世間無有聚而不散，散而不聚之物。聚時是這模樣，則散時也是這模樣。若道孔子説與子路，又不全與他説。若道不説，又也祇是恁地。（義剛）

先生説：未能事人，焉能事鬼。曾以一時趨平原者言之：我於人之不當事者，不妄事，則於鬼神亦然。所以程子云，能盡事人之道，則能盡事鬼之道。一而二，二而一。（過）

問：伊川謂死生人鬼，一而二，二而一，是兼氣與理言之否。

曰：有是理，則有是氣。有是氣，則有是理。氣則二，理則一。（賀孫）

徐問：《集注》云鬼神不外人事，在人事中，何以見。

曰：鬼神祇是二氣屈伸往來。在人事，如福善禍淫，亦可見鬼神道理。《論語》少説此般話。

曰：動靜語默，亦是此理否。

曰：亦是。然聖人全不曾説這般話與人，以其無形無影，固亦難説。所謂敬鬼神而遠之，祇如此説而已。

宋葉適《習學記言》卷八

宰我曰，吾聞鬼神之名，不知其所謂。子曰，氣也者，神之盛也。魄也者，鬼之盛也。合鬼與神，教之至也。衆生必死，死必歸土，此之謂鬼。骨肉斃於下，陰爲野土，其氣發揚於上，爲昭明，焄蒿悽愴，此百物之精也，神之著也。因物之精，制爲之極，明命鬼神，以爲黔首則，百衆以治，萬民以服。聖人以爲未足也，築爲宮室，設爲宗祧，以別親疏遠近，教民反古復始，不忘其所由生也。衆之服自此，故聽且速也。

按：子路問事鬼神。子曰，未能事人，焉能事鬼。敢問死。曰，未知生，焉知死。學者之記，以爲孔子絶神怪而不言，然周官宗伯掌建天神人鬼地祇之禮，以佐王建保邦國。大司樂以樂九變八變致神示而禮之，蓋自有天地即有人與鬼神，人與鬼神異道，各不相知，而爲國家者，必尊事之，以自建保。子路欲以一己之智，慮求鬼神死生之説，窮其所從，以爲辨而已。宜孔子之不告也，而此篇乃載宰我孔子之問答，尤爲誕淺而不經。且生生而死死，人道相續，冥冥而昭昭，神道常存焉。有待人生之氣而後爲神，待人死之魄而後爲鬼者乎。骨肉爲土氣，爲昭明，使神道之狹果如此，豈足以流通於無窮乎。古之爲國家者，凡天地山川之神靈，崇祀嚴祭，罔敢怠忽。若祖禰宗廟，特以子孫相爲依憑，然其享之有數，立之有紀，近則死道未純，遠則恩所不及，固與世之神明有間矣。烏得雜而並稱哉。儒者見理不明，而好言其不可知者，季札稱骨肉歸復於土，魂氣無所不之，謂不以反葬勞人也。子產稱用物精多則魂魄强，故有精爽，以至於神明，不謂神明待魂魄而後爲也。《禮運》稱體魄則降，知氣在上，謂復在上，葬在下也。猶不直以魂魄爲神鬼。而《易傳》稱精氣爲物，遊魂爲變，是故知鬼神之情狀，則直以魂魄爲鬼神。而此篇骨肉斃於下，陰爲野土，其氣發揚於上，爲昭明，焄蒿悽愴，此百物之精，神之著也。因物之精，制爲之極，明命鬼神，以爲黔首則，又因前人之言，而轉失之，則鬼神遂止於魂魄，而鬼神之常道隱矣。孔子既於《易》言鬼神害盈而福謙，明示天下以人神感通之理，而答子路以未能事人，焉能事鬼。未知生，焉知死。則人道立而鬼神可安，人職盡而生死爲一，非故絶而不言也。

宋羅璧《識遺》卷六

典有五，而逸其三，墳有三，而不存其一。皆就其可知者録之。左氏志怪頗多，《春秋》關於人事則書，《論語》弟子記善言，於鬼神曰，敬遠，又曰，未能事人，焉能事鬼。於死生曰，未知生，焉知死。與夫罕言命，凡茫昧不可知者，不究論也。子貢號明敏，而曰，夫子之言性與天道，不可得而聞也。皆不以臆説强通爲學。顏閔聖門高弟，可法於後世，祇是不遷怒，不貳過，簞瓢陋巷，不改其樂，與不間於父母昆弟之言，非是常人全所不能者，故聖人訓戒有多聞闕疑，不知爲不知，論皆曉人以平實之學。孟子七篇之書，雖多援古，而述堯舜之道，曰，孝弟而已。正救齊梁不出仁義二字。及論古制，則但舉其概。滕問井地，曰此其大略也。北宮錡問周室班爵禄，曰其詳不可得而聞。論《詩》曰以意逆志，論《書》曰吾於武城，取二三策，皆就其可據信者述之，所以詔萬古爲法言。《史記》，漢儒採取於坑焚之後，繆妄固多，然疑而未定辭，例曰蓋曰或。如舜葬蒼梧，蓋三妃未之從也。周公，蓋祔。孔子，蓋寢疾，七日而没。《易·繫》十三卦，制作皆云蓋取諸某卦。《孝經》論天子諸侯之孝，皆曰蓋。至士庶人之孝，獨指之曰此。釋者例，謂蓋爲疑辭。劉炫曰，蓋，猶梗槩也。劉巘曰，蓋者，不終盡之辭。皇甫侃曰，蓋者，略陳如此，未能究竟也。

宋真德秀《西山讀書記》卷三十三

自志士仁人章以下，皆言處死生之變，惟離九三章言處死生之常，皆學者所當知也。若曾子曰，吾知免夫。又曰，吾得正而斃焉。子張曰，君子曰終，小人曰死，吾今日其庶幾乎此。皆所謂處死生之常者也。程子嘗言，堯夫臨終時，祇是諧謔，須臾而去。以聖人觀之，則亦未是。蓋猶有意也，比之常人，甚懸絕矣。又諸公恐喧它，盡出外説話，它皆聞得，以它人觀之，便以爲怪。此祇是心虛而明，故聽得。問，堯夫未病時，不如此，何也。曰，祇是病後，氣將絕，心無念，慮不昏，便如此。又問，釋氏臨終，便先知死，何也。曰，祇是一個不動心。釋氏平生祇學這个事，將這个做一件大事，學者不必學它，祇燭理明，自能之。如堯夫，豈嘗學也。孔子未知生，焉知死。人多言孔子不告子路，此乃深告之也。曰，原始要終，故知死生之説。人能原始知得生理，便能要終知得死理。若不明理，便雖千萬般安排者，亦不濟事。

伊川先生病革，門人有往視之者曰，先生平生所學，正要此時用。先生曰，道著用，便不是。未出寢門而先生没。

又卷四十

愚按：世俗於始終聚散之理，及佛氏輪迴之説，類有疑焉。今以諸老先生言論附於此。程子曰，屈伸往来，祇是理。不必將既屈之氣，復爲方伸之氣。又謂天地間如大洪鑪，何物銷鑠不盡。此於聚散之常理既盡之矣。然其散也，有緩有速，故致堂胡氏曰，爐火一噓即滅，慧火經風乃滅。咸陽宮殿火三月乃滅，即其比也。此於子産論伯有相符，而朱子謂人死終歸於散，然亦未便散盡，故祭祀有感格之理，然已散者不可復聚。釋氏却謂人爲鬼，鬼復爲人。人如此，則天地間常祇是許多人来来去去，更不由造化生生，必無是理也。又曰，氣久必散。人説神仙，一代説一項。漢世説安期生，其後不復説。唐以来説鍾呂，今又不復説。看得来他亦祇是養得分外壽考，終久亦不能不散。問，《禮記》魂氣歸於天，與横渠形潰反原之説，如何。曰，魂氣歸於天，是消散了。正如火煙騰上，有散而已，論理是大槩如此。然亦有死而未遽散者，亦有冤恨而未散者，然亦不皆如此。問，《下武》詩三后在天，先生传云在天，言其既没而其精神上合於天，是如何。曰，便是又有此理。問，恐祇是此理上合於天耳。曰，既有此理，便有此氣。或曰，聖人稟得清明純粹之氣，又能全而不失，故其没也，其氣上合於天。曰，也是如此。這又微妙難説，要人自看得。世間道理有正當易見者，又有變化無常不可窺測者，如此看方活。合數説而觀之，則聚散之理，其概可推矣。又鮑若雨問，佛氏輪迴之説，凡爲善者死則復生爲善人，爲惡者死則變爲禽獸之類。竊恐有此理，何則，凡稟冲氣以生者，未始不同。聖人先得人之所同者，而踐履之，故能保合太和。至死其氣冥会於中和之所造化之中，自然有復生爲人之理。惡者平居作惡，而冲氣已喪。至死其氣則会於謬戾之所造化之中，自然有爲禽獸之理，故曰恐有此理也。程子答曰，未知生，焉知死。知生則知死矣。知原始則能要終矣。而胡氏於隋皇秦主不願復生帝王家，其辨論甚詳，大略謂佛之言曰衆生各因淫欲而正性命，使世人皆離此以證無生，其不能然，則愛爲根本，死於此，生於彼，或人而爲畜，畜而爲人，輪轉相續，無有窮已。故人貴修行精練，不殺禽獸，免於報身隨念之善，即生樂處，欲驗其不然者，請有以質之。羽毛鱗介與夫喘奘肖翹之物，在天地間抑有定數乎。抑無定數乎。若無定數，則安知人死爲畜，畜死爲人也。若有定數，則自古及今，人與禽獸相爲死生，不過此數，以大較論之，人殺禽獸不可爲少矣，禽獸能殺人者無幾矣，是當禽獸日加多充滿於宇内，人日加少遂至於無人，然後以報復之事信矣。而有不然者，太平之際，人得其食，海内之户以千萬計，於時動物亦不可勝用，上下給足。若禽獸爲人，則禽獸宜凋耗而反加繁多，喪亂之後人失其養，或至千里人煙稀絶，於時庶類亦不能獨茂，求之難考。若人爲禽獸，則禽獸宜繁多而反以凋耗，此以目覩實事而質之者，一也。人之寐也，氣不離形，識知固在也，而不能於寐之中自知其寐也。其將寐也，雖大聖人，亦不能卓然知寐與寤之分際也。死之異於寐也，以方寤之時，或呼之或觸之，瞿然而覺也，死則不能矣。呼之觸之，瞿然而覺，然其寐之熟也，則晦昧冥漠與死者無異。又況於氣既離形，如光之脱火，知識泯滅，不可復陽，乃曰吾有一念，由吾所積，皎皎然随善惡所感，而有所如此哉。此又以聚散實理而質之者，二也，假使由是以思之，則輪轉之有無，亦可識矣。或曰：自賈誼明以跡言人死爲物，非始於釋氏也。亦不足信乎。曰：賈生所言，亦由莊子論臭腐神奇之云，言人死則與朽壞之類等耳。而朱子則曰死則氣散，泯然無跡，是其常也。有託生者，是偶然聚得不散，又去凑着那生氣，亦能再生，然非其常也。問：人死爲禽獸，恐無此理。然嘗見永春人家生一子，耳上有猪毛猪皮者，何也。曰：此不足怪。但是稟得猪氣耳。此又輪迴之辨也，學者其致思焉。

宋陳淳《北溪字義》卷下

敬鬼神而遠之，此一語極説得圓而盡。如正神能知敬矣，又易失之不能遠。

邪神能知遠矣，又易失之不能敬。須是都要敬而遠，遠而敬，始兩盡幽明之義。文公語解説，專用力於人道之所宜，而不惑於鬼神之不可知，此語示人極爲親切，未能事人，焉能事鬼，須是盡事人之道，則盡事鬼之道，斷無二致，所以發子路者深矣。

宋李如箎《東園叢説》卷上

精氣爲物，游魂爲變。

《繫辭》云：精氣爲物，游魂爲變，是故知鬼神之情狀。原始反終，故知死生之説。孔子於鬼神之事，未嘗言及。子路問事鬼神。則曰：未能事人，焉能事鬼。問死。則曰：未知生，焉知死。至繫易則曰：是故知鬼神之情狀。原始反終，故知死生之説。夫鬼神之情狀，死生之説，舍《易》無以明之，而非可遽以語人者也。觀八卦之變，則鬼神死生之情狀，始終之義，昭然可覩矣。凡卦至第六變爲游魂，精氣盡於此矣。是死而爲鬼神者也。至第七變而爲歸魂，是精氣復返再生而爲人物矣。蓋八卦之變皆七，與正卦爲八，八卦之變是爲六十四，舉乾坤二卦之變以明之，圖之於左。

宋張鎡《仕學規範》卷二

書多閲而好忘者，祇爲理未精耳。理精，則須記了無去處也。仲尼一以貫之，蓋祇著一義理都貫却，學者但養心識明，静自然可見死生存亡，皆知所從來，胸中瑩然無疑，止此理爾。孔子言：未知生，焉知死。蓋略言之死之事，祇生是也。更無別理。

明呂柟《涇野子內篇》卷三

官問：孔子奚不論日月雨雹。先生曰：昔在子路問事神，夫子且不對，曰，未能事人。夫聖人論人，如此其亟也。人猶舍而求之渺茫，如聖人而論日月雨雹也，後之流弊不可勝言矣。然其言人即言天也，言天即言人也。故《春秋》紀日蝕雨雹，水旱霜雪，皆爲言乎人。

明楊慎《丹鉛餘録》卷六

人鬼者，幽明之故也。死生者，始終之説也。明乎明之故，人焉廋哉，人焉廋哉。明乎幽之故，神焉廋哉，神焉廋哉。故曰：未能事人，焉能事鬼。知始之原其生也，若浮而順矣。知終之反其死也，若休而安矣。故曰：未知生，焉知死。總其所以乖鼓之於一響，成其所以變混之於一象，至人哉。

明章潢《圖書編》卷一百十一

祭禮叙

夫子答季路問事鬼神，曰，未能事人，焉能事鬼。問死。曰，未知生，焉知死。及宰我問鬼神之名，曰，氣也者，神之盛也。魄也者，鬼之盛也。合鬼與神，教之至也。可見人鬼、生死、氣魄，一也。人子之於親，生，事之以禮，死，葬之以禮，祭之以禮。非徒儀文之備具，乃其心之不容自已者也。是故祖考精神即是自家精神，惟子孫能盡誠敬以奉祭祀，則己之精神既聚，而祖考之精神亦聚。洋洋乎如在其上，如在其左右，乃其感通之必然者。所以築宮室以爲廟，設宗祧以序遠邇親疏，凡祭必有燔燎羶薌，見以蕭光，以報氣。氣，神也。教民反始以通乎祖考之神也。薦黍稷羞肝肺首心，加以鬱鬯，以報魄。魄，鬼也。教民致愛以通乎祖考之魄也。故曰：事死如事生，事亡如事存。以人鬼生死，本無二也。奈何人不知生，不能事人，而生不能事之以禮。故不知死，不能事鬼，而死不能祭之以禮矣。噫，豺獺尚知報本，人其能以忘祖考哉。春雨秋霜，必有悽愴怵惕之心，其能已於祭祀之禮哉。

洪武六年詔定公侯以下家廟禮儀。禮部議，凡公侯品官，別爲祠屋三間，於所居之東，以祀高曾祖考，并祔位。二品以上，羊一，豕一。五品以上，羊一。以下，豕一。器皿隨官品第稱家有無。於四仲之月，擇吉日，或春秋分冬至夏至亦可，備著儀節，即丘氏所述。

清顧炎武《日知録》卷六

鬼神

王道之大，始於閨門。妻子合，兄弟和而父母順，道之邇也卑也。郊焉而天神假，廟焉而人鬼饗，道之遠也高也。先王事父孝，故事天明。事母孝，故事地察。脩之爲經，布之爲政，本於天，殽於地，列於鬼神，達於喪祭、射御、冠昏、朝聘，而天下國家可得而正也。若舜、若文、武、周公，所謂庸德之行而人倫之至者也。故曰：君子之道，造端乎夫婦，及其至也，察乎天地。

人之有父母也，雞鳴問寢，左右就養無方，何其近也。及其既亡，而其容與聲不可得而接，於是或求之陰，或求之陽，然後僾然必有見乎其位，然後乃憑工祝之傳而致賚於孝孫，生而爲父母，歿而爲鬼神。子曰，爲之宗廟，以鬼享之。此之謂也。《論語》：菲飲食而致孝乎鬼神。洋洋乎如在其上，如在其左右，由順父母而推之也。

《記》曰，文王之爲世子，朝於王季，日三。雞初鳴而衣服，至於寢門外，問內豎之御者曰，今日安否。何如。內豎曰，安。文王乃喜。及日中，又至，亦如之。及暮，又至，亦如之。其有不安節，則内豎以告文王，文王色憂，行不能正履，王季復膳，然後亦復初。食上，必推，視寒煖之節。食下，問所膳，命膳宰曰，末有原。應曰，諾。然後退。又曰，文王之祭也，事死者如事生，思死者如不欲生。忌日必哀，稱諱如見親，祀之忠也。如見親之所愛，如欲色然，其文王與。《詩》云：明發不寐，有懷二人。文王之詩也。夫惟文王生而事親如此之孝，故歿而祭如此之忠，而如親之或見也。苟其生無養志之誠，則其歿也自必無感通之理，故曰：惟孝子爲能饗親。而夫子之告子路亦曰，未能事人，焉能事鬼。是故庸德之行，莫先於父母之順，而郊社之禮，禘嘗之義，緣之以起。明此而天下國家可得而治矣。

在上位者能順乎親，而後可以祀天享帝。在下位者能順乎親，而後可以獲上治民。

程子曰，鬼神，天地之功用，而造化之跡也。張子曰，鬼神者，二氣之良能也。用以解《易》神也者，妙萬物而爲言一章，斯爲切當。如二子之説，則視之而弗見，聽之而弗聞者，鬼神也，其可見、可聞者，亦鬼神也。今夫子但言弗見弗聞，知其爲祭祀之鬼神也。

質諸鬼神而無疑，猶《易·乾·文言》所謂與鬼神合其吉凶。《謙》《豐》二象，亦以鬼神與天地人並言。

又卷七

季路問事鬼神

未能事人，焉能事鬼。左右就養無方，故其祭也，洋洋乎如在其上，如在其左右。未知生，焉知死。人之生也直，故其死也，無求生以害仁，有殺身以成仁。

天地有正氣，雜然賦流形，下則爲河岳，上則爲日星。文信公《正氣歌》。可以謂之知生矣。孔曰成仁，孟曰取義，而今而後，庶幾無媿，《衣帶贊》可以謂之知死矣。

清何焯《義門讀書記》卷二

十七章

安溪云：人必和妻子，宜兄弟，而後可以順父母。盡人倫，而後可以格鬼神。此上數章相承之意，齋明盛服，以承祭祀，則有如在來格之感矣。所謂有其誠，則有其神。未能事人，焉能事鬼是也。脩德格天理，不過如是。但上數章言其理，而此下則實以聖人，故自大舜文武周公皆盡孝弟，以至於誠神動天饗先饗帝者，即上順父母，格鬼神之實事也。

按：此數章血脉無不貫通。又云：仁爲五常之本，而孝又爲仁之本。然則孝是德之本，脩德者，必先孝，是孝乃德中事。然必脩德之盡，乃能完孝之量，而可以名孝，則德又是孝中事矣。二義相爲首尾，大德不至格天，不足以言大孝，然而舜德之大，又豈有大于孝者乎。

清《御定淵鑑類函》卷三百二十

神一

增：《易》曰，陰陽不測之謂神。又曰，知變化之道者，其知神之所爲乎。唯神也，故不疾而速，不行而至。《毛詩》曰，維嶽降神，生甫及申。《禮記·孔子閒居》曰，清明在躬，氣志如神。《論語》曰，子不語怪力亂神。又曰，子路問事鬼神。子曰，未能事人，焉能事鬼。《中庸》曰，鬼神之爲德，其盛矣乎。視之而弗見，聽之而弗聞，體物而不可遺，使天下之人齊明盛服，以承祭祀，洋洋乎如在其上，如在其左右。《家語》曰，不食者，不死而神。《樂記》曰，明則有禮樂，幽則有鬼神。《祭法》曰，山林川澤丘陵，能出雲，爲風雨，見怪物皆曰神。《祭義》曰，宰我曰，吾聞鬼神之名，不知其所謂。子曰，氣也者，神之盛也。魄也者，鬼之盛也。合鬼與神，教之至也。衆生必死，死必歸土，此之謂鬼。骨肉斃於下，陰爲野土，其氣發揚於上，爲昭明，焄蒿悽愴，此百物之精也，神之著也。因物之精，制爲之極，明命鬼神，以爲黔首則，百衆以畏，萬民以服。

集部

宋釋契嵩《鐔津集》卷十八

第六

韓子作《原鬼》，謂適丁民之有是時也。故原鬼爲其辯之也。噫。鬼何必原乎。使民不知鬼，於政何損也。使民知鬼，於教亦何益耶。古之君子，以道辯惑，以政平妖，如斯而已矣。昔殷政弊，而其民以鬼，先王患而殺之。殺或救字。以鬼者謂其多威儀，似乎事鬼神者也。況又原鬼，真以鬼而示民，豈先王之法乎。《語》曰：未能事人，焉能事鬼。韓子之爲言，不唯悖先王之道，抑又昧乎孔子之意。謬乎甚哉。若此也。

宋邵雍《觀物吟四首》（《擊壤集》卷十五）

日月無異明，晝夜有異體。人鬼無異情，生死有異理。既未能知生，又焉能知死。既未能事人，又焉能事鬼。

宋游酢《游廌山集》卷一

二三子以我爲隱乎章

聖人語默動靜，無非教者，其所以與二三子者，甚易知而易見也。惟其聽之者自不能見，則以爲有隱耳。其曰是丘也者，質諸己以實其言也。故曰，天何言哉。四時行焉，百物生焉。聖人亦天而已矣。子貢曰，夫子之言性與天道，不可得而聞也。是性與天道，仲尼固嘗言之，曷嘗有甚高不可測之論，大而無當，不近人情乎。蓋亦不離於文章也。而學者自不能以心契，則或疑其未嘗言耳。子貢既聞道矣，故知夫子之未嘗不言也。子路問事鬼神。子曰，未能事人，焉能事鬼。敢問死。曰，未知生，焉知死。蓋能盡人之道，則於事鬼神之道，可以不學而能也。能知生之説，則於死之説，可不問而知也。告人之道於是乎盡，孰謂夫子有隱於由乎。

宋李昭玘《葬遺骸記》（《樂靜集》卷六）

元豐壬戌，京師之東，自春徂夏，連數州不雨，徐於他州，獨屢飢而旱甚，故其民尤病。太守高郵孫公，哀民之久窮也。寤寐如疚，憂見言色，凡山川之在境內，與其佛老子之祠，不以遠近疏數，皆躬請焉。至於徙市舞雩之法，亦復爲之。雖雲徂雷升，徬徨回薄，拒城四五十里輒止，疑若有所忤而却者，人莫知也。是時，民以艱食，往往盜發荒塚，取故塼以售，日或百數。州有書生江天錫，能道晉相和魯公凝記夢事，因客以獻，請公加禁罰。公聞之惻然。翌日，下令戒民毋得發塚，期以不貸，遣校吏拾野中遺骸得一百八十餘軀，葬於城南官之廢地，爲之祭告，而後掩焉。後三日，大雨。一夕而足。

初，魯公微時，偶歲旱，夜禱於家庭。既寐，夢遊新橋頭，數十人聚語道上，若弔若賀者。怪而問焉，前一人對曰，吾昔居賓德坊，開運二年死，葬於金山之陽。吾之閭里，附金山而葬者，八十餘家。歲遠，子孫淪亡，祭祀不主，無理之人，輒破墓暴骸，斂陶甓以爲貨。悠悠之魂，無所棲息，故冤哀之氣上薄於天，帝實震怒，踰時不雨，使彼方之民愁餓危蹙，爲吾等報也。然来者猶未已，吾方得理於帝，君能爲我言，諸守長可爲之禁，而歸吾故宅，庶幾可和陰陽，回帝怒，而致膏澤焉。願公無忽。魯公寤，即以書抵在位者，如其言而爲之果驗。

夫鬼神之難知也久矣。知道者，不必窮諸形聲而後信，以理推之可也。孔子嘗謂子路，未知生，焉知死。未能事人，焉能事鬼。信乎，死之與生，鬼之與人，雖陰陽晝夜所役之不同，要之，情狀猶未離乎其類也。夏凉冬温，燕居燕寢，覆其體膚，藉以筮簟，一有不足，則通夕不寐。及其爲鬼也，毀其室宅，暴其支首，凄風烈日，無以自蔽，豈獨無人之情也哉。世固有賤死而蔑鬼者，與其自戕也，特一間耳。昔東海謬殺孝婦，三歲枯旱，後太守得其故，祭孝婦塚，天立雨，歲即大熟。以此推之，掩骼之報，固不疑也。雖然，君子之用心也，不期於巫祝之説，亦曰仁而已矣。達吾不忍人之心，致吾誠而爲之，若夫報施之端，有無之理，不必論也。大矣哉，孫公之仁，其利溥也，明有以振其生，幽有以安其死，輒書其事以聞諸四方士大夫之仁者，庶幾公之澤益廣焉。元豐四年七月日記。

宋李石《鬼神論》（《方舟集》卷八）

無者有之極，而易爲之端也。君子能探其端，而致其知，以知無之所自。所謂極者，天地萬物亦各有極。會其極以歸於無，則鬼神之道可自無而有也。且易之肇端於無者，氣也。太始者，氣之始。太素者，氣之質。太極者，氣之無。而天地萬物，因其氣而有始，因其始而有質，因其質而有極，極之於無則漠然，曠然，卒歸於無形而有氣者，鬼神無遁形矣。能於鬼神致其知，則可以知人。人者，天地萬物之一，因氣而有形，有形而極於無形，是氣也。

《繫詞》精氣爲物，游魂爲變，知鬼神之情狀。索之於冥漠無朕不可測識之中，則游魂之形，猶人之形也。由是知人之生死，司命於天，而統氣於易。自伏羲畫卦八而索之，而有三墳，先儒謂人之始生，騰光於天者，爲連山之艮。艮爲小石，隕石則爲星氣，此則精氣爲物也。文王因八索而重之爲六爻，上下卦虧盈猶月之有魄，魂即魄之化，化分上下弦，此則游魂爲變也。是二聖人者，皆知易變化，託鬼神以妙其道，以詔天下。後世不曰鬼神，而曰卜筮者，寓其妙於蓍龜也，故孔子首於乾大人之釋曰：與天地合其德，鬼神合其吉凶。是以易之蓍龜，知人之爲鬼神也。

請以卦爻象考之，曰上帝，曰神道設教，則神之槩也。曰鬼方，曰載鬼，曰伐鬼，則鬼之槩也。曰先王，曰祖考，曰廟，曰社稷，此天人之鬼神也。曰牛，曰牲，曰禴祭，曰薦，曰享，曰祀，此鬼神之食也。曰史巫，曰祭主，曰二簋，曰匕鬯，曰用茅，曰用圭，此鬼神之器也。凡人之有求於卜筮者，則蓍龜告之以其祥，使民心惕惕，知所敬畏，因蓍龜以信卜筮，因卜筮以信鬼神，因鬼神以信易，而易道無餘蘊矣。

且《易》之肇端於鬼神，生則人之形，死則鬼之氣，廓廓然卦象所寓，皆聖人之教，易之探端也。若乃子路問事鬼神，而夫子答以未能事人，安能事鬼。諸子未能深窺聖意，乃曰不語怪力亂神者，不知夫子爲春秋諸侯祭非其鬼逆祀郊禘非禮者設，非以是爲鬼神之教也。因讀《易》知五經所以言鬼神之端，皆原於此而有感焉，故備論之，以破世之言鬼神者之惑。

宋王之望《漢濱集》卷三

孟懿子問孝章

《書》曰，世禄之家，鮮克由禮。孟氏，魯之世卿也。觀其所以事君，則其所以事親者，必多違於禮矣。且懿子之父僖子，病，不知禮，死，屬二子於仲尼，使學禮焉。今而告之以禮，亦所以慰其親之志也。夫《論語》者，師弟子問答之書也。弟子之問及於此人之行，莫大於孝，故以爲先焉。然有能問者，有不能問者。林放問禮之本，曰，大哉問。樊遲問崇德修慝辨惑，曰，善哉問。此問得其道者也。子路問事鬼神。曰，未能事人，焉能事鬼。問死。曰，未知生，焉知死。此問非其道者也。孔子之告人，不憤不啓，不悱不發，必先微見其端，俟其人之反復而叩之，然後極其説。如子貢之問士。曰，敢問其次者再。子路問君子。曰，如斯而已乎。若此之類，皆善問者也。至於顏子之問仁。夫子告之以克己復禮，使他人聞之，亦唯唯而已。而顏子則能復之，曰，請問其目。然後及於視聽言動之説，此亦可以見其群弟子審問之能否也。懿子問孝。子告之以無違。亦欲其反復叩己而盡其説，而懿子不能也。若瀆告之，則非待問之體，若不言之，則懼聞者之不察其微也。故退而告樊遲。樊遲之爲人，其性亦魯，其問仁智，子告以愛人知人，而不達。申告之以舉直錯枉，亦不曉其所謂。蓋其不敏如此，故孔子以對懿子者告之，蓋欲發其問，因以袪其惑也。夫子於答問之際，豈苟而已哉。序《論語》以此爲始，蓋有深意，其餘或詳或略，或顯或微，或婉或直，或答或不答，皆可以義推矣。

宋朱熹《答廖子晦（德明)》(《晦庵集》卷四十五)

夫子告子路，曰，未能事人，焉能事鬼。未知生，焉知死。意若曰，知人之理，則知鬼之理。知生之理，則知死之理。存乎我者，無二物也。故《正蒙》謂，聚亦吾體，散亦吾體。知死而不亡者，可與言性矣。竊謂死生、鬼神之理，斯言盡之。君子之學，汲汲修治，澄其濁而求清者，蓋欲不失其本心，凝然而常存，不爲造化陰陽所累。如此，則死生、鬼神之理，將一於我，而天下之能事畢矣。彼釋氏輪回之説，安足以語此。

盡愛親、敬長、貴貴、尊賢之道，則事鬼之心不外乎此矣。知乾坤變化，萬物受命之理，則生之有死，可得而推矣。夫子之言固所以深曉子路，然學不躐等，於此亦可見矣。近世説者多借先聖之言，以文釋氏之旨，失其本意遠矣。

又《答呂子約》(卷四十七)

未能事人，而欲事鬼。未能知生，而欲知死。是猶未知其首，而欲知其尾也。知首之旨，當如來教。又思事人之旨，恐止是不敢欺，不敢慢。出門如賓之類皆是。如此而致敬密察，庶幾可以交神明矣。事如祇事之事。所謂盡親親、長長、貴貴、尊賢之道，恐於事字未叶。

此説甚好，比熹説尤親切。蓋親親、長長、貴貴、尊賢之道，固不外乎愛敬，但如此説方親切耳。然四者之目，亦不可廢，請更思之。

【略】

季路問事鬼神，告以事人。問死，告以知生。欲令子路原始觀終，聚而通之也。未知生，焉知死。是固然矣。未能事人，焉能事鬼。恐救子路忽於近之病。蓋在目今雖曰未能事人，然隱微之間，如執虚奉盈，所以事之者，自當深用其力。苟於此知所事，則事人之道亦可進。但闕略於事人，則益不能事鬼矣。

熹嘗謂：知乾坤變化，萬物受命之理，則知生，而知死矣。盡親親、長長、貴貴、尊賢之道，則能事人，而能事鬼矣。祇如此看，意味自長。戒慎隱微，又別是一事，不必牽合作一串也。

又《答林德久》（卷六十一）

由，誨汝知之乎。竊意子路勇於進，其於學問，恐欠深潛密察之功，故夫子誨之者如此。上蔡謂，死生之説，鬼神之情狀，爲學者當知。千歲之遠，六合之外，爲學者所不必知。死生鬼神之所以然，非窮神知化者，不足以與此。夫子嘗告之以未知生，未能事人，正子路從事於功用之間，豈強其所未易知者，恐非誨其務實之意。

不必如此説。上蔡之説，且以文意論之，已自不是也。

宋楊簡《慈湖遺書》卷九

《檀弓》下篇云：祭祀之禮，主人自盡焉爾。豈知神之所饗，亦以主人有齊敬之心也。又子游曰，始死，脯醢之奠，既葬而食之，未有見其饗之者也。自上世以來，未之有舍也。爲使人勿倍也。

嗚乎。鬼神之道，不如是也。孔子曰，未能事人，焉能事鬼。蓋曰，知人則知鬼矣。以形觀人，則人固可見。以神觀人，則人固不可見也。神者，人之精。形者，人之粗。孔子曰，心之精神，是謂聖。神無方無體，範圍天地，發育萬物，無所不通，無所不在，故孔子之祭，知鬼神之實在，而群弟子觀孔子之祭時精神，以爲如在也。今子游以爲未見其饗之，是求鬼神之道於形也。死生一致，人神一貫，此孔子之自知，非子游之所知，而況於戴聖乎。（見訓語）

又卷九

有子與子游立見孺子慕者，有子謂子游曰，予壹不知，夫喪之踊也，予欲去之久矣。情在於斯，其是也夫。子游曰，禮有微情者，有以故興物者。有直情而徑行者，戎狄之道也。禮道則不然，人喜則斯陶，陶斯咏，咏斯猶，猶斯舞，舞斯慍，慍斯戚，戚斯嘆，嘆斯辟，辟斯踊矣。品節斯斯之謂禮，人死斯惡之矣。無能也，斯倍之矣。是故制絞衾，設蔞翣，爲使人勿惡也。始死，脯醢之奠將行，遣而行之，既葬而食之，未有見其饗之者也。自上世以來，未之有舍也。爲使人勿倍也。故子之所刺於禮者，亦非禮之訾也。

嗚乎。非聖之言，殊爲害道。直情徑行，戎狄之道也。放肆無禮固不可，而子游言禮於心外唯曰微情，曰故興物，不言此心本有之，正謂人死斯惡之矣。此謂他人則可，謂其子則不可。孔子曰，人未有自致者也，必也親喪乎。人雖至不肖，其喪親也，哀痛略同，而子游曰斯惡之矣。誣矣。夫人皆有至孝之情，而子游誣之，以爲死而惡之。是奚可。是奚可。

設蔞翣所以飾也，爲使他人之勿惡，猶之可也。若夫絞衾所以愛之，非謂他人而設，行人子哀痛忠愛之心而已矣。聖人因人本有忠愛切至之心，而爲之節文，故禮非自外至，人心之所自有也。至於又曰無能也，斯倍之矣。其誣污人子之孝心滋甚。始死之奠、朝奠、夕奠、殷奠、啓奠、祖奠、遣奠，虞祭、接祭、卒哭祭、祔祭、練祥祭、禫祭，皆人子篤愛之誠，見諸禮文者如此，亦非自外至也，亦聖人因人心而爲之節也。至於又曰未見其有饗之者也。噫，其甚矣。孔子曰，未知生，焉知死。未能事人，焉能事鬼。生死一，人鬼一。孔子未嘗言無鬼神，而子游敢於言無鬼神。是奚可。

人惟不知生，故不知死。不知人，故不知鬼神。人寢不離床而夢登天，夢之千里之外，豈七尺之軀所能囿哉。人執氣血以爲己，執七尺以爲己，故裂死生，判有無，殊人鬼，而不知其未始小異也，不知其未始不一也。孔子曰，夫孝，天之經，地之義。又曰，禮本於大一，分而爲天地，轉而爲陰陽，變而爲四時，列而爲鬼神，達於喪、祭、射、御、冠、昏、朝、聘。又曰，吾道一以貫之。孔子祭如在，知鬼神之實在。記者無以著孔子誠恪之心，故再言之。而子游以爲未有見其饗之者也。是奚可。是奚可。

又卷十

祭如在，祭神如神在。此門弟子紀錄之辭。若夫孔子之心，則知鬼神之實在也。不止於如在，何以明鬼神之實在。知人則知鬼神矣，知我則知彼矣。人不自知我，故亦不知鬼神。季路問事鬼神。子曰，未能事人，焉能事鬼。問死。曰，未知生，焉知死。于以明死即生，人即鬼神。鬼神者，無形之人。人者，有形之鬼神。夫人之所以爲人者，以其神也。神無形，無形故無限量。《易·大傳》言，範圍天地之化。《中庸》言，聖人之道，發育萬物。聖人與人同耳，聖人先覺我心之所同然耳。舉天下萬古之人，皆能範圍天地，發育萬物，而人自不知也。知人之神心無方無體，無所不在，則知鬼神亦無所不在。孔子自信，故亦信鬼神，以爲鬼神實在，非意之也。

又卷十一

汲古問：夫子答季路問事鬼神，曰，未能事人，焉能事鬼。問死。曰，未知生，焉知死。及宰我問鬼神之名。子曰，氣也者，神之盛也。魄也者，鬼之盛也。合鬼與神，教之至也。此聖人之言也。而先儒又曰，鬼神者，造化之跡，二氣之良能也。又云，鬼神自家要有便有，要無便無。又以心無死生，幾於釋氏輪迴之說。如何。

先生曰：人鬼生死實一，非强一。蓋人道之大，通三才，貫萬古。分而言之，有氣有魄。合而言之，一也。魂氣輕清，其死也復於天，體魄則降而復於土，天地之分也。孔子曰：人者，天地之德，陰陽之交，鬼神之會，五行之秀。《中庸》曰，天地之道，其爲物不貳。天者，吾之清明，非特吾之魂氣歸於天而已。地者，吾之博厚，非特吾之體魄復于地而已。人心廣大，虛明變化，萬狀不出於中。其曰範圍天地，發育萬物，豈特聖人如此，聖人先覺我心之所同然爾。德性無生，何從有死，非二道也。此道昭然，不可遽語於庸人之前，唯曰未能事人，焉能事鬼。未知生，焉知死。合鬼與神，教之至也。庸情知魂氣歸天，如彼其高。體魄歸地，如此其下。以爲不可合而爲一。達者觀之，未始不一也。人之骨肉斃於下，陰爲野土，此吾之地。其氣發揚於上，爲昭明，焄蒿悽愴，此吾之天。百物皆有此地，皆有此天。天地之精妙，名之曰鬼神。如曰祖曰考者，聖人使民知祖考之精神終不泯滅，遂制爲祭祀之禮，築宮室以爲廟，設宗祧以序，遠邇親疏，順人心親愛等殺，所以教民反古復始，追思祖考，不忘其所由生也。皆由乎人之本心之孝，而又使之報以二禮。早朝祭事，有燔燎膻薌蕭光見焉，此以報氣。氣，神也。此教民反始所以通祖考之神也。至於薦黍稷羞肝肺首心，間以俠甒齊酒，加以鬱鬯，臭陰所達，此以報魄。魄，鬼也。又教民相愛以通祖考之魄也。上下用情，孝事其親，鬼神合一，生死無二，豈不甚明，人自以爲二爾。故曰，反古復始，追思祖考而不忘其所由生，是以敬發情，竭力從事，不惟行吾道心之孝，而亦以教民也。學者當以聖言自信，毋以異說滋惑。

汲古承先生之誨，乃知人心與天地鬼神之心通一無二，雖云賢愚有異，而此心初無少異。唯智者由之，則清明在躬。愚者失之，則昏蔽不反。如釋氏自云能覺於禮教，則不知矣。

先生曰：釋徒多昏蔽，誤讀《梵綱戒經》，不禮拜君王父母，大悖逆，大壞人心，大敗風俗。（互見誨語）

又卷十四

莊子曰，一宅而寓於不得已。又曰，不忘其所始。又曰，以無爲首。是皆意慮之未息也。孔子曰，天下何思何慮，未嘗有周之繁説也，而萬世自莫得而闚之。莊子又曰，勞我以生，息我以死。是又思慮之紛紛也。是又樂死而厭生也。樂死而厭生，與貪生而懼死同。桑戶之歌曰，而已反其真，而我猶爲人。以死爲反真，以生爲不反真。其梏於生死又如此，豈若孔子之言曰，未知生，焉知死。明乎生死之一也。莊子又曰，汝神將守形，形乃長生，既諄諄言無物之妙矣。茲又守形，陋矣，又自矛盾矣。

宋楊萬里《誠齋集》卷九十二

楊子曰：子路問死。子曰，未知生，焉知死。以其所不必知，害其所必知，仲尼不爲也。子路問事鬼神。曰，未能事人，焉能事鬼。以其所無用，害其所有用，仲尼不爲也。

宋韓元吉《潘叔度可庵記》（《南澗甲乙稿》卷十五）

物莫不有生，而人莫甚於畏其死，世以養生爲言者，求其氣之所自來，而保其神之所可至，呼噏運動，以規天地之造化，曰委形蛻骨，可無死也。而爲西方之學者從而誚之，以爲人之生皆妄也，惟捨其生，然後見其不妄者存，是謂發真歸元，而得以出於死生之外。二説既立，未有不奇而信之者。雖然，彼固有激而云斯可也，猶以死生爲累者耶。是亦遺人道而慕天道，孰知人道即天道也。生雖不捨，豈不足以聞道，而死何足以累道哉。在人猶在天也。苟不有見，徒自分爾。故曰，朝聞道，夕死可矣。然則道何自而聞乎。又曰，未知生，焉知死。然則生何自而知乎。《易》之《繫》乃曰，原始反終，故知死生之説。且死生既有其説矣。始之與終，殆亦相似，而聖人不以其説示人者，欲人之自知也。由不能自知，故切切然，惟他人之説是信，目瞪口哤，則亦無惑乎。異端之言，有以入之也。

自漢以還，世之儒者僅能談治道，而不能知率性之道，於是治天下與性命之原，判然爲兩塗。千有餘年，以道爲何物，則又特以爲不過於君臣父子之間，禮樂刑政之際，所以治天下則然矣。而論者輕之曰：爾之治天下，吾緒餘土苴也。而道常在於虛無恍惚之中，清淨寂滅之域外，夫死生棄夫人事，然後足以爲道，而儒者蓋亦歛衽避之而不敢問，不則摭其近似而求合焉，是天下有二道也。盍亦觀夫太極之生，陰陽之運，萬物之作，在天成象，而在地成形，動靜隱顯，莫適而非道，則其在我，何獨於死生而疑之。聖人相授，惟精惟一，而仲尼所謂一以貫之者，會未之見歟。予嘗病世之學者不復知此久矣。

頃歲閒居，嘗與呂伯恭論之，今伯恭不幸己往，而金華潘景憲叔度從伯恭游最久而密者也。篤信好學，既連喪其室，人買地於金華之別麓，號葉山，以營其二內之藏，而虛其中央，以爲他日自歸之所。築室於傍，因以游息。而語其鄉人曰，吾非以厚死，吾之生亦在焉。與予之説似合。而伯恭之友朱元晦，以聞道之意，名之曰可庵，而叔度自名其前之堂曰退老，取伯恭之言，以名其後之室曰共學。左則曰庶齋，右則曰省齋，二齋儲書且萬卷，以待朋友之習。市良田百畝以爲講習聚食之資，而積其餘以贍並舍之百家，歲稱貸而給之，目其倉曰友助。省齋之南有堂曰明極，以伯恭舊以名其先人之精舍也。亡慮爲屋五十楹，規地可千尺，用意勤勤若是。予兩竊爲婺之守，值叔度庵未成，不獲一至其處，而叔度乃欲予文爲之記。

蓋潘氏舊居松陽，以儒名家。逮移金華，而叔度又世其科，自謂體弱不任趨走，曾未試於仕。氣貌臞然而道藝日進，距城十里始爲是庵，足以晨出而暮返。其山水之環密，景物之閒曠，同志者至亦忘其歸，而叔度每脩然自得也。夫士大夫耽生而惡死，厭常而喜異。一爲堲宇，不曰曠達齊物，則必覬倖幽冥無窮之福，於吾聖人之學率未之究。故予追思曩與伯恭所談，爲及死生，大略皆叔度之欲聞，亦以告其鄉之士友，俾知叔度之意在此而不在彼也。淳熙九年六月，潁川韓元吉記。

宋包恢《朝聞夕死説》（《敝帚稿略》卷七）

朝聞道，夕死可矣。何謂也。謂道重於死乎。非也。死乃道也。離道而論死者，非惟不知死，真不知道。夫道也者，圓神而無方也，通活而無固也，運行而無留也，周回而無倚也，屢遷而無居也，變化而無常也，混浩流轉於宇宙間而不可窮者也。爲動靜，則動必有靜，而靜復爲動。爲往來，則來必有往，而往復爲來。爲進退，則進必有退，而退復爲進。爲闔闢，則闢必有闔，而闔復爲闢。爲盈虛，則盈必有虛，而虛復爲盈。爲屈伸，則伸必有屈，而屈復爲伸。爲消長，則長必有消，而消復爲長。爲出入，則出必有入，而入復爲出。此一機也。其混浩流轉，豈有窮哉。然則生必有死，而死復有生，豈有他哉。即此道在宇宙間，所以動靜，往來，進退，闔闢，盈虛，屈伸，消長，出入者之爲也。《易》之原始反終，故知死生之説者，正此之謂乎。夫不曰生死，而曰死生，以死復有生，無停息也。不曰要終，而曰反終，以終還爲始，非斷絕也。故原其始之生，則必有終之死，而知死之説矣。反其終之死，則復爲始之生，而知生之説矣。此死生者，所以非爲人小已之私，乃爲道大化之公也。生非人之生，道實生之。死非人之死，道實死之。生者道，而死亦道，則生死何與我，而我何私爲之好惡哉。生固所可好也，若必惡死，是惡道也，而可乎。故生於道，而朝有聞焉，即亦死於道，而夕即可焉。生亦猶朝也，死亦猶夕也，一日之運，有朝必有夕，百年之運，有生必有死，道如是故也。故死生者，晝夜之道。知晝夜之道，即知朝夕之道矣。彼二氏者，豈知此哉。夫寂必有感，死必有生者，道也。釋氏乃欲寂滅而無生，曾不知樂於寂滅則道絶矣。無生猶有夜而無晝也，有是道乎。靜必有動，生必有死者，道也。老氏乃欲清靜而長生，曾不知樂於清靜則道膠矣。長生猶有晝而無夜也，有是道乎。夫死生終始，實大道大化之運，如環無端者也。使生而無死，死不復生，始而無終，終不復始，則道爲有窮而非道矣。所謂生生之易者，正以其生生不已也。未知生，焉知死者，生猶死也。事死如事生者，死猶生也。《易》之反覆上下而變通不窮者，此而已。不然，乾坤毀則無以見易，易不可見則乾坤或幾乎息矣。二氏者，蓋皆生死爲一身之私，而不知此道之公耳。生我死我一聽於道，何不可之有。要必洞然於中而無秋毫之疑，庶乎時至而能死也夫。

宋王柏《跋蘇愚翁詩》（《魯齋集》卷十三）

太古蘇兄録示先府君，讀先覺録之句雅健，感慨如見翁焉。猶歐陽公重讀徂徠集也。夫生之有死，人所共知。子路尚何所疑，而形於問。夫子答以未知生，焉知死。可謂深切。子路不悟，終不得其死。曾子之疾，示門弟子以手足之全，且言戰兢自持之功，自謂免夫。而易簀一段，猶在於垂絶之際。吁。是豈不亦難矣乎。愚翁曰：潔白事脩持從容，中繩墨可謂知生矣。曰之死了不惑可謂知死矣。曰爲此重憂惻，亦曾子淵冰之戒云。

金王若虛《滹南集》卷六

子路問事鬼神。子曰：未能事人，焉能事鬼。問死。則曰：未知生，焉知死。蓋以子路不能切問近思，以盡人事之實，而妄意幽遠，實拒而不告也。而宋儒之説曰：人鬼之情，同死生之理，一知事人則知事鬼，知生則知死矣。不告者，乃所以深告之。其論信美，但恐聖人言下初不及此意，而子路分上亦不應設此機也。

明方孝孺《丙吉》（《遜志齋集》卷五）

君子之於天下，盡人事而後徵天道。天道至微而難知也，人事至著而易爲也。舍易爲而求難知，則爲不知。先其微而後其著，則爲失序。堯舜禹益，相告戒之辭詳矣。傳道則曰執中，用人則曰九德，治民則曰六府三事，至論天道則歷象授時之外，未嘗有片言焉。三聖賢之於天道，豈有所未達哉。棄所宜爲，而求之恍惚詭誕之域者，固聖賢之所不取也。宰相之職，上有以格君，下有以足民，使賢才列乎位，教化行乎時，風俗美於天下。倫理正而禮樂興，中國尊而夷狄服。有生之倫，各遂其性而無乖戾鬪爭，則可爲盡職矣。不必漆漆然探其所難知，以爲觀美也。能盡其職，雖日月失明，寒暑不節，無害其爲治。職有未盡，使天地位而萬物育，亦安所益於民乎。漢史稱丙吉不問死傷而詰牛喘，以爲知大體，此非君子之言。民不知道，至於相殺傷於都市之内，政教不振，而俗隳壞，其爲變亦甚矣，豈非宰相所當憂乎。舍此不問，而恐陰陽不和，何其迂且妄也。子路問事鬼神。子曰：未能事人，焉能事鬼。不先盡事人之道而事鬼且不可，況不務人物之性而徵不易知之天道，烏在其能爲相乎。且宣帝時，俗之弊非特相殺傷而已。一歲中，子弟弒父兄，妻妾弒其夫者，二百二十餘人，幾不可以爲國。吉不能佐其主以仁義，使革風易俗，陷斯民於禽獸，而惟一牛之問，謂之知所緩急，不可也。漢儒之學，泥於術數而不知道，其流至於蔽而不通，愚而信怪。雖可稱如吉者，猶溺焉而不以爲異，況不足稱者乎。天下猶人身，然風俗血氣也，災祥肥瘠也，戕刺其體膚而不問見瘠者，而問之人必以爲惑矣。察於細而忽於巨，惑莫大焉，而以爲知大體，可乎。然則《洪範》之説，皆不足信歟。非然也。庶徵，九疇之一也，必以人事爲之本，盡人事而後徵天道者，吾之所知也。信災祥而遺人事者，漢儒之謬，《洪範》之蠹也，非君子之道也。

明解縉《送蕭典祠序》（《文毅集》卷八）

舜之命伯夷曰：汝作秩宗，夙夜惟寅直哉。惟清。季路問事鬼神。子曰：未能事人，焉能事鬼。甚哉。祠事之難也，所以動天地之感，治幽明之故，通隱顯之情，積微著之漸，其幾不可測，而其應爲甚速，其理不可昧，而其事爲至神，以方寸之光，輝潔白括，今古於須臾一六合而無間也，而況祀事爲官守，宗廟壇墠坎瘞柴燎之所，俎籩簠簋瓺鼎之器，粢盛牲滌酒醴之物，升降俯仰進退之容，繁簡疏數往來之節，紛乎其間，非敬直内而盡事人之道者，不能也。聖天子推恩復恨，王於舊國以蕭氏紫霞爲其典祠。紫霞，廬陵人，自少有飄然出塵之想，無物欲之累，清而不同於俗，是以寄跡老了法中。洪武癸丑，應太祖高皇帝寵召，隸太常樂生陪郊廟之舞，秩海岳之祀爲樂師於藩府屢省其親與予見於朝三十年來不見其有傲惰之容舜與孔子之言庶幾乎其有默契者焉而敬之一字終身誦之可也或曰秩宗司天下之祀而紫霞秉一郡之典，且季路，孔門之高弟也，疑未可同日語，曰：惡是何言也。統萬事者，固當謹專一職者，不容忽。持滿捧盈一杯水之微，頃刻之心不謹。覆溢之患響應。幽明禍福，應感之機，豈有二乎哉。孔門所以日致其省也，於是紫霞佩印綬行矣。其交與者，籍田奉祠，葛清隱太常奉禮，彭永年及其郡人相與餞，而屬余序之。

明石珤《漏澤園對》（《熊峰集》卷十）

或問：漏澤園古與曰非古也，其於季世乎。先王之世，老安少懷，生養没歸，各得其所，其不幸而有弗掩者，先王猶弗忍也，故孟春之月，教民掩骼埋胔，俾無干天和。傳曰：西伯澤及朽骨，是已季世多戰，而民始不收轉，死於溝壑，而民始暴露，是故明王出而憂之，爲之壇壝以定之，爲之原域以斂之，所以推生者，什一之餘恩於既化者也。今也不然。終歲蠶緝而寒不得衣，春耕秋穫而饑不得食，頭會箕斂，盡民之力，聚大師，興大役，使民不得休息，甚則浚生者之脂膏，咋生者之肌髓，以充己之欲，略無厭斁，及怨讟之興也，則又嚴擊斷以威之，舞文以罔之，驅之陷穽，死徙相望而不閔，且以爲快。惡在其爲民父母，惡在其爲君之臣，而顧乃有規，規於虛器，以文其亂者，亦何其不愧畏之甚哉。曰：信。如子之言，誠盡力於生者，則茲園雖廢之，可也。曰：何可廢也。先王以不忍人之心，行不忍人之政，建良法美意於天下，使幽明人鬼，無一不被其澤，其有弗被者，則有司格之耳。孔子愛禮而存羊焉，後之賢者安知不接踵而至乎。見其末而反其本，行其緩而求其所急，愛其所疏遠而深思其所親近，權輕重度長短顧肯使地下鬼物顧蒼生，而揶揄邪誠如是，則其所以生之富之教之之具，聖王之仁術森然備在，有不翅百倍於茲原者，舉而行之，豈力之不能哉。弗爲耳。子曰：未能事人，焉能事鬼。此之謂也。

明程敏政、汪叡《鬼神論》（《新安文獻志》卷二十九）

或問鬼神之説。曰：先儒之言鬼神，以陰陽之屈伸消長論也。聖人之言鬼神，以人之死生論也。以人之死生論，是故有鬼之名也。然而天地陰陽所以流行賦與而造化，夫萬物者，神而已矣。聖人於《易》備言之曰：神無方而易無體。曰：著之德，圓而神。曰：神以知來。曰：鼓之舞之，以盡。神也者，妙萬物而爲言者也。初豈嘗以鬼神竝言哉。其言精氣爲物，游魂爲變，是故知鬼神之情狀。乃因上文言仰觀天文氣化之運，萬變不測，俯察地理實體之著，生息有常，此所以知幽明已然之變也。惟知幽明之故，故原其始而知所以生，反其終而知所以死，至是乃言精氣爲有形之物，游魂爲無形之變，即爲物爲變，此所以知鬼神之情狀爾。故答宰我鬼神之問，曰：氣也者，神之盛也。魄也者，鬼之盛也。合鬼與神，教之至也。衆生必死，死必歸土，此之謂鬼。骨肉斃於下，陰爲野土。其氣發揚於上，爲昭明，焄蒿悽愴，此百物之精也，神之著也。因物之精，制爲之極，明命鬼神，以爲黔首則，百姓以畏，萬民以服。由是觀之，鬼也者，歸也。物之死而歸於土也，乃得鬼之名。豈古人所以名狀造化之妙者哉。故曰：聖人之言鬼神，以人之死生論也。曰：然則《中庸》言鬼神之爲德，其盛矣乎。亦夫子之言也。視之而不見，聽之而不聞，體物而不可遺，豈非以造化而言乎。曰：先儒正由此章而推言造化，蓋不察子思所以立言垂訓之實爾。昔季路問事鬼神。子曰：未能事人，焉能事鬼。敢問死。曰：未知生，焉知死。故前此四章言治人，此下四章則論事鬼神者也。《中庸》首言道本於上天之命，聖人因而修之，以立教於天下，道以中庸爲至，故體道之功不可徇於氣質過不及之偏，如舜之知，回之仁，由之勇，則中庸之不可能者，亦旣能之，德性全矣。斯可推以治人，推以事神，君子之道費而隱，以下明治人之道，所謂莫見乎隱，至是則明事鬼神之道以終，莫顯乎微之意。章首贊鬼神之德之盛者，將言大舜文武周公而先之以此。夫大舜文武周公德配天地，澤被天下，後世雖云旣没，而其神昭著，無乎不在。所謂體物而不可遺者，仰乎天，則其神之昭於天也。俯乎地，則其神之著於地也。所謂見堯於牆，見堯於羹，《大雅》言：文王陟降，在帝左右。《周頌》所謂：對越在天。駿奔走在廟，不顯不承，無射於人，斯正此意也。故下文云：使天下之人，齊明盛服，以承祭祀，洋洋乎如在其上，如在其左右。又結之曰：夫微之顯，誠之不可揜如此夫。豈上文言天地造化之鬼神，而遽以齊明盛服，承祭祀爲言乎。蓋如舜之大孝，文王之無憂，武王周公之達孝，斯其所以爲鬼神之盛德也。斯其所以爲體物而不可遺之驗也。事神治人，非有二道，明乎郊社之禮，禘嘗之義，則治國如示諸掌。由是觀之，神以造化言，而鬼神以人鬼言也明矣。況夫子答宰我之問，有明言乎。後之學者，不以先入之言爲主，而虛心求之，則有以知夫子之言精且實矣。

明楊慎《升菴集》卷六十五

人鬼者，幽明之故也。死生者，始終之説也。明乎明之故，人焉廋哉。明乎幽之故，神焉廋哉。故曰：未能事人，焉能事鬼。知始之原其生也，若浮而順矣。知終之反其死也，若休而安矣。故曰：未知生，焉知死。總其所以乖鼓之於一響，成其所以變混之於一象，至人哉。

明羅洪先《祭同年吳雲泉》（《念菴文集》卷十八）

嗚呼。夫子有言，未見剛者，又曰：未知生，焉知死。蓋甚難之也。自與兄同年舉進士，耳其姓名，貌其面目，不能知其人。後十餘年，俱歸田。歲時往來，接其色，温然以爲猶夫人也。已而聽其言，侃然異之矣。已而觀其行事，嶄然則又異之矣。已而得其心，蓋屹然戛然。於是樂與之交，而時受其益，自以爲處山林而不寂寞者，有斯人也。神骨堅完，思慮恬澹，可恃無恙。嗚呼。曾幾時而兄病，又幾時而訃至矣。哀哉。哀哉。兄之病起於頃刻，語妻子後事，精明不亂，如去逆旅，返鄉井，無戀戀可憐狀。嗚呼。夫人之情，莫掩於妻子之前，而至重者，莫踰於死生之際。兄烈烈若此，則知其侃然而嶄然而屹然夐然者，可易致耶。蓋於其死也，而益重其生。竊幸夫子之難見者，乃今得之，又竊悲。方恃以爲益，而遽失之，其何以生而死也。嗚呼。或者咸謂當今之世，四方多虞，有兄在位，足以弭大變，決大疑，而奸諛畏首，庸懦增氣，萬一有他，其必能衛邦國，死封疆，爲世輕重。而乃枯槁牖下，不亦悲乎。此屬之天者，無論矣。且夫剛者多疾惡而不能忍垢，安知其出也。不爲兄之深憂矣乎。兄不以死生介意，即泯泯何憾。用不用烏足計也。敝廬去佳城未百里，分當執綍壠上，病有所拘，徒盼盼不獲往，而以斯言進。嗚呼。金川湯湯一葦可航，所謂同心不復可望，兄亦永傷矣乎。

明顧允成《小辨齋偶存》卷三

季路問事鬼神。子曰：未能事人，焉能事鬼。敢問死。曰：未知生，焉知死。游定夫問：陰陽不測之謂神。程子曰：賢是疑了問，是揀難的問。有學者終日聽話，忽請問曰：如何是窮理盡性以至於命。陸子曰：吾友是汎然問，老夫却不是泛然答。三轉語大略相似，而氣象迥別，讀者須要識取。

明馮從吾《少墟集》卷二

生死原無二理，故謂未知生，焉知死則可。謂未嘗生，未嘗死則不可。

明劉宗周《答秦履思四》（《劉蕺山集》卷六）

學者祇有工夫可說，其本體處，直是著不得一語，纔著一語，便是工夫邊事。然言工夫，而本體在其中矣。大抵學者肯用工夫處，即是本體流露處。其善用工夫處，即是本體正當處。若工夫之外，別有本體，可以兩相湊泊，則亦外物而非道矣。董黃庭言爲善去惡，未嘗不是工夫。但恐非本體之流露正當處，故陶先生切切以本體救之，謂黃庭身上本是聖人，何善可爲，何惡可去。正爲用工夫下一頂門針，非專談本體也。而學者猶不能無疑於此，何也。既無善可爲，則亦無事於爲善矣。既無惡可去，則亦無事於去惡矣。將率天下爲猖狂自恣，或至流而爲佛老者有之，故僕於此，祇揭知善知惡是良知，一語解紛。就良知言本體，則本體絕非虛無。就良知言工夫，則工夫絕非枝葉。庶幾去短取長之意云爾。

昔者，季路有事鬼神之問，不得於鬼神，又有知死之問，總向無處立脚。夫子一則曰：未能事人，焉能事鬼。一則曰：未知生，焉知死。一一從有處轉之，乃知孔門授受，祗在彝倫日用討歸宿，絕不於此外空談本體，以滋高明之惑，祗此便是性學。所爲知生便是知性處，所云事人便是盡性處。孟子言良知，祗從知愛知敬處指示，知愛知敬正是本體流露正當處，從此爲善，方是真爲善。從此去惡，方是真去惡。則無善無惡之體，不必言矣。今人喜言性學，祗說得無善無惡心之體，不免犯却季路兩問之意。此正夫子之所病，而亟亟以事提醒者也。我輩口口說事人，依舊說到事鬼上，口口說知生，依舊說到知死。

明魏學洢《答唐宜之》（《茅簷集》卷八）

先生家累已重，而復挈兄嫂家二十四口以南，不願同飽，惟願同饑，仁人之言可感可涕，欲屈意抱關爲餬口計，此在當身自裁不更事，如弟者，豈敢局外置喙也。彦林因亡妹平時奉佛，而臨終不免痛楚，大減信心，先生以此極力辨諭，累幅不止，可謂熱腸之極。老父謂自少至老，自朝至暮，善則爲之，惡則不爲，善念善事，擴之充之，惡念惡事，痛自刻責，寡之又寡以至於無，如是而已。死時痛也罷，不痛也罷，輪迴事即不必信，何必沾沾如此。惟弟亦深以爲然。季路問事鬼神。子曰：未能事人，焉能事鬼。問死。曰：未知生，焉知死。子貢問於孔子曰：死者有知乎？將無知乎？子曰：非今之急，後自知之。此非唐突，兩賢語乃真實理也。但做一日人，便了一日人道，自此而外，惡用知之。頃先生憐念嫂，姪自恨半生放生念佛，乃令至親如此，此即真正懺悔語也。悟此之謂悟，脩此之謂脩。先生以爲何如。

清代《御製詩集》二集卷五

放言

古往今來邈矣。悠哉。天胡爲而上浮，地胡爲而下隤，日月胡爲西没而弗返，江河胡爲東流而不迴，已去之日去如駛，未來之日來不已。孔子大聖，不能言，曰：未知生，焉知死。李老君梵釋迦二人亦皆卓卓絕倫者，到此空自生咨嗟。不然，何以徘徊雙樹之下，示寂滅。弟子痛哭，如失爺。函關已過，無還日。乃遁其辭，曰：死而不亡者壽，以相誇大。椿過八千，檟株無復全。朝槿依依，似較久延。彭之死日，殤之生年。前不知後，後可緣前。以此例彼，畢竟齊焉。不願爲天靈兄弟各活一萬八千歲，願爲火劫以後能知萬古風流倜儻一日之高賢。

清李光地《原人》（《榕村集》卷十九）

問：人曰：《西銘》備矣。退之《原人》，所謂語焉而不詳者與。未達。曰：《原人》，一則知三才之各有主，而未知人之所以繼天地而參天地者也。二則知人之宜兼愛乎人物，而未知人之所以盡其性而盡人物之性者也。此其語之而不詳也。曰：《西銘》之言人則備矣。其終以存順没寧，何也。曰：人道於是乎至也。周子《圖說》引死生之說以終篇，亦此意也。曰：知死生之說，如何。曰：非苟知之而已。存順没寧，然後可以言知矣。或者疑曰：既没矣，又孰從而知之哉。曰：夫子不云乎。原始反終，故知死生之說。原反者，非特原反之於身而已。萬事萬物莫不有始焉，莫不有終焉，推事物之何以始何以終，何以有始而無終，何以使終而無失其始，何以方始而知終，何以既終而無憾於其始，此即一行一事驗之，所謂順且寧者昭然也，所謂死生之說，莫著於是也。豈曰推陰陽期數，如管輅郭璞之云乎。又豈曰存順吾所知，没寧非吾所意乎。是故一行之愜而覺夢安矣。一事之適而尤悔去矣。至哉。朱子之以仁義言之也，欲知人之何以生，則仁是已，仁存而後其生也順。欲知人之何以死，則義是已，義盡而後其没也寧。推之萬事萬物，其始也皆仁，其終也皆義。《中庸》所謂：誠者物之終始，不誠無物，仁義之謂也。原反事物之終始，則知吾身死生之說矣。故又曰：未知生，焉知死。

又《原鬼》

或問：韓子之原鬼，分別形聲有無，殃祥信爽，則幾矣。然鬼之所以爲鬼，未聞也。曰：聖人蓋難言之。雖然，不曰知鬼神之情狀乎，於何知之。以吾身之精氣游魂知之也。釋氏所謂以心法觀天地，亦此意也。何謂精氣。耳目之精燦，呼噏之氣息，長存而不散者是已。何謂游魂。精之所交，氣之所感，往來而不可常者是已。耳目呼噏有定體，而其交感往來也有萬變。耳目呼噏，氣之常伸者也，神也。方其有交有感，而所交所感之事，與耳目爲體，亦伸也，神也。既交既感，事往而休焉，則屈也，鬼也。以其紛擾聚散，故謂之游魂，其根本皆精氣也。噫，鬼神之情狀，居可知已。今夫日月山川之體，寒暑之運，萬古長存，非其常伸者乎。其水土之所生，三光之所感，爲人爲物爲感遇，流形於天地之間者，亦非其暫焉而伸者乎。聚而散，有而無，則非其休焉而屈者乎。常伸者，神也。暫焉而伸者，亦神也。休焉而屈者，鬼也。以其紛擾聚散，故謂之游氣，其根本皆天地也。曰：屈而爲鬼者，遂無乎。曰：精氣之所交接者往矣，而跡之留者未嘗往。留之而久者亡矣。而觸而存者，未嘗亡，烏在屈而爲鬼之爲無也。聖賢之神與天地敝，信乎。曰：人有善事嘉行，名言至理，而終身誦之者，此其與耳目心思爲體，而偕之俱敝也。亦何異之有。

陳確《死節論》（清黄宗羲編《明文海》卷一百）

嗟乎。死節豈易言哉。死合於義之謂節，不然則罔死耳，非節也。三代以前，何無死節者，無非死節者，故不以死節稱也。三代以後，何多死節者，無真死節者，故爭以死節市也。何以言之，生死亦平常事，絕無足奇者，要善其死之爲難耳。子曰：志士仁人，無求生以害仁，有殺身以成仁。孟子曰：生我所欲，義亦我所欲，二者不可兼，則舍生取義，是故義可兼取，則生不必舍。仁未能成，而身亦不必殺也。由賜未悟，心疑管仲之不死。夫子盛推管子之仁，而終黜匹夫婦之小諒。孟子亦言可以死，可以無死，死傷勇。故參觀，一聖一賢前後之言，而談死節者可以鏡矣。殷之三仁，惟比干之死，紂殺之耳。使紂不殺，則比干終與微箕同賓周室，必不死也。

惟孤竹二子獨能自立名，行不食周粟，窮老西山，故孔孟嘗稱其餓，蓋紂雖暴君也，武雖聖人也，何至使八百諸侯同聲一詞，冠帶之倫，服膺新命，向無夷齊之餓，則天下後世尚復知有君臣之義哉。此抗古以來一大砥柱也。故古今談節義者，必以夷齊爲稱首。嗚虖，若二子者，可謂真節義矣。然夷齊之所以爲夷齊，祇在窮餓，節如是止矣，不必沾沾以一死爲快也。使二子而亦若後世之不食，七日而死，不成夷齊矣。子長好奇，猥云餓死，遂使學古之士，信孔孟不如信子長，不亦悲乎。夫以二子之義，即優游西山之下，竟以壽終，已大節凜然，照映千古，何必死。蓋惟其不官不死，不十亂，不三監，非殷非周，非仇非后，伯叔逍遙西山終老，求仁得仁，斯其至也，而復何慷慨之足云。凡言餓者，祇是窮困之詞，孔稱夷齊，與齊景之千駟相提而論，可知祇是貧耳。故詠詩嘆美，不以富而以異。孟子謂七十非肉不飽，不飽謂之餒，夷齊之餓，不肉食之謂也。即何嘗許其兄弟捐軀同殉國難者乎。《春秋》褒善之文，舉其大者，遺其小者。如其餓死，則死大於餓，不當但稱其餓也。即叩馬之諫，采薇之歌，或傳好事，或采軼文，何可憑斷。且二子自北海來歸已，與太公同稱大老，後西伯死，又十三年，武始伐紂，則二子者已皆皤皤期耋之年，天下而無不死之人，二子安得獨不死，祇不是餓死耳。自此義不明，而末世好名之士，益復紛然，致有赴水投繯，仰藥引劍，趨死如鶩，曾不知悔。凡子殉父，妻殉夫，士殉友，罔顧是非，惟一死之爲快者，不可勝數也。甚有未嫁之女，望門投節，無交之士，聞聲相死，薄俗無識，更相標榜，虧理傷化，無大於此。

近世靖難之禍，益爲慘毒，方練之族，竟踰千百，一人成名，九族摧首，何可說哉。甲申以來，死者尤衆，豈曰不義，然非義之義，大人弗爲。且人之賢不肖，生平具在，故孔子謂：未知生，焉知死。今士動稱末後一著，遂使奸盜優倡，同登節義，濁亂無紀，未有若死節一案者，真可痛也。即又何云三代以前，無非死節者耶。曰：堯舜禹湯文武周公孔子，繇此其選矣。生有所以生，死有所以死，如四時陰陽更相禪代，不爽毫髮，正所謂與天地同其節者，乃真死節者也。即向所舉，箕微夷齊之節，各有攸歸，微箕志存宗祀，故受封而不辭。夷齊志扶綱常，故辭祿而靡悔。要之，四子易地皆然，節如禮節，揖讓進退之不可踰咫尺也。節如音節，高下疾徐之不可微芒忽也。若繇是推，則三代以還，死不失節者，蓋亦鮮矣。昔人有云東漢之節，義不若西漢，良有以也。古人見其大，今人見其小，古人求其實，今人求其名，人心之淳漓，風俗之隆替，繇斯別矣。然則今之所謂死節者，皆非與。曰：是不同有死事，有死義，有死憤，有不得不死，有不必死，而死要以無愧。古人則百人之中，亦未一二見也。忠矣。可謂仁乎。曰：未知，而何易言殺身成仁之學乎。古人學道，祇如布帛菽米，日用靡間，猶難言純熟。今人皆有意求之，何易可合，果成仁矣，雖不殺身，吾必以節許之。未成仁，雖殺身，吾不敢以節許之。節也者，不可過，亦不可不及。故曰：中節之謂和。豈惟今罕其人子，固言中庸之德，民鮮已久。蓋言中節之難也。

《欽定四書文・正嘉四書文》卷三

季路問事鬼神 一節 唐順之

觀聖人兩答賢者之問，可以知反本之學矣。蓋窮理者，貴乎反其本也。求事神於治人，求知死於知生，則庶乎其可得矣。夫子告子路之意如此。且夫鬼神者，精誠之極，故季路以事鬼神爲問也。鬼神之情狀，夫子嘗於贊易言之矣。非不欲以告子路也，而乃曰顯於鬼神者，則有人矣。人固群於人之中，而未必能事人也。未能事人，則何以事鬼神乎。夫子言此，蓋以至誠之不可掩者，鬼神之靈，一人心之靈者爲之也。非人心，則何以有鬼神也。故知事人則知事鬼神矣。死者，人道之終，故季路以死爲問也。衆生必死，夫子嘗爲宰我言之矣。非不欲以告子路也，而乃曰先於死者，則有生矣。人固囿於生之中，而未必能知生也。未能知生，則何以知死乎。夫子言此，蓋以機緘之不容已者。氣之散而歸於無，一氣之聚而向於有者爲之也。非聚則何以有散也，故知生則知死矣。以是知幽明一理也，死生一理也。然幽明之理，又所以爲死生之理也。此吾道之所以爲一本也歟。

《欽定四書文・啓禎四書文》卷四

季路問事鬼神 一節 金聲

觀聖人兩答賢者之問，而識學者所當致力也。夫事人知生之未能，何以遽問鬼神與死乎，而非事鬼知死之不必問也。且人倫之事，日用飲食之常，聖人所以教天下萬世也。聖人之學，至於知命可以無所不通，學者守其可能可知者而已。夫宇宙間，人鬼並存，然吾業已負形爲人，則鬼神固不接之鄉也。共稟乾坤之靈氣，第爲軀形所局，遂與清虛無聯者相持而不相親。季路所以問事鬼神，與夫人所奉而事也，必耳聞其聲焉，必目見其形焉，然後心思有所著而精神有所通。今人與人情相搆，則一膜之外胡越矣。機相御則觀面之間逆億矣。耳目之可見聞者尚如斯也，而何以索之杳冥也。曰：未能事人，焉能事鬼。非鬼之不可事也，以事鬼之由於事人也。人亦務乎事人者，則鬼不必事，而所以事之者至矣。宇宙間死生相繼，然人尚炯然有生，則死固未歷之境也。業分性命於大造，一旦草木同腐，遂使生平負氣焰者，明見而不能自主。季路所以問死與夫人之所能知也，必行之而以著焉，必習之而以察焉，然後靈睿有所寄，而聰明有所施。今人有生，氣血之衰壯而莫定其平矣，神志之出入而莫測其鄉矣。著察之於行習者尚如此也，而何以窮之身盡也。曰：未知生，焉知死。非死之不可知也，以知死之由於知生也。人亦求其知生者，則死可不知，而所以知之者至矣。由也勉之。

第三章　祭如在，祭神如神在

經文：祭如在，祭神如神在。子曰：吾不與祭，如不祭。

注疏類

魏何晏，梁皇侃《論語集解義疏》卷二

祭如在，

注：孔安國曰，言事死如事生也。

祭神如神在。

注：孔安國曰，謂祭百神也。

子曰：吾不與祭，如不祭。

注：苞氏曰：孔子或出或病，而不自親祭，使攝者爲之，故不致敬於心，與不祭同也。

疏：祭如至不祭。云祭如在者，此以下二句乃非孔子之言，亦因前而發也。爲魯祭臣，處其君上，是不如在，故明宜如在也。此先説祭人鬼也。人子奉親，事死如事生，是如在也。云祭神如神在者，此謂祭天地山川百神也。神不可測，而心期對之，如在此也。云子曰：吾不與祭，如不祭者，既並須如在，故記者引孔子語，證成己義也。孔子言我或疾或行，不得自祭，使人攝之，雖使人代攝，而於我心不盡，是與不祭同也。

注，孔安國曰，言事死如事生也。所以祭之日，思親居處笑語，及所好樂嗜欲事，事如生存時也。注，孔安國曰，謂祭百神也。孔所以知前是祭人鬼，後是祭百神者，凡且稱其在，以對不在也。前既直云如在，故則知是人鬼。以今之不在，對於昔之在也。後既云祭神如神在，再稱於神，則知神無存没，期之則在也。

魏何晏，宋邢昺《論語注疏》卷三

祭如在，

注：孔曰，言事死如事生。

祭神如神在。

注：孔曰，謂祭百神。

子曰：吾不與祭，如不祭。

注：包曰，孔子或出或病，而不自親祭，使攝者爲之，不致肅敬於心，與不祭同。

疏：正義曰，此章言孔子重祭禮。祭如在者，謂祭宗廟，必致其敬，如其親存。言事死如事生也。祭神如神在者，謂祭百神亦如神之存在而致敬也。子曰：吾不與祭，如不祭者，孔子言我若親行祭事，則必致其恭敬。我或出或病，而不自親祭，使人攝代己爲之，不致肅敬於心，與不祭同。

注，謂祭百神。正義曰，百神，謂宗廟之外皆是。言百神，舉成數。

唐韓愈、李翱《論語筆解》卷上

韓曰：義連上文禘自既灌而往，吾不欲觀之矣。蓋魯僖公亂昭穆，祭神如神在，不可躋而亂也。故下文云吾不與祭。蓋嘆不在其位，不得以正此禮矣。故云如不祭。言魯逆祀，與不祀同焉。

李曰：包既失之，孔又甚焉。孔注祭神如神在，謂祭百神，尤於上下文乖舛。

宋陳祥道《論語全解》卷二

禘之爲祭，其文煩而難行，其義多而難知。難行也，故自灌而往者，多失於不敬。難知也，故知其説者之於天下，如指掌。此孔子所以於禘既灌，不欲觀之。於禘之説，則曰不知也。夫郊社之禮，禘嘗之義，其粗雖寓於形名度數，其精則在於性命道德。明其義者，君也。能其事者，臣也。不明其義，君人不全，不能其事，爲臣不全。然則魯之君臣，其不能全也，可知矣。所謂祭如在，祭神如神在。吾不與祭，如不祭。祭如在，事死如事生也。祭神如神在，事亡如事存也。吾不與祭，如不祭。此所以禘自既灌不欲觀之也。孔子於祭則受福，祭如在，祭神如神在故也。

宋朱熹《論語集注》卷二

祭如在，祭神如神在。

程子曰，祭，祭先祖也。祭神，祭外神也。祭先主於孝，祭神主於敬。愚謂此門人記孔子祭祀之誠意。

子曰：吾不與祭，如不祭。

與，去聲。又記孔子之言以明之。言己當祭之時，或有故不得與，而使他人攝之，則不得致其如在之誠，故雖已祭而此心缺然，如未嘗祭也。范氏曰：君子之祭，七日戒，三日齊，必見所祭者，誠之至也。是故郊則天神格，廟則人鬼享，皆由己以致之也。有其誠則有其神，無其誠則無其神，可不謹乎。吾不與祭，如不祭。誠爲實，禮爲虛也。

宋朱熹《論語精義》卷二上

伊川曰：祭如在，祖宗也。祭神如神在，祭在外神也。祭先主於孝，祭神主於恭敬。又問：祭起於聖人制作，以教人否。曰：非也。祭祀本天性，如豺獺鷹皆有祭，皆是天性。豈人而不如物乎。聖人因其性，裁成禮法，以教人耳。

范曰：祭如在者，祭先也。神非其鬼，嫌於不同故，曰如在，皆不可欺也。君子七日戒，三日齋，必見其所祭者，誠之至也。是故郊則天神降，廟則人鬼享，皆由己以致之也。有其誠則有其神，無其誠則無其神，可不慎乎。吾不與祭，如不祭者，誠爲實，禮爲虛也。

謝曰：祭如在，謂無（一作爲）尸者。言祭神如神在，謂見其所祭者而言。子曰：吾不與祭，如不祭。昔伯高之喪，孔子之使者未至，冉有攝束帛乘馬而將之，聖人於賻贈之禮，猶曰，徒使我不誠於伯高，而況於祭乎。故曰，吾不與祭，如不祭。

楊曰：祭如在，事死如事生也。《祭法》曰，山林川谷丘陵能出雲，爲風雨，見怪物，皆曰神。天子祭百神，諸侯在其地則祭之，所謂祭神也。夫齋，必見其所祭者，故皆曰如在。非盡其誠敬，不能也。故孔子曰：吾不與祭，如不祭。以是故也。

尹曰：事死如事生，事神亦然。吾不與祭，如不祭。誠有所不至也。

宋張栻《癸巳論語解》卷二

祭如在，謂祭其先，如在者，如其生存也。祭神如神在，謂天子祭百神，諸侯祭其境內山川之類也。如神在者，如其神靈之接也。此皆誠之不可揜也。吾不與祭，如不祭者，不誠則無物也。夫所謂神者，天地其神之至歟，以至於天地之間運行變化者，與夫山林川谷丘陵，能出雲，爲風雨者，是皆神也。天子有天下，則得兼祭之，諸侯有一國，則得祭其境之望而已。有是鬼神，則有是禮樂，皆誠之所存也，非明於天地之性者，曷足以究鬼神之情狀哉。

宋真德秀《論語集編》卷二

祭如在，祭神如神在。程子曰，祭，祭先祖也。祭神，祭外神也。祭先主於孝，祭神主於敬。朱子曰，此門人記孔子祭祀之誠意。子曰，吾不與祭，如不祭。與去聲。又記孔子之言以明之。言己當祭之時，或有故不得與，而使他人攝之，則不得致其如在之誠，故雖已祭而此心缺然，如未嘗祭也。范氏曰，君子之祭，七日戒，三日齊，必見所祭者，誠之至也。是故郊則天神格，廟則人鬼享，皆由己以致之也。有其誠則有其神，無其誠則無其神，可不謹乎。吾不與祭，如不祭。誠爲實，禮爲虛也。

宋蔡節編《論語集說》卷二

集曰：祭如在，祭神如神在。此門人記夫子祭祀之誠意。吾不與祭，如不祭。此乃記夫子之言，以明上文之意。祭如在者，凡祭，未嘗不致其如在之誠，所謂祭神則如神在也。夫祭以誠爲主，至若有故，使人攝事，不獲親與其祭焉，則其心闕然，直若未嘗祭爾。晦菴朱氏，勉齋黃氏，檗山黃氏，成都范氏曰：君子之祭，七日戒，三日齋，必見所祭者，誠之至也。故郊則天神格，廟則人鬼享，皆由己以致之。有其誠則有其神，無其誠則無其神，可不謹乎。吾不與祭，如不祭。誠爲實，物爲虛也。

宋趙順孫《論語纂疏》卷二

祭如在，祭神如神在。

程子曰，祭，祭先祖也。祭神，祭外神也。祭先主於孝，祭神主於敬。《語錄》曰：孔子當祭祖先之時，孝心純篤，雖死者已遠，因時追思，若聲容可接，得以竭盡其孝心以祀之也。祭外神，謂山林陵谷之神，能興雲雨者，此孔子在官時也，雖神明若有若亡，聖人但盡其誠敬，儼然如神明之來格，得以與之接也。又曰，祭神，如天地山川社稷五祀之類。愚謂此門人記孔子祭祀之誠意。《語錄》曰，此是孔子弟子平時見孔子祭祖先及祭外神之時，致其孝誠以交鬼神也。黃氏曰，祭先祭神固主於孝敬，然其祭之也真如見其在焉，此足以見其盡孝敬之誠也。《集注》以誠意二字，發程子之所不及，其義精矣。

子曰：吾不與祭，如不祭。

又記孔子之言以明之。言己當祭之時，或有故不得與，而使他人攝之，則不得致其如在之誠，故雖已祭而此心缺然，如未嘗祭也。《語錄》曰，聖人萬一有故，而不得與祭，雖使人代之，若其人自能極其恭敬，固無不可，然我這裏自欠少了，故如不祭。輔氏曰，有故謂疾病，或不得已之事，己既不克與，而時又不可失，則必使他人攝之，然不得致其如在之誠，故雖已祭而此心缺然，與未嘗祭等也。此心缺然處，便是誠有未慊處也。范氏曰，君子之祭，七日戒，三日齋，必見所祭者，誠之至也。是故郊則天神格，廟則人鬼享，皆由己以致之也。有其誠則有其神，無其誠則無其神，可不謹乎。吾不與祭，如不祭。誠爲實，禮爲虛也。《語録》曰，誠者，實也。有誠則萬事都有，無誠則凡事都無，如祭祀有誠意，則幽明便交，無誠意，便都不相接。又曰，神明不可見，惟是此心盡其誠敬專一，在於所祭之神，便見得洋洋然如在其上，如在其左右。然則神之有無，皆在於此心之誠與不誠，不必求之恍惚之間也。又曰，鬼神之理，即是此心之理。問：恐是自心裏以爲有便有，以爲無便無。曰：若祇據自家以爲有便有，無便無，如此却是私意了。這個乃是自家欠了他底，蓋是自家空在這裏祭，誠意却不達於彼，便如不曾祭相似。輔氏曰，郊廟所以極言乎外神與先祖也。又曰，非言凡禮皆虛也，特指攝祭之禮而言耳。誠爲實，則指如在之意言也。雖使人攝祭，而不得自致其如在之誠，則雖已祭如未嘗祭，是誠爲實，禮爲虛也。胡氏曰，祭先之所以感通者，吾身即所祭先之遺也。祭神之所以感通者，吾身即所祭神之主也。因其遺，因其主，而聚其誠意，則自然感格，所謂有其誠則有其神。愚謂范氏語意是説有此誠時方始有此神，若無此誠即并此神無了，不特説神來格不來格也。

元胡炳文《論語通》卷二

祭如在，祭神如神在。

程子曰：祭，祭先祖也。祭神，祭外神也。祭先主於孝，祭神主於敬。愚謂此門人記孔子祭祀之誠意。《語録》，孔子祭先祖時，孝心純篤，雖死者已遠，因時追思，若聲容可接得，竭盡孝心以祀之。祭外神，如山川社稷五祀之類，與山林溪谷之神能興雲雨者，此孔子在官之時也。盡其誠敬，儼然如神明之來格，得以與之接也。祭先主於孝，祭神主於敬，而如在之誠則一。

子曰：吾不與祭，如不祭。

又記孔子之言以明之。言己當祭之時，或有故不得與，而使他人攝之，則不得致其如在之誠，故雖已祭而此心缺，然如未嘗祭也。范氏曰，君子之祭，七日戒，三日齋，必見所祭者，誠之至也。是故郊則天神格，廟則人鬼享，皆由己以致之也。有其誠則有其神，無其誠則無其神，可不謹乎。《語録》，神不可見，此心盡其誠敬，專一在於所祭之神，便見得洋洋如在其上，如在其左右。然則神之無有，在此心之誠不誠，不必求之恍惚之間也。胡氏曰，祭先所以感通者，吾身即所祭先祖之遺也。祭神所以感通者，吾身即所祭神之主也。因其遺，因其主，而聚其誠意，則自然感格。所謂有其誠則有其神。饒氏曰，范氏意是説，有此誠時方始有此神，若無此誠則並此神無了。不特説神來格不來格也。吾不與祭，如不祭。誠爲實，禮爲虛也。輔氏曰，禮爲虛，非言凡禮皆虛也，特指攝祭之禮而言爾。誠爲實，則指如在之誠意言也。通曰，《集注》於上章曰仁孝，誠敬之至，末則獨言誠無不格。此章引諸家之説，既分孝與敬言，末又獨指誠而言，誠字兼心與理，不當祭而祭，非禮之實，不與祭而謂已祭，非心之實。

元詹道傳《論語纂箋》卷二

祭如在，祭神如神在。

程子曰：祭，祭先祖也。祭神，祭外神也。祭先主於孝，祭神主於敬。愚謂此門人記孔子祭祀之誠意。

子曰：吾不與祭，如不祭。

又記孔子之言以明之。言己當祭之時，或有故不得與，而使他人攝之，則不得致其如在之誠。故雖已祭而此心缺然，如未嘗祭也。范氏曰，君子之祭，七日戒，三日齊，必見所祭者，誠之至也。《禮記·坊記》，七日戒，三日齊，承一人焉，以爲尸。金華應氏云，齊戒一旬之內，示精神匝乎十干之一周，三與七皆陽剛而非陰雜。又《祭義》，致齊於內，散齊於外。齊之日，思其居處，思其笑語，思其志意，思其所樂，思其所嗜，齊三日乃見其所爲齊者。祭之日，入室，僾然必有見乎其位。周還出戶，肅然必有聞乎其容聲。出戶而聽，愾然必有聞乎其歎息之聲。是故郊則天神格，廟則人鬼享，皆由己以致之也。有其誠則有其神，無其誠則無其神，可不謹乎。吾不與祭，如不祭。誠爲實，禮爲虛也。

元朱公遷《四書通旨》卷四

祭如在，祭神如神在。子曰：吾不與祭，如不祭。（《八佾》）子之所慎：齊，戰，疾。（《述而》）齊必有明衣，布齊必變食，居必遷坐。（《鄉黨》）

右祭祀之正者。亦曰聖人祭祀之誠。

元史伯璿《四書管窺》卷二

祭如在章。《叢説》，在當爲存在之在，有事死如事生之意。

按《語録》引《中庸》洋洋如在爲證，則不必作存在説可也。且下句祭神如神在之在，亦作存在，可乎。亦作事死如事生之意，又可乎。如此，則但當以《語録》爲正。

明胡廣等《論語集注大全》卷三

祭如在，祭神如神在。

程子曰：祭，祭先祖也。祭神，祭外神也。祭先主於孝，祭神主於敬。新安陳氏曰：以下句祭神，見上單一祭字爲祭先祖也。愚謂此門人記孔子祭祀之誠意。朱子曰：孔子祭先祖，孝心純篤，雖死者已遠，因時追思，若聲容可接，得竭盡孝心以祀之。祭外神，如山川社稷五祀之類，與山林溪谷之神能興雲雨者，此孔子在官時也。盡其誠敬，儼然如神明之來格，得以與之接也。祭先主於孝，祭神主於敬，而如在之誠則一。

問：人物在天地間，其生生不窮者，理也。其聚而生，散而死者，氣也。氣聚在此，則理具於此。今氣已散而無矣，則理於何而寓邪。然吾之此身，即祖考之遺體，祖考之氣流傳於我而未嘗亡也。其魂升魄降，雖已化而無，然理之根於彼者，既無止息，氣之具於我者，復無間斷。吾能盡誠敬以祭之，此氣既純一而無所雜，則此理自昭晰而不可掩。此其血脉之較然可覩者也。曰：人之氣傳於子孫，如木之氣傳於實。此實之傳不泯，則其生木雖枯毀無餘，而氣之在此者猶自若也。此等處從實事上推之，自見意味。

問：先生答廖子晦云：氣之已散者，既化而無有，根於理而日生者，則固浩然而無窮。故上蔡言我之精神即祖考之精神，蓋謂此也。此是說天地氣化之氣否。曰：此氣祇一般。若說有子孫底引得他氣來，不成無子孫底便絶無了。如諸侯祭因國之在其地，而無主後者，如太公封於齊便祭爽鳩氏之屬，蓋他先主此國來，禮合祭他，惟繼其國者，則合祭之。非在其國者，便不當祭。道理合如此，便有此氣。使無子孫，其氣亦未嘗亡也。要之，通天地人祇是這一氣，所以說洋洋乎如在其上，如在其左右。虛空逼塞，無非此理。自要人看得活，難以言曉也。

問：天地山川之屬，分明是一氣流通，而亦兼以理言之。上古聖賢則專以理言，曰：有是理必有是氣。問：上古聖賢所謂氣，祇是天地間公共之氣。若祖考精神，畢竟是自家精神。曰：祖考亦祇是這公共之氣。此身在天地間，便是理與氣凝聚底。天子統攝天地，負荷天地間事，與天地相關，這心便與天地相通。如諸侯不當祭天地，與天地不相關，便不能相通。聖賢道在萬世，功在萬世，今行聖賢之道，傳聖賢之心，便是負荷這物事，這氣便與他相通。如釋奠列許多籩豆禮儀，不成是無此氣，姑漫爲之。

問：虛空中無非氣，死者既不可得而求矣。子孫盡其誠敬，則祖考即應其誠，還是虛空之氣，自應吾之誠，還是氣祇是吾身之氣。曰：祇是自家之氣。蓋祖考之氣與已連續。問：非所當祭而祭，則爲無是理矣。若有是誠心，還亦有神否。曰：神之有無也，不可必。然此處是以當祭者而言。若非所當祭底，便須有誠意，然這個都已錯了。

子曰：吾不與祭，如不祭。

又記孔子之言以明之。言己當祭之時，或有故不得與，而使他人攝之，慶源輔氏曰，有故，謂疾病或不得已之事。則不得致其如在之誠。故雖已祭而此心缺然，如未嘗祭也。范氏曰，君子之祭，七日戒，三日齊，必見所祭者，誠之至也。《記・坊記》，七日戒，三日齊，承一人焉，以爲尸。注云，承，猶事也。又《祭義》，致齊於內，散齊於外。齊之日，思其居處，思其笑語，思其志意，思其所樂，思其所嗜。齊三日，乃見其所爲齊者。祭之日，入室，僾然必有見乎其位。周還出戶，肅然必有聞乎其容聲。出戶而聽，愾然必有聞乎其歎息之聲。是故郊則天神格，廟則人鬼享，皆由己以致之也。有其誠則有其神，無其誠則無其神，可不謹乎？朱子曰，誠者，實也。有誠則凡事都有。無誠則凡事都無。如祭有誠意，則幽明便交。無誠意，便都不相接。神明不可見，惟心盡其誠敬，專一在於所祭之神，便見得洋洋如在其上，如在其左右。然則神之有無，在此心之誠不誠，不必求之恍惚之間也。胡氏曰，祭先所以感通者，吾身即所祭先祖之遺也。祭神所以感通者，吾身即所祭神之主也。因其遺，因其主，而聚其誠意，則自然感格。所謂有其誠則有其神也。雙峰饒氏曰，范氏意是說有此誠時方有此神，若無此誠則併此神無了。不特說神來格不來格也。吾不與祭，如不祭。誠爲實，禮爲虛也。慶源輔氏曰，禮爲虛，非言凡禮皆虛。特指攝祭之禮而言耳。誠爲實，則指如在之誠意言也。新安陳氏曰，范氏有其誠之誠，專指誠敬之實心言，非但指誠實之實理言。蓋古禮所祭，未有不合實理之神。此章本旨主於如在之誠，必盡如在之實心，斯見所祭之爲實有矣。

明蔡清《四書蒙引》卷五

程子曰，祭，祭先祖也。父母亦在其中。如云郊社之禮，所以事上帝也。不言后土，省文爾。此章重在前條，下文是記其所嘗言者，而如在之誠亦可見。祭先主於孝，祭神主於敬。據本文祭如在，祭神亦如在，則若無異矣。程子推究其所以，以爲中間亦自有異處，蓋如在之誠雖則一，然祭先主孝，祭神主敬。孝心純篤，固如在。敬心純一，亦如在。吾不與祭，如不祭者，特以不得致其如在之誠耳。若其禮則固已行矣，但此意則不得伸耳。聖人所歉者，不在禮而在意也。《祭義》曰，致齋於內，散齋於外。致齋，即戒也。致字對散字言。如專心致志之致一於內，無雜念也。散則非一，如不飲酒，不茹葷之類。

問：人致其孝誠，以祀其祖先，果有祖先來享之事乎。曰：難言也。先儒論之似詳矣。然愚以爲多是主於子孫一念不容已之心而有是也。如天地山川社稷之類，生氣萬古不化，隨祭而享，其理固真。若夫人死則魂已歸天，魄已歸地，隨化而盡矣。一有凝結未散之魂，則以爲妖爲厲，而非其常矣。惟其所傳之氣，在於子子孫孫之身者，雖隔千年而猶一貫，此則理之無足疑矣。但其父祖已散之氣，終無復聚之理，所謂往者過，來者續，乃所以爲天地之化也。若其已散之氣，又隨祭享而聚，則是其既死之氣，猶有潛寓於宇宙之間，而宇宙間去去來來，祇是這些氣了。而佛氏之説，儒者不當全斥其誕矣。大抵人之所以爲人者，以其心之異於禽獸也。況豺獺亦知報本，人於祖先能無時時致其思乎。思之則必有以致其如在之誠，而宗廟之立，祭享之儀，齋戒之禮，自有不容己者矣。然亦豈能必其果來享與否哉。古人謂，廟則人鬼享。又曰，先王享帝立廟。所以聚其散，如此之類，不可勝舉，蓋其意自有所屬，而究竟到底，則愚之説亦其所緣起之義，而或未至大戾也。然但可與仁人孝子言，而不可與薄夫俗子道，正爲恐得罪於古人耳。日來被諸君詰難窘廹，姑發其愚以俟斥正。

若究竟到底，祖先之氣果是盡了，其不死者，祇是仁人孝子之心之所爲。此蓋先儒所謂有其誠則有其神，無其誠則無其神者乎。曰：然，然矣。曰：然則人惟心存孝思，果於爲善，以不辱其先，亦足爲孝矣。何必爲此無實之文哉。曰：此決不容己也。無惻隱之心，非人也。既有是心，必有是儀，不然豺獺之不如也。且聖人爲民立極作則，豈容使人道同於牛馬乎。抑不但人鬼之祭，足以表其心也。今夫天地山川之祭，大抵此意亦多。且郊天用特牲，若天神真是來享，則一特牲豈足以供天神之享哉。抑亦以表其誠耳。知此，則其餘祭亦槩可推矣。

明劉宗周《論語學案》卷二

吾不與祭，如不祭。則祭必如在，可知兩如字，正相應古人祭祀七日戒，三日齋，親見所祭，非徒如之而已。曰如在云者，神之也。神之也者，誠之至，敬之至也。

明章世純《四書留書》卷三

陰鄰無鬼鄰空鬼之欲亡也久矣。祭祀所以留亡也，陰不得陽，靈不久存，闕其遂亡矣。精意之往，叩於虛空，動激其靈，使尚有也。不祭不敬，使遂亡也。其滅魂也，何辨非殺親也。此過其棄尸矣。故不知其何鬼之壇也。操帛執牲，而衆者神必靈矣。人之錫精者多也，不知其何世之家先也。牲帛不至，必不靈矣。強魄，則廢爲厲矣。

清《日講四書解義》卷四　《論語上》之一

此一章書是門人記孔子祭祀之誠也。門人曰，祭以誠爲主。吾夫子之於祭，有獨極其誠者，其祭先祖，則孝心純篤，儼如先靈之在上焉。其祭外神，則敬心專一，儼如神明之在上焉。夫鬼神無形無聲，非真有在，但其誠敬所至，則愾聞僾見，固有若此。故夫子平日亦嘗有言，謂祭必盡其誠，惟親行享獻，乃慊於心，倘或有故不得與祭，至使他人代之，雖行享獻之文，而誠意終不能伸，即與不曾致祭者無異。觀孔子所言，則知身在即心在，心在即神在，總不外一誠。所以古来帝王每於祭祀，必親致虔恭，以致天神感，地祇格，百靈効順，豈非本諸一誠以致之哉。

清陸隴其《四書講義困勉錄》卷六

祭如在節

《說叢》楊慈湖曰，祭如在，祭神如神在。此門人記錄之詞，若孔子之心，則知鬼神之實在也，不止於如在。《大全》以祭神爲孔子在官時，恐不必拘。謂祖考與吾同此一氣，而我之氣即祖考之氣，可謂祖考既往，更無所謂氣，不可謂祖考之氣待我而始有，不可或謂有聚散者氣，無聚散者理。是祭祀之來格者，理也，非氣也。亦不是理氣不相離，有是理必有是氣，謂祖考與子孫同是一氣，故可感格，固是。然山川社稷，古昔聖賢亦同是一氣，但祖考更覺親切耳。不然，難道非祖考便不可感格，祖考之氣有聚散，各因其生時之盛衰，非子孫所能必。然爲子孫者，則唯冀其常聚，且我竭誠以格之，則祖考將散之氣，未必不因我之氣而常聚。蓋散者不可復聚，而將散者可令常聚也。豈即以我之氣爲祖考之氣，而湊假之時，無所謂來享者乎。朱子雖收范氏之說，而置之圈外，有故也。

鬼神來格之理，不易推測，若如范氏所謂有其誠則有其神，無其誠則無其神，則是神之有無係於人之誠否，而天下之所謂鬼神者皆妄也。若謂已散之氣，隨祭享而聚，則是其既死之氣，猶有潛寓於宇宙之間，而宇宙間去去來來祇是這些氣了。而佛氏之說，儒者不當全斥其誕矣。唯《大全》季路問鬼神章，朱子說似明白。人死，氣雖終歸於散，亦未便散盡，故祭祀有感格之理。先祖世次遠者，氣之有無不可知，然奉祭祀者既是他子孫，畢竟祇是一氣，所以可感通然。已散者不復聚，故謂釋氏之說爲非。觀朱子之說，則祭祀之來享者，是氣之未盡散者，非散而復聚也。

推而言之，氣有盛衰，則散有遲速。聖賢之氣浩然，塞天地，配道義，生則澤流天下，沒則神在萬世，無死生，無聚散，而獨行於古今者也。如伯有爲厲之類，是邪氣之偶聚也。聖賢之氣，萬世不散者，正氣之常聚也。釋氏所謂鬼復爲人，其信否雖不可知，使其果信，亦必是氣之未散者。若其既散，則無復聚之理矣。《蒙引》專主范氏之說，謂祭祀之儀，不過仁人孝子報本之心，而祖考非真來享也。然則人唯心存孝思，果於爲善，以不辱其先，亦足爲孝矣，何必爲此無實之文哉。即曰人不能不思其祖先，故必有以致其如在之誠，不然則豺獺之不如矣。夫果於爲善，不辱其先，獨非所以致其如在之誠乎。人之所以勝於豺獺者，不可謂不在此也，又何必爲此無實之文也。其說亦難通矣。且《蒙引》又謂天地山川之類，生氣萬古不化，隨祭而享，其理固真。夫天地如此，祖先獨不可如此乎。後又謂天地山川之祭，亦未必天神真來享，抑以表其誠耳。則又與前說自矛盾矣。

吾不與祭節　吳省菴曰：吾之典禮，人可得而攝之。吾之精神，人不得而攝之也。

清焦袁熹《此木軒四書說》卷二

吾不與祭，如不祭。注云，此心缺然，如未嘗祭也。不與祭，即此心缺然，則臨祭之時，必致其如在之誠，可知非謂己不祭，不致其誠，鬼神不來享，與不祭等。范氏之說，是言祭不可不慎之義，故取之爾。

此心缺然，祇是自家心中覺得與不曾祭一般，非謂其人不能如己之盡誠敬，神未必享其祭，故曰如不祭也。

經部

宋錢時《融堂四書管見》卷二

祭如在，祭神如神在。子曰：吾不與祭，如不祭。祭，祭先祖也。祭神，祭外神也。

人且死，形質既無有矣。所謂鬼神者，何物哉。知所以爲鬼神，則知人之所以爲人。如在之旨，可以默喻。

宋衛湜《禮記集說》卷八

臨祭不惰。祭服敝則焚之，祭器敝則埋之，龜策敝則埋之，牲死則埋之，凡祭於公者，必自徹其俎。

鄭氏曰：惰爲無神也。祭服祭器龜策并牲，皆不欲人褻之也。焚之必已不用，埋之不知鬼神之所爲，祭於公，助祭於君也。

孔氏曰：此一節明接神及歸俎之禮。臨祭須敬，鬼神饗德，怠惰則神不歆也。焚之埋之異者，服是身著之物，故焚之。牲器之類，並爲鬼神所用，雖敗，不知鬼神用與不用，故埋之。若不焚埋，人或用之，是褻慢也。祭於公，謂士助君祭。鄭因君以明臣，言大夫以下，自祭其廟，則使人歸賓俎。故曾子問曰，攝主不歸俎，明正主則歸也。

新安朱氏曰：注云無神，謂神不在也。

馬氏曰：事鬼神者以敬爲主，故臨祭不惰，敬之存於心也。焚之埋之，敬之見於物也。孔子於齊，則慎。周之諸侯，在廟則肅，肅則臨祭不惰可知矣。君子雖貧，不鬻祭器。雖寒，不衣祭服，則焚之埋之可知矣。特牲饋食禮，賓出之後，佐食徹阼俎，堂下俎，畢，出。鄭康成謂兄弟及眾賓自徹而出俎，惟賓俎有司徹歸之。夫眾賓已祭，於士猶自徹其俎，則大夫出祭於公，其自徹可知矣。大夫士祭於公自徹，則大夫祭於大夫，不必自徹也。孔子之於魯，膰肉不至。蓋於是時，自徹之禮廢矣。

講義曰，事神以敬爲主，故臨祭欲無惰容。《語》曰，祭如在。《記》曰，有司跛倚以臨祭，其爲不敬也大矣。祭於公，祭已，則自徹其俎。蓋不以勤君之執事而忘盡臣職也。

橫渠張氏曰：祭器祭服以其常用於鬼神，不敢褻用，故有焚埋之理。至於衰絰冠屨，不見有所以毀之文，惟杖則棄諸隱者，不免有時而褻，何以不焚埋。毀喪服者，必於除日。其毀也，散諸貧者，或於守墓者，可也。蓋古人不惡凶事，而今人以爲嫌，留之於家，人所不悅，故不如散之。若焚埋之，乃似惡喪服。

藍田呂氏曰：祭服者，服以事鬼神，人之所御也。牲器龜策，鬼神之物，非人之所用也。人之所御則焚之。焚之，陽也。鬼神之所用則埋之。埋之，陰也。君祭而臣與執事，毋敢視賓客，故自徹其俎以出。

長樂劉氏曰：四物皆用之，以交於神明者也。不焚不埋則移於他用，不已瀆於神明哉。

山陰陸氏曰：言凡則豈特士而已。蓋俎，大夫亦自徹以歸，則主人使歸之。據大饗卷三牲之俎歸於賓館，蓋曰：賓館則主人之辭。

又卷七十七

凡祭，容貌顏色，如見所祭者。

鄭氏曰：如覩其人在此。

孔氏曰：此一節明祭之時，凡祭，謂諸祭也。容貌恭敬，顏色溫和，如似見所祭之人，謂祭如在也。

嚴陵方氏曰：孝子之祭也，退而立，如將受命，蓋容貌如見所祭者也。已徹而退，敬齊之色不絕於面，蓋顏色如見所祭者也。

慶源輔氏曰：容貌顏色，不可以偽爲也。

又卷一百十

是故先王之孝也，色不忘乎目，聲不絕乎耳，心志嗜欲不忘乎心。致愛則存，致慤則著，著存不忘乎心，夫安得不敬乎。

鄭氏曰：存著則謂其思念也。

孔氏曰：此經覆説孝子祭時念親之事。孝子致極愛親之心，則若親之存，以嗜欲不忘於親故也。致其端愨敬親之心，則若親之顯著，以色不忘於目，聲不忘於耳故也。如親有在，當想見之，何得不敬乎。

嚴陵方氏曰：色不忘乎目，常若承顏之際也。聲不絕乎耳，常若聽命之際也。愛言追念之思愨，言想見之誠，致其愛矣。親雖亡而猶存致其愨矣，神雖微而猶著。孔子曰：祭如在，祭神如神在。非謂是歟。果如在，則怠慢之心無自而入，安得不敬乎。孔子答子游之問孝，言不敬，何以別於犬馬。故此首言先王之孝，而終之以敬焉。

延平周氏曰：致愛言其仁，致愨言其誠。存者亡之對，著者微之對。言致仁則能存其亡，致誠則能著其微。著與存不忘乎心，則先王之所以敬也。

馬氏曰：内焉心志嗜欲不忘乎心，故曰：致愛則存。存者，有在乎内也。外焉，聲色不絕乎耳目。故曰：致愨則著，著則有見乎外也。

山陰陸氏曰：食則見堯於羹，坐則見堯於牆，是之謂著。

石林葉氏曰：愛存以仁愨著，以信主於内而已矣。夫安得不敬乎。

廬陵胡氏曰：存著皆本於誠。孟子曰：其為人也多欲，雖有存焉者，寡矣。《中庸》云：誠則形，形則著。

毗陵慕容氏曰：先王之孝，終其身而不忘，非特施於祭祀而已。一舉足，一出言，不敢忘父母，則耳目之所接，心之所存，常若親之在其側。夫身也者，父母之遺體也。以己之耳目合乎父母之聲色，以己之心合乎父母之心志嗜欲，則無斯須而不在敬矣。愛者，惻隱而未見者是也。愨者，全實而未毀者是也。皆根於至性而不可偽為，故致愛則雖亡也而存，致愨則雖幽也而著，以著存常不忘乎心，則莫之能貳，其為慎獨也至矣。

慶源輔氏曰：天地之性，人為貴。人之行，莫大於孝，乃人之心也。先王能存其心，故父母之容色自不忘於目，父母之聲音自不絕於耳，父母之心志嗜欲自不忘於心，此固非勉強矯拂之所能然也，亦致吾心之愛與敬而已。故曰：致愛則存，致愨則著，愛則心也。故曰：存愨則誠也。故曰：著存雖若存於内著，雖若著於外，然誠不可以内外言，故終之以著存不忘於心，著存不忘乎心，則洋洋乎如在其上，如在其左右，不可度思，矧可射思，安得不敬乎。

又卷一百十

文王之祭也，事死者如事生，思死者如不欲生。忌日必哀，稱諱如見親，祀之忠也。如見親之所愛，如欲色然，其文王與。《詩》云，明發不寐，有懷二人，《文王》之詩也。祭之明日，明發不寐，饗而致之，又從而思之。祭之日，

樂與哀半，饗之必樂，已至必哀。

　　鄭氏曰，如不欲生，思親之深也。如欲色然，以時人於色厚，假以喻之。明發不寐，謂夜而至旦也。祭之明日，謂繹日也。言繹之夜不寐也。二人，謂父母容尸侑也。孔氏曰，此一節明文王祭，思親忠敬之甚。文王思念死者，意欲隨之而死，似不復欲生也。廟中上不諱下，於祖廟稱親之諱，如似見親也，此文王祭祀之盡忠誠也。故思念親之平生嗜欲，如真見親所愛在於目前。又思念親之所愛之甚，如凡人貪欲女色然也。唯文王能如此與。與，是不執定之辭。詩，乃幽王《小雅·小宛》之篇，而云《文王》詩者，記者斷章取義。詩人陳文王之德以刺幽王，亦得爲《文王》詩也。饗而致之，又從而思之者，既設繹祭之饗，而致於神，其夜又從而思之也。饗之必樂，已至必哀者，孝子想神之歆饗，故必樂。又想及饗已至之後必分離，故必哀也。案宣八年六月辛巳，有事于大廟。壬午繹，是祭之明日爲繹也。案《有司徹》，上大夫儐尸，別立一人爲侑以助尸，似鄉飲酒禮介之副賓也。繹祭與儐尸同，故知二人容，尸與侑也。案王氏曰，欲色，如欲見父母之顔色。

　　嚴陵方氏曰：事死如事生，所謂祭如在也。思死如不欲生，所謂至痛極也。忌日必哀，所謂有終身之喪也。稱諱如見親，所謂聞名心瞿也。明發者，發夕至明也。祭之明日猶且如此，而況祭之正日乎。於將祭而齊焉，則逆思其所以去，故曰饗而致之，又從而思之。祭之日，樂與哀半者，以其饗之必樂，已至必哀故也。饗之必樂，則樂致其來，已至必哀，則哀思其去。前經言樂以迎來，哀以送往，正謂是矣。

　　毗陵慕容氏曰：此言惟文王然後能盡饗親之義，自事死如事生以下，皆言至誠之盡，非文王孰能之。君子所性不加不損，死生同之。生者，人之所欲也。以思死者至於不欲生，則其至性可知矣。忌日必哀，稱諱如見親者，心有所屬也。凡此皆本於心，非由外作，故曰祀之忠也。如見親之所愛，如欲色然，言非特見其身而已，又如見其心之所愛如欲，承順其顔色，則言思之深，益至其精微也。如見親之所愛，如生事之先意承志也。如欲色然，如生事之色難也。沒而思之猶如此，非文王其孰能之。夫人夜寐而晝覺，爲不亂其形，思不亂其官，則與陰俱矣。今也不寐至於明發，則以思有所至故也。明發不寐，言未祭也。饗而致之，言方祭也。又從而思之，言既祭也。自未祭至於既祭，思親之誠，續而不絶，無須臾忘焉。其愛敬之心至也歟。祭之日，樂與哀半。孝子之饗親也喜怒哀樂不能自定，既愉愉而樂矣，復變而悽愴焉，情不能自止也。其饗也，如見親之在焉，故必樂。已至矣，則念其將往也，故必哀。饗之必樂，申前文饗而致之之義。已至必哀，申前文又從而思之之義。夫時十二而成日，月十二而成歲，陰陽相推，一日之間猶一歲也，而鬼神亦如之。故朝與陽俱來，夕與陰俱往，因其往來而哀樂從之，朝踐主享，饋孰主食，亦禘嘗之義也。一日而陰陽分焉，故樂與哀半。

慶源輔氏曰，事死者如事生，不以死生之異而貳其誠也。思死者如不欲生，心與親一而不知。夫生爲可羨也，忌日必哀，痛割如斷也。稱諱如見親，敬親之名也。此古人所以制爲諱之禮也。凡此者，無所不用其至也。盡己之謂忠，而祭所以自盡也。盡己之誠，則其神著矣。故如見親之所愛，如欲色然。如見親之所愛，言如見親之有愛於己。如欲色然，言已如欲得父母之顏色，其義精矣。非文王，孰能與之。明日，不必言是繹祭也。既祭之日，既已饗而致其親之神靈矣。祭畢而神去，則又從而思慕之，故至於祭之明日，而明發猶不寐也。由是言之，則祭之日樂與哀半，誠於饗則必來，故必樂。已至則必去，故必哀。

山陰陸氏曰，言非獨如見親也，雖親之所愛者亦如見焉。如欲色然，《大學》所謂如好好色，誠之謂也。初言祭，此言祀。初言稱諱如見親，此言如見親之所愛。言文王之忠誠，有加無已。

講義曰，蓋欲色，人情之真也。其思如此，非出於中心之誠者，其能之乎。古之人，無非孝也，何獨取於文王。百聖一心，舉文王則他聖人可知也。饗之則樂，已至則宜亦樂，而哀之，何也。蓋已至則必去，安得而不哀。樂以親，哀以親，然則孝子之於親，果何時而忘邪。

長樂陳氏曰，君子之於親，生，事之以禮。故事之之日，喜與懼半。所謂父母之年不可不知。一則以喜，一則以懼是也。死，祭之以禮。故祭之之日，樂與哀半。所謂饗之必樂，已至必哀是也。已至必哀，原其始也。哀以送往，要其終也。

又卷一百二十九

子曰：武王、周公，其達孝矣乎。夫孝者，善繼人之志，善述人之事者也。春秋脩其祖廟，陳其宗器，設其裳衣，薦其時食，宗廟之禮，所以序昭穆也。序爵，所以辨貴賤也。序事，所以辨賢也。旅酬下爲上，所以逮賤也。燕毛，所以序齒也。踐其位，行其禮，奏其樂，敬其所尊，愛其所親，事死如事生，事亡如事存，孝之至也。郊社之禮，所以祀上帝也。宗廟之禮，所以祀乎其先也。明乎郊社之禮，禘嘗之義，治國其如示諸掌乎。

鄭氏曰：脩爲埽糞也。宗器，祭器也。裳衣，先祖遺衣服，設之當以授尸也。時食，四時祭也。序，次也。爵，謂公卿大夫士。事，謂薦羞也。辨賢者，以其事別所能也。若司徒羞牛，宗伯共雞牲矣。《文王世子》曰，宗廟之中，以爵爲位，崇德也。宗人授事以官，尊賢也。旅酬下爲上者，謂若特牲饋食之禮賓，弟子兄弟之子各舉觶於其長也。逮賤者，宗廟之中以有事爲榮也。燕謂既祭而燕，以髮色爲坐。祭時尊尊也，至燕親親也。齒亦年也。踐其位，踐猶升也。

先者，其先祖也。社祭地神，不言后土，省文也。示讀如寘諸河干之寘，寘，置也。物而在掌中，易爲知力者也。序爵辨賢尊尊親親，治國之要。

孔氏曰：此論武王周公，上成先祖脩其宗廟，行郊社之禮，所以能治國如置物掌中也。善繼志者，若文王有志伐紂，武王能繼成之。《尚書·武成》曰，予小子其承厥志是也。善述事者，言文王有文德爲王基，周公制禮以贊述之。《洛誥》云，考朕昭子刑乃單文祖德是也。昭與昭齒，穆與穆齒，是序昭穆也。公卿大夫各以其爵位齒列而助祭祀，是辨貴賤也。旅，衆也。逮，及也。祭末飲酒之時，使一人舉觶之後，至旅酬之時，使卑者二人各舉觶於其長者。卑下者先飲，是下者爲上，賤者在先，是恩意先及於賤者也。燕時以毛髮爲次序，是序年齒也。踐其位行其禮者，孝子升其先祖之位，行祭祀之禮也。

新安朱氏曰：此第十九章。達，通也。承上章而言武王周公之孝，乃天下之人通謂之孝，猶孟子之言。達，尊也。上章言武王纘大王王季文王之緒以有天下，而周公成文武之德以追崇其先祖，此繼志述事之大者也。下文又以其所制祭祀之禮通於上下者言之。祖廟，天子七，諸侯五，大夫三，適士二，官師一。宗器，先世所藏之重器，若周之赤刀大訓天球河圖之屬也。時食，四時之食，各有其物。如春行羔豚膳膏薌之類是也。昭如字解，見《王制》。宗廟之次，左爲昭，右爲穆。而子孫亦以爲序。有事於大廟，則子姓兄弟群昭群穆咸在而不失其倫焉。爵，公侯卿大夫也。事，宗祝有司之職事也。旅，衆也。酬，導飲也。使亦得以申其敬也。燕毛，祭畢而燕，則以毛髮之色別長幼爲坐次也。齒，年數也。踐，猶履也。其，指先王也。所尊所親，先王之祖考子孫臣庶也。始死謂之死，既葬則曰反而亡焉，皆指先王也。此結上文兩節，皆繼志述事之意也。禘，天子宗廟之大祭，追祭大祖之所自出於太廟，而以太祖配之也。嘗，秋祭也。四時皆祭，舉其一耳。禮必有義，對舉之互文也。示與視同。視諸掌，言易見也。此與《論語》文意大同小異，記有詳略耳。又曰，酬，導飲也。主人酌以獻賓，賓酌主人曰酢，主人又自飲而復飲賓曰酬。其主人又自飲者，是導賓使飲也。諺曰，主人陪食，疑即此意。下爲上之爲，音于僞反，爲上先飲也。又曰，五峰言無北郊，祇社便是祭地，此却說得好。涑水司馬氏曰，凡設官分職所以待賢者，非以祿不肖也。人君擇賢而授之官，則宗廟之中執事者皆賢人也。鄭氏謂羞牛共雞牲，烏足以別所能乎。

山陰陸氏曰：以社之禮爲事上帝者，蓋祀昊天上帝則百神與，雖及地祇，是乃所以事上帝也。

新定錢氏曰：達孝，當就繼志述事上看。若以無改父道爲孝，則武王不宜伐商。若以友于兄弟爲孝，則周公不當誅管蔡。未可與權者，未足與議也。故以達孝稱之，是其伐也，其誅也，乃所以善繼志述事者也。

宋鄭汝諧《論語意原》卷一

子曰：夏禮，吾能言之，杞不足徵也。殷禮，吾能言之，宋不足徵也。文獻不足故也，足則吾能徵之矣。子曰：禘自既灌而往者，吾不欲觀之矣。或問禘之說。子曰：不知也。知其說者之於天下也，其如示諸斯乎。指其掌。祭如在，祭神如神在。

杞，夏之後。宋，商之後。魯，周之後。杞宋亡，夏商之禮以無文獻可證也。若魯則不然，以文則有典籍，以獻則有夫子。魯之君臣，莫之攷證何也。夫子意不在杞宋，託杞宋以見其意，特於魯則微其辭爾。禘，大祭也。灌，祭之始也。自灌以往不欲觀，始末皆失也。或人聞之，乃以禘爲問。聖人言之，則未免於非魯，故曰不知也。終於不言，則其義不明，故又曰：知其說者之於天下也，其如示諸斯乎。祭如在，祭神如神在。即灌而不薦之義，此深告以禘之說也。

子曰：吾不與祭，如不祭。

再加以子曰，與上文意不相屬，因論祭而類於此。

又卷三

季路問事鬼神。子曰：未能事人，焉能事鬼。敢問死。曰：未知生，焉知死。

子路欲知臨祭祀交鬼神之義，與夫遇患難處死之道，所問亦未爲過。鬼神之情狀，死生之說，於《易》嘗言之矣。乃不對子路之問，何也。蓋夫子之設教也，即顯以見微，未嘗示人以其微也。即粗以求精，未嘗示人以其精也。祭如在，祭神如神在。此告人以事鬼神也。朝聞道，夕死可矣。此告人以其死也。豈子路未之聞歟。抑聞之而未之思歟。程子曰：知生之道，則知死之道。盡事人之道，則盡事鬼神之道。死生人鬼，一而二，二而一者也。或言夫子不告子路，此所以深告之也。

宋楊復《儀禮經傳通解續》卷二十七下

保氏教國子六儀，一曰祭祀之容。《少儀》云，祭祀之容，濟濟皇皇。祭祀之美，齊齊皇皇。美，音儀。齊齊皇皇，讀如歸往之往。美，當爲儀字之誤也。疏曰：齊齊皇皇者，皇讀爲歸往之往。皇氏云，謂心所繫往。孝子祭祀，威儀嚴正，心有繫屬，故齊齊皇皇。然其言語及威儀，皆當如此。又曰，云美當爲儀者，以保氏云教國子六儀，一曰祭祀之容。容即儀也。故知美皆當爲儀。《少儀》。祭祀之志，諭然思以和。祭祀之容，遂遂然，粥粥然，敬以婉。祭祀之視，視如有將。祭祀之言，文言有序。賈誼《容經》臨祭不惰爲無神也。疏曰：臨祭不惰者，祭如在。故臨祭須敬，不得怠惰。故鄭注云爲無神也。鬼神享德，祭若怠惰，則神不歆，是無神也。既謂其不敬，亦是無神之心也。《曲禮上》祭事不言凶。《曲禮下》凡祭，容貌顏色如見所祭者。如覩其人在此。疏曰，凡祭，謂諸祭也。容貌顏色如見所祭者，容貌恭敬顏色溫和，如似見所祭之人。謂祭如在也。《玉藻》

右容貌。記祭如在，祭神如神在。程子曰，祭，祭先祖也。祭神，祭外神也。祭先主於孝，祭神主於敬。愚謂此門人記孔子祭祀之誠意。子曰，吾不與祭，如不祭。與，去聲。又記孔子之言以明之。言己當祭之時，或有故不得與，而使他人攝之，則不得致其如在之誠。故雖已祭，而此心缺然如未嘗祭也。范氏曰，君子之祭，七日戒，三日齊，必見所祭者，誠之至也。是故郊則天神格，廟則人鬼享，皆由己以致之也。有其誠則有其神，無其誠則無其神，可不謹乎。吾不與祭，如不祭。誠爲實，禮爲虛也。《論語·八佾》仲尼嘗奉薦而進其親也，愻其行也，趨趨以數。趨，音促。數，色角反。徐，音速。嘗，秋祭也。親，謂身親執事時也。愻與趨，趨言少威儀也。趨讀如促，數之言速也。疏曰，奉薦而進其親也。愻者，愻謂質愻，謂仲尼奉薦進尸之時，其身執事，其形貌愻質少威儀。其行也趨趨以數者，其行步促促速疾少威儀，舉足而數也。已祭，子贛問曰，子之言祭濟濟漆漆然。今子之祭無濟濟漆漆，何也。子曰，濟濟者，容也，遠也。漆漆者，容也，自反也。容以遠，若容以自反也，夫何神明之及交。夫何濟濟漆漆之有乎。上容也，口白反。賓，客也。容以遠，同下容也，羊凶反。儀，容也。容以自反，同漆漆，讀如朋友切切。自反，猶言自脩整也。容以遠，言非所以接親親也。容以自反，言非孝子所以事親也。及，與也。此皆非與神明交之道。反饋樂成薦，其薦俎序，其禮樂備，其百官君子致其濟濟漆漆，夫何慌惚之有乎。樂成，音岳，又五教反。慌，況往反，一音荒。天子諸侯之祭，或從血腥始，至反饋，是進孰也。薦俎，豆與俎也。慌惚，思念益深之時也。言祭事既備，使百官助己祭。然而見其容而自反，是無慌惚之思念。夫言豈一端而已，夫各有所當也。當，丁浪反。豈一端，言不可以一槩也。禮各有所當。行祭宗廟者，賓客濟濟漆漆，主人愻而趨趨。疏，見《祭義》。

又卷二十九

祭之日，入室優然必有見乎其位。周還出戶，肅然必有聞乎其容聲。出戶而聽，愾然必有聞乎其歎息之聲。

優，音愛。還，音旋。愾，開代反。周還出戶，謂薦設時也。無尸者闔戶。若食間，則有出戶而聽之。

疏曰，此一經明祭之日，孝子想念其親。入室優然必有見乎其位者，謂祭之日朝初入廟室時也。初入室陰默時，孝子當想象僾然。僾，髣髴見也。《詩》云，愛而不見，見如見親之在神位也。故《論語》云，祭如在。周還出戶肅然必有聞乎其容聲者，謂薦饌時也。孝子薦俎酌獻，行步周旋，或出戶，當此之時，必悚息聽，肅然如聞親舉動容止之聲。出戶而聽愾然者，謂祭此人爲無尸之時，設薦已畢，孝子出戶而静聽，愾愾然必有聞乎其歎息之聲也。又曰出戶謂薦設時也者，若《特牲》《少牢》，主婦設豆及佐食設俎之屬是也。云無尸者闔戶若食間則有出戶而聽之者，案《士虞禮》云，無尸則禮及薦饌皆如初。主人哭，出復位。祝闔牖戶，如食閒。注云如尸一食九飯之頃，彼謂虞祭無孫行爲尸者，則吉祭亦當然也。此鄭云闔戶若食間見如正祭九飯之間也，而皇氏謂尸謖之後陽厭之時。又云無尸謂之陰。厭，尸未入前，其義並非也。

元張存中《論語集注通證》卷上

祭如在章

七日戒，三日齊，必見所祭者。

《禮·坊記》：子云：七日戒，三日齊。側皆反。承一人焉。戒，謂散齊也。承，猶事也。

《祭義》：致齊於内，散齊於外。齊之日，思其居處，思其笑語，思其志意，思其所樂，思其所嗜，齊三日，乃見其所爲齊者。致齊，思此五者也。散齊七日，不御不樂不弔，其見所爲齊者，思之熟也。所嗜，素所欲飲食也。《春秋傳》曰：屈到耆芰。祭之日，僾然必有見乎其位。周還出戶，肅然必有聞乎其容聲。出戶而聽，愾然必有聞乎其歎息之聲。

明胡廣等《禮記大全》卷十三

凡祭，容貌顔色如見所祭者。

《論語》曰：祭如在，祭神如神在。嚴陵方氏曰：孝子之祭也，退而立，如將受命，蓋容貌如見所祭者也。已徹而退，敬齊之色不絕於面，蓋顔色如見所祭者也。

又卷二十二

是故先王之孝也，色不忘乎目，聲不絕乎耳，心志嗜欲不忘乎心。致愛則存，致慤則著。著存不忘乎心，夫安得不敬乎。君子生則敬養，死則敬享，思終身弗辱也。

致愛，極其愛親之心也。致慤，極其敬親之誠也。存以上文三者不忘而言，著以上文見乎其位以下三者而言。不能敬，則養與享祇以辱親而已。嚴陵方氏曰，色不忘乎目，常若承顏之際也。聲不絕乎耳，常若聽命之際也。愛言追念之思，愨言想見之誠。致其愛矣，親雖亡而猶存。致其愨矣，神雖微而猶著。孔子曰，祭如在，祭神如神在。非謂是歟。慶源輔氏曰，天地之性人爲貴。人之行莫大於孝，乃人之心也。先王能存其心，故父母之容色自不忘於目，父母之聲音自不絕於耳，父母之心志嗜欲自不忘乎心。此固非勉强矯拂之所能然也，亦致吾心之愛與敬而已。故曰致愛則存，致愨則著。愛則心也，故曰存。愨則誠也，故曰著。存雖若存於內，著雖若著於外，然誠不可以內外言，故終之以著存不忘於心。著存不忘乎心，則洋洋乎如在其上，如在其左右。不可度思，矧可射思。夫安得不敬乎。又曰，一息不敬則絕於理，絕于理則辱其親矣。故生則敬養，死則敬享，是乃思終身弗辱也。

又卷二十二

文王之祭也，事死者如事生，思死者如不欲生。忌日必哀，稱諱如見親，祀之忠也。如見親之所愛，如欲色然，其文王與。《詩》云，明發不寐，有懷二人。《文王》之詩也。祭之明日，明發不寐，饗而致之，又從而思之。祭之日，樂與哀半。饗之必樂，已至必哀。

如不欲生，似欲隨之死也。宗廟之禮，上不諱下，故有稱諱之時。如祭高祖則不諱曾祖以下也。如欲色然，言其想像親平生所愛之物，如見親有欲之之色也。詩《小雅·小宛》之篇，明發自夜，至光明開發之時也。詩本謂宣王永懷文王武王之功烈，此借以喻文王念父母之勤耳。《文王》之詩，言此詩足以咏文王也。饗之必樂，迎其來也。已至，而禮畢則往矣，故哀也。嚴陵方氏曰，事死如事生，所謂祭如在也。思死如不欲生，所謂至痛極也。忌日必哀，所謂有終身之喪也。稱諱如見親，所謂聞名心瞿也。明發者，自夜至光明開發時也。祭之明日猶且如此，而況祭之正日乎。於將祭而齊焉，則逆思其所以去，故曰饗而致之，又從而思之。祭之日樂與哀半者，以其饗之必樂，已至必哀故也。饗之必樂，則樂致其來。已至必哀，則哀思其去。前經言樂以迎來，哀以送往，正謂是矣。長樂陳氏曰，君子之於親，生，事之以禮。故事之之日，喜與懼半。所謂父母之年不可不知，一則以喜，一則以懼是也。死，祭之以禮。故祭之之日，樂與哀半。所謂享之必樂，已至必哀是也。已至必哀，原其始也。哀以送往，要其終也。

明朱載堉《樂律全書》卷二十五

若樂九變，則人鬼可得而禮矣。

上二條言皆降皆出，此條不言皆格，亦互見也。上文舞韶，以祀四望，舞武以享先祖，此條享先祖以韶，不以武，與彼不同，何也。樂之用無方，不滯一隅也。

舊說以爲圜鍾在卯，帝出乎震。黄鍾在子，一陽来復。太蔟姑洗俠列卯門，故用以祀天，從卯至申，其數六，故云六變也。函鍾在未，致養乎坤，太蔟南呂同位，娶妻南呂，姑洗隔八生子，故用以祭地。從未至寅，其數八，故云八變也。黄鍾大呂，子與丑，合太蔟應鍾，寅與亥，合北方四律，幽陰之義，故用以享鬼。從子至申，其數九，故云九變也。或疑頗類穿鑿，恐非聖人制禮作樂之旨。按《商頌》綏我思成條下集傳引《禮記》曰：齊之日，思其居處，思其笑語，思其志意，思其所樂，思其所嗜。齊三日，乃見其所爲齊者。祭之日，入室，優然必有見乎其位。周旋出户，肅然必有聞乎其容聲。出户而聽，愾然必有聞乎其歎息之聲。此之謂思成。蘇氏曰：其所見聞，本非有也，生於思耳。蓋齊而思之，祭而如有見聞，則成此人矣。以此觀之，《虞書》所謂祖考来格，《周禮》所謂天神皆降，地示皆出，人鬼可得而禮，《禮記》所謂夫祭者，非物自外至者也，自中出生於心者也。聖人爲能饗帝，孝子爲能饗親，孝子之志也，人情之實也，禮義之經也。非從天降也，非從地出也，人情而已矣。《論語》所謂祭如在，祭神如神在。《中庸》所謂洋洋乎如在其上，如在其左右。如此之類，文雖或廣或略，而意思皆同也。世之不善讀《周禮》者，乃疑以爲背戾不經，非周公之制作，何哉。

清《欽定禮記義疏》卷四十三

凡祭，容貌顔色如見所祭者。

正義：鄭氏康成曰：如覩其人在此。孔氏穎達曰：凡祭，謂諸祭也。容貌恭敬，顔色温和，如似見所祭之人，謂祭如在也。

案：容貌見於一身，顔色獨見於面。致誠信與忠敬，則視無形於有形，聽無聲於有聲矣。

清《日講四書解義》卷六　《論語上》之三

子之所慎：齊，戰，疾。

此一章書是門人記夫子謹身之大節也。吾夫子何事不慎，何時不慎，而又有所更慎焉者，蓋有三也。其一曰齊。夫齊以交神，神之所以享格者，在誠意，不在虛文。一有不慎，則備禮備樂無益也。若夫清明其志，儼恪其體，所謂祭如在者，惟夫子有焉。一曰戰。夫戰以衛國，國之所以靈長者在勝算，不在黷武。一有不慎，則堅甲利兵無益也。若夫臨事而懼，好謀而成，所謂神武不殺者，惟夫子有焉。一曰疾。夫疾爲身累，身之所以保攝者，在平日，尤在一時。一有不慎，則補救怨尤無益也。若夫養其天和，擇其醫藥，所謂守身爲大者，惟夫子有焉。可見聖人無所不慎，而三者關係非輕，故謹之又謹，要非深窺聖人者，焉能知其如此哉。

清陸隴其《四書講義困勉録》卷七

朝聞道章

朱子曰：此深言道之不可不聞也。若將此二句来反之，曰：若人一生不聞道，雖長生，亦何爲，便自明白。張雨若曰：朝夕衹是設言，味可矣。語意若不聞道，不但不可生，便死也死不得，衹該在聞道上理會，不須在死生上更作商量。沈無回曰：曰可矣，見死猶可，有何不可乎。語自平實，今人説玄説妙，則夫子一老瞿曇矣。宋羽皇曰：可以死之，故不容詮破，衹重聞道爲得耳。姚元素曰：聖人發此一言，直是峻絶無著語處，以尋常知見義理，當做聞道，固恐超不得生死關頭，而欲索諸窈冥玄虚，如云一徹永徹者，又恐非吾儒修身體道之實，不著知見，不墮虚玄，如何乃得聞道。孔子所謂下學而上達。《易》云：窮理盡性，以至於命者，非乎。

朱子曰，道不外乎日用常行之間，若見得道理分曉，生固好，死亦不妨，夕死可矣。衹是説便死也。不妨非謂必死也。胡雲峰曰，苟無平日積累之勤，必無一朝頓悟之妙。可矣二字，令人惕然有深省處。王龍溪曰，猶云未嘗生，未嘗死也。耿楚個曰，人不聞道，則生不知来處，死不知去處，便至流浪顛倒聞，則此個原是無生死的，一息萬年，孰終孰始，辟之漚起漚滅，而大海自如。王宇泰曰，吾輩見在行持，衹從一念徹處討生死，聞時不至落空，忙時不至逐物，於此二境一得来，便是死生境上一得来樣子。

王耿諸説，大約謂有生死者形，無生死者靈明之體。雖本西来之意，猶未與吾儒之理大背，至甚其説者，以倫常爲幻境，則全是異教，爲洙泗之罪人矣。然所謂無生死者，亦就聞道人説，若不聞道，則雖靈明之體，亦有生死矣。説詳祭如在章。然又須兼生順説，若不聞道，則雖其形尚生，而靈明之體已先死矣。聞道，便生順而死安。生順是形生，而靈明之體與之俱生。死安是形死，而靈明之體不與俱死。

無生死之説，以知言者也。生順死安之説，兼行言者也。無生死之説，以體言者也。生順死安之説，兼用言者也。朱子之説，可以包王耿諸説。王耿諸説，不可包朱子之説。

清孫奇逢《四書近指》卷七

子之所慎章

祭如在，教而戰，藥不敢嘗，皆所以致慎也。却是人之所忽，總是學習中事。

清胡煦《周易函書約存》卷三

天性道

《中庸》首章從道之大原説起，是因人看天字太遠，故特發天人合一之旨，而并原其始，要其終，著其功，極其效也。天，大道之原也。命，天之動也。性，命之定也。此體統一太極在天者也。其在人也。性，道之原也。情，性之動也。道，性之充也。此流行之太極在人者也。岐則爲欲。岐而遠則妄，岐而背則惡矣，是未能率之於性者。因立圖於左。（圖略——編者）率者，順也。是端端正正，由此而出，不旁雜，不爻離，不違背也。戒懼慎獨則欲其順而率之，防其岐出者也。中和，則戒慎之德，率性之真也。位育，則充性之量而極於天，使得天之理順而無所歉也。前面從天説起，中間祇完得一個性字，後面説位育，又歸到天上，方是一以貫之。

或問禘之説。子曰：不知也。知其説者之於天下也，其如視諸斯乎。朱子以仁孝釋之，非無據也。《禮記》：萬物本乎天，人本乎祖。仁人之事天如事親，孝子之事親如事天。聖人郊禘制義，實由此出。《西銘》有見于此，故合仁孝而一之，是誠有見於天人妙契之微與體用一原之合矣。

人之生也由於父母，父母生於祖宗，由祖宗而遡諸無始之始，人何由生乎。夫兩儀未判，一元渾沌而已。迨於天開地闢，而清者位上，濁者位下，非絕不相通也。天之氣升極而下交，地之氣降極而上躋，相須相得，渾合無間，則結而爲雷、爲風、爲日、爲月、爲水、爲火、爲山、爲澤。又其蠢者結爲植物，靈者結爲動物。其最靈最靈者，始結而爲人。故人之心神性命，天之化也。官骸臟腑，地之化也。其間陰陽不無内外多寡之異，乃始有男女之形。以形育形，萬民之衆，實由此蕃。故曰：人者，天地之理氣合以成其形性者也。

以天地所生之理氣，還而感天地自然之理氣。若子之於父母，迫切呼號宜無不惻然動念者，安有感而不感，格而不格者哉。孔子曰：祭如在，祭神如神在。又曰：我戰則克，祭則受福。蓋得其道矣。《商頌》曰：綏我思成。《祭義》曰：致愛則存，致愨則著。是皆與天爲徒，而默操乎能感之妙者也。然聖人在下經綸參贊，不能無待者，能一其志而未能一天下之志也。同民心而成位育，非有德位之聖人，其孰能與於斯。

清江永《禮書綱目》卷四十四

保氏教國子六儀，一曰祭祀之容。《少儀》云，祭祀之容，濟濟皇皇。《地官》。祭祀之美，齊齊皇皇美，當爲儀字之誤也。《少儀》祭祀之志，諭然思以和。祭祀之容，遂遂然，粥粥然，敬以婉。祭祀之視，視如有將祭祀之言，文言有序。賈誼《容經》凡祭，容貌顏色，如見所祭者。如視其人在此。《玉藻》臨祭不惰。爲無神也。祭事不言凶。並《曲禮》堂上觀乎室，堂下觀乎上。謂祭時肅敬之威儀也。《坊記》

右容貌。祭如在，祭神如神在。程子曰，祭，祭先祖也。祭神，祭外神也。祭先主於孝，祭神主於敬。愚謂此門人記孔子祭祀之誠意。《論語》仲尼嘗奉薦而進其親也，愨其行也，趨趨以數。詳見《祭義》季氏祭，有司跛倚以臨祭。詳見期章。

清秦蕙田《五禮通考》卷五

《通典》次乃埽於丘壇上而祭，尸服裘而升丘。王及牲尸入時，樂章奏王夏、肆夏、昭夏。《大司樂》云，王出入奏王夏，尸出入奏肆夏，牲出入奏昭夏，但用夾鐘爲官耳。

附諸儒論傳記祭天尸。

《尚書大傳》維十有三祀，帝乃稱王而入唐郊，猶以丹朱爲尸。

《國語·晉語》：晉祀夏郊，董伯爲尸。

《禮記·曲禮》孔疏：天子祭天地社稷山川四方百物及七祖之屬，皆有尸也。《公羊》說祭天無尸，《左氏》說晉祀夏郊以董伯爲尸。《虞夏傳》云，舜入唐郊，以丹朱爲尸。是祭天有尸。許慎引魯郊祀曰，祝延帝尸。從《左氏》之說也。

張子曰，節服氏言，郊送逆尸從車。則祀天有尸也。天地山川之類，非人鬼者，恐皆難有尸。節服氏言郊祀有尸，不害后稷配天而有尸也。

楊氏復曰，愚案宗廟祭享有尸有主者，聖人原始返終而知死生之說，故設主立尸爲之廟貌，所以萃聚祖考之精神而致其來格也。若天地山川之類，形氣常運而不息，有形氣則有神靈。祭祀感通，其應如響，又焉用立尸爲哉。《周官》大宰及祀之日，贊玉幣爵之事，謂玉幣所以禮神。王親自執玉幣奠於神座，又親酌以獻神，如是而已。《曲禮疏》有說祀天無尸，古人蓋知祀天之不必有尸矣。經傳所說宗廟有尸者多矣，未有言祭天之尸者，惟《尚書大傳》有帝入唐郊丹朱爲尸之說。《左氏》傳述晉祀夏郊之事，始末爲詳，初無董伯爲尸之說。而《國語》乃言之，其言不經，難以遽信。

觀承案：祭祀之禮，無主則不依而無尸，亦不享。杜氏謂立尸乃上古樸陋之禮者，非也。古人立尸自有深意。祭如在，祭神如神在。雖仗精心，亦憑尸象，方能從無形影中感召出來耳。然祭則立之，畢則罷之，則又人鬼不瀆而民無惑志也。是以祭必有尸。內祭祀惟婦人不立尸。以立男則不類，用女則非體也。外祭祀惟天地無尸，天大無外，地廣無垠，而不可爲尸也。此郊祀之有尸，乃配者之尸耳。張子説甚是。然兼山川，言恐未爲確。《儀禮》周公祭太山，以召公爲尸。《周禮》墓人爲尸。朱子亦謂惟天地不敢爲尸。如祀竈，則膳夫爲尸。門行，則閽人爲尸。山川以虞衡爲尸。蓋鬼神各因依其職守所在而憑之也，則山川豈可無尸乎。唐《開元禮》亦尚有尸。自後尸法亡而像設盛，於是梵宮道院野廟淫祠無非土木衣冠神鬼變相，既立不罷，終日儼然，煽惑愚民，無有限極。以至五帝天妃亦冕旒環珮而尸祝之，則侮天瀆神之至矣。乃知古人立尸之意，固甚深遠也。

又卷一百十三

《論語》：祭如在。注：孔曰：言事死如事生。

朱子《集注》：程子曰：祭，祭先祖也。祭先主於孝。愚謂此門人記孔子祭祀之誠意。

朱子《語録》：問：祭如在。人子固是盡誠以祭，不知其可使祖宗感格否。曰：上蔡言：自家精神即祖考精神。這裏盡其誠敬，祖考之氣便在這裏，衹是一個根苗來。如樹已枯朽，邊旁新根即接續這正氣來。

子曰：吾不與祭，如不祭。注：包曰：孔子或出或病，而不自親祭，使攝者爲之，不致肅敬於心，與不祭同。

朱子《集注》：又記孔子之言以明之。言己當祭之時，或有故不得與，而使他人攝之，則不得致其如在之誠，故雖已祭，而此心缺然，如未嘗祭也。

清鄭方坤《經稗》卷十一

《論語》有章句

《論語》自有章句，而説者亂之。《論語》中固有因古語而爲説者，如祭如在，祭神如神在。此兩句正是古語。其曰，子曰，吾不與祭，如不祭云者，乃孔子因此語有所感發，故爲此説也。以類求之。唐棣之華偏其反而，豈不爾思室是遠而。子曰未之思也夫，何遠之有。不恒其德，或承之羞。子曰：不占而已矣。色斯舉矣，翔而後集曰：山梁雌雉，時哉。時哉。微子去之，箕子爲之奴，比干諫而死。孔子曰：殷有三仁焉。凡此類皆因上句而立説，則上句乃亦古語耳。弟子因而併記之，章次如此，説者以其始語無孔子曰字遂或以上句附前段而爲説，至以唐棣比可與權，誤矣。又如德行：顏淵閔子騫冉伯牛仲弓。言語：宰我子貢。政事：冉有季路。文學：子游子夏。其下繼以子曰：回也，非助我者也。於吾言無所不説。子曰：孝哉。閔子騫，人不間於其父母昆弟之言。此宜是一章。

德行言語政事文學，説者以爲四科，蓋是孔門中當時有此科目，弟子記之，遂因而記孔子所言，顔閔於其後以見，顔閔所以列於德行爲四科之首者如此，此二子曰連四科而爲説，亦可。蓋文理或然爾，以類求之，如柴也愚，參也魯，師也辟，由也喭，此四句亦必當時有此品論。其下云，子曰：回也其庶乎，屢空。賜不受命而貨殖焉，億則屢中者，亦與記顔閔同也。此當是一章。又如逸民，伯夷叔齊虞仲夷逸朱張柳下惠少連，繼以子曰，不降其志，不辱其身。伯夷叔齊與至，我則異於是，無可無不可。此又是一章。文勢與前二章正是一類，説者又以始語無子曰字，多以四科連上文，從我於陳蔡者，皆不及門也爲一章。若然，則柴也愚，參也魯，當附冉求聚斂之下，而逸民者又當與子路對，荷蓧丈人處併而爲一也，可乎。《論語》章句如此，而説者亂之，遂失其義，兹不可以不正。（捫虱新話）

史部

明俞汝楫編《禮部志稿》卷一

虔祀之訓

洪武五年五月，命各司置齋戒牌，上諭中書省臣曰：齋戒，古人所以致潔於鬼神也。朕於祭祀，每齋戒必盡其誠，不敢少有怠忽，尚慮諸司，不能體此，致齋之日，褻慢弗謹，雖幽有神鬼，司察其罪，不若預爲戒飭，使知所警。其命諸司，各置木牌，刻文其上，曰：國有常憲，神有鑒焉。每遇祭祀則設之。

洪武六年二月，上諭太常司臣曰：今後祭太歲，風雲，雷雨，嶽鎮，海瀆，山川，城隍，旗纛，諸神，朕親行。中五壇禮，餘壇，魏鄭曹宋衛五國公，及中山江夏江陰三侯分祀。夫祭祀之道在誠敬。孔子曰：祭如在，祭神如神在。苟有一毫誠敬未至，神必不格，而牲醴庶品皆爲虛文，又焉用祭。朕自即位以來，於祀神之道，不敢怠忽，常加儆惕，務致其誠爾。太常職專祀事宜，益加修謹，以副朕事神之意。

又卷三

祭祀之訓

宣德元年，行在太常寺奏明年春郊祀及各壇祭祀犧牲，請如例。遣官齎鈔往保定及山西諸郡收買，上諭之曰：此奉天地神祇，宜戒所遣官，必加敬慎。所市犧牲，必依時值，毋一毫損民。苟有怨咨，神不顧享。舊制，凡買祭物，直隸移文巡按御史，在外移文按察司官嚴督，使無瀆慢。爾等勿違舊制，庶幾稱朕敬天地祖宗之意。

宣德元年正月，行在太常寺奏祭祀，上諭之曰：國家祭祀，掌之禮部，而復置太常，尤重其事也。卿等佐朕，事天地，事祖宗，非他職事之比，協恭同寅以承祀事。朕蓋有賴，然必誠敬之心，素有持養，粢盛之薦，極於精潔，庶幾神明歆格而生靈蒙福。卿等勉之。

二月以初，即位，改元。遣永康侯徐安等，祭告祖陵皇陵，及歷代帝王陵寢，嶽鎮海瀆等神，諭之曰：列祖陵寢慶澤之源，朕永念在心。若名山大川，鎮奠宇内，及聖帝明王皆朕所向慕者，今即位改元之初，特命卿等往修祀禮。孔子曰：祭如在，祭神如神在。惟誠與敬，其往慎之。九月，太常寺奏，暮歲孟春，當享太廟，而犧牲瘠小，請於順天府預買餵飼以備用。上從之，諭府尹王驥曰：祭享大事，犧牲不成，豈可以祭。若低價抑買，人情不懌，神亦不享，爾宜慎之。

宣德二年，上退朝，御左順門，語及祭祀，謂行在工部尚書吳中等曰：南京造制帛祀神最爲重事。洪武中，嘗選無過犯疾惡工匠，更衣沐浴焚香浣手，然後用工。其人專供此役，更無別差。神宗重神之意，謹嚴如此，卿宜申明舊制，務令精專，無用褻慢。

又卷四十五

奏疏

《陳三事疏》洪熙元年，禮部左侍郎胡濙言十事内三款（闕）

曰：篤親親。《書》曰：克明俊德，以親九族。九族既睦，平章百姓。又曰：立愛惟親，立敬惟長，始于家邦，終于四海。惟陛下于宗親，誠能推恩義以懷之，分寶玉以遺之，則親親恩篤而天下化矣。

曰：親經史。謂經以載道，可以觀帝王致治之本。史以紀事，可以鑑前代興王之繇。伏願萬機之暇。法乾行健，繼離向明，常接儒臣，講論經史，則聖智益博，睿謨益廣，而與二帝三王同一揆矣。

曰：嚴祀事。《書》曰：鬼神無常享，享於克誠。仲尼曰：祭如在，祭神如神在。近見各處應祀神祇壇廟傾頽，棲神無所。甚失國家所以祀神之道。乞令所司，以時修葺，此有國家之大事也。疏上，上嘉納之。

清馬端臨《文獻通考》卷八十六

三獻文，三獻爓。

爓，似廉反。注疏並見社稷。禮，夏官小子掌祈於五祀，見因祭釁條。疾病，乃行禱於五祀。見因祭疾而禱條。《儀禮》問，祭五祀，想也，祇是當如此致敬，未必有此神。朱子曰，神也者，妙萬物爲言者也。盈天地之間皆神。若説五祀無神，則是有有神處，有無神處。却是甚麼道理。又曰，五祀，行是道路之神，門是門神，户是户神，與中雷，竈，凡五。古時聖人爲之祭祀，亦必有其神。如孔子説祭如在，祭神如神在。是有這祭，便有這神，不是聖人若有若亡，見得一半，便自恁地。但不如後世門神，便畫個神像如此。又問，五祀祭行之義。先生曰，行，堂塗也。古人無廊屋，祇於堂陛之下取兩條路。五祀雖分四時祭，然出則獨祭行。又出門有一祭，作兩小山於門前，烹狗置之山上。祭畢，却就山邊喫却。推車從兩山間過，蓋取跋履山川之義。程子曰，五祀恐非先王之典。報則遺其重者。井，人所重。行，寓廊也，其功幾何。

子部

宋司馬光《家範》卷四

古之祭禮詳矣，不可徧舉。孔子曰：祭如在。君子事死如事生，事亡如事存。齋三日，乃見其所爲齋者。思之熟也。祭之日，樂與哀半，饗之必樂，已至必哀。外盡物，内盡志。入室，僾然必有見乎其位。周還出户，肅然必有聞乎其容聲。出户而聽，愾然必有聞乎其嘆息之聲。周還出户，謂薦設時也。無尸者闔户，若食間，則有出户而聽之。是故先王之孝也，色不忘乎目，聲不絶乎耳，心志嗜欲不忘乎心。致愛則存，致慤則著。著存不忘乎心，夫安得不敬乎。存著則謂其思念也。齊齊乎其敬也，愉愉乎其忠也，勿勿諸其欲其饗之也。勿勿，猶勉勉也。《詩》曰：神之格思，不可度思，矧可斁思。格，至也。矧，況也。斁，厭也。言孝子之享親，盡其敬愛之心而已矣。安知神之所處於彼乎。於此乎，況敢有厭怠之心乎。此其大略也。

宋《二程遺書》卷二十二上

伊川语录（节选）

先生曰：凡看《語》《孟》，且須熟玩味，將聖人之言語切己，不可祇作一塲話説。人祇看得此二書切己，終身儘多也。棣問：退而省其私，亦足以發，如何。曰：孔子退省其心中，亦足以開發也。又問：豈非顏子見聖人之道，無疑歟。曰：然也。孔子曰：一以貫之。曾子便理會得，遂曰：唯。其他門人，便須辨問也。

又問：祭如在，祭神如神在。曰：祭如在，言祭祖宗。祭神如神在，則言祭神也。祭先主於孝，祭神主於恭敬。

又問：祭起於聖人之制作，以教人否。曰：非也。祭，先本天性。如豺有祭，獺有祭，鷹有祭，皆是天性。豈有人而不如鳥乎。聖人因而裁成禮法，以教人耳。又問：今人不祭高祖，如何。曰：高祖自有服，不祭甚非，某家却祭高祖。又問：天子七廟，諸侯五廟，大夫三，士二，如何。曰：此亦祇是禮家如此說。又問：今士庶家不可立廟，當如何也。庶人祭於寢，今之正廳是也。凡禮，以義起之，可也。如富家及士，置一影堂亦可，但祭時不可用影。又問：用主，如何。曰：白屋之家不可用，祇用牌子可矣。如某家主式，是殺諸侯之制也。大凡影不可用祭，若用影祭，須無一毫差方可，若多一莖鬚，便是別人。

棣又問：克己復禮，如何是仁。曰：非禮處便是私意，既是私意，如何得仁。凡人須是克盡己私後，祇有禮，始是仁處。

謝用休問：入太廟，每事問。曰：雖知亦問，敬謹之至。又問：旅祭之名，如何。曰：古之祭名皆有義，如旅，亦不可得而知。

棣問：如《儀禮》中禮制可考而信否。曰：信其可信。如言昏禮云。問：名納吉納幣，皆須卜，豈有問名了而又卜，苟卜不吉，事可已邪。若此等處，難信也。又嘗疑卜郊亦非，不知果如何。曰：《春秋》却有卜郊，但卜上辛不吉，則當卜中辛，中辛又不吉，則當便用下辛，不可更卜也。如魯郊三卜四卜五卜，至於不郊，非禮。又問：三年一郊，與古制，如何。曰：古者一年之間，祭天甚多。春則因民播種而祈穀，夏則恐旱暵而大雩，以至秋則明堂，冬則圓丘，皆人君爲民之心也。凡人子不可一日不見父母，國君不可一歲不祭天，豈有三年一親郊之禮。

用休問：北郊之禮。曰：北郊不可廢。元祐時，朝廷議行，祇爲五月間天子不可服大裘，皆以爲難行，不知郊天郊地，禮制自不同。天是資始，故凡用物皆尚純，藉用藁秸，器用陶匏，服用大裘是也。地則資生，安可亦用大裘。當時諸公知大裘不可服，不知別用一服，向日宣仁山陵呂汲公作大使，某與坐，說話次，呂相責云：先生不可如此。聖人當時不曾如此。今先生教朝廷怎生則是。答曰：相公見聖人不知此處怎生，聖人固不跂及，然學聖人者不可輕易看了聖人。祇如今，朝廷一北郊禮不能行得，又無一人道西京有程某復問一句也。呂公及其壻王某等便問：北郊之禮，當如何。答曰：朝廷不曾來問。今日豈當對諸公說邪。是時，蘇子瞻便據《昊天有成命》之詩，謂郊祀同。文潞公便謂譬如祭父母，作一處，何害。曰：此《詩》冬至夏至皆歌，豈不可邪。郊天地又與共祭父母不同也。此是報本之祭，須各以類祭，豈得同時邪。

又問：六天之說。曰：此起於讖書，鄭玄之徒從而廣之，甚可笑也。帝者，氣之主也。東則謂之青帝，南則謂之赤帝，西則謂之白帝，北則謂之黑帝，中則謂之黃帝。豈有上帝而別有五帝之理。此因《周禮》言祀昊天上帝，而後又言祀五帝，亦如之。故諸儒附此說。又問：《周禮》之說，果如何。曰：《周禮》中說祭祀，更不可考證。六天之說，正與今人說六子是乾坤退居不用之時，同也。不知乾坤外甚底，是六子譬如人之四肢，祇是一體爾。學者大惑也。

又問：郊天，冬至當卜邪。曰：冬至祭天，夏至祭地，此何待卜邪。又曰：天與上帝之說，如何。曰：以形體言之謂之天，以主宰言之謂之帝，以功用言之謂之鬼神，以妙用言之謂之神，以性情言之謂之乾。

又問：《易》言知鬼神之情狀，果有情狀否。曰：有之。又問：既有情狀，必有鬼神矣。曰：《易》說鬼神便是造化也。又問：名山大川，能興雲致雨，何也。曰：氣之蒸成耳。又問：既有祭，則莫須有神否。曰：祇氣便是神也。今人不知此理，纔有水旱便去廟中祈禱，不知雨露是甚物，從何處出，復於廟中求耶。名山大川，能興雲致雨，却都不說著，却於山川外木土人身上討雨露，木土人身上有雨露耶。又問：莫是人自興妖。曰：祇妖亦無，皆人心興之也。世人祇因祈禱而有雨，遂指爲靈驗耳。豈知適然。某常至泗州，恰值大聖見。及問人曰如何形狀。一人曰如此，一人曰如彼，祇此可驗其妄。興妖之人皆若此也。昔有朱定，亦嘗來問學，但非信道篤者，曾在泗州守官，值城中火，定遂使兵士舁僧伽避火，某後語定曰：何不舁僧伽在火中，若爲火所焚，即是無靈驗，遂可解天下之惑。若火遂滅，因使天下人尊敬可也。此時不做事，待何時邪。惜乎，定識不至此。

貴一問：日月有明，容光必照。曰：日月之明有本，故凡容光必照。君子之道有本，故無不及也。

用休問：老者安之，少者懷之，朋友信之。曰：此數句最好。先觀子路顏淵之言，後觀聖人之言，分明聖人是天地氣象。

孟敦夫問：莊子《齊物論》如何。曰：莊子之意欲齊物理耶。物理從來齊，何待莊子而後齊。若齊物形，物形從來不齊，如何齊。得此意，是莊子見道淺，不奈胸中所得何，遂著此論也。

伯溫問：祭用祝文否。曰：某家自來相承不用，今待用也。又問：有五祀否。曰：否。祭此全無義理。釋氏與道家說鬼神甚可笑，道家狂妄尤甚，以至說人身上耳目口鼻皆有神。

周伯溫問：至大至剛以直，以此三者養氣否。曰：不然。是氣之體，如此。又問：養氣以義否。曰：然。又問：配義與道，如何。曰：配道言其體，配義言其用。又問：我知言，我善養吾浩然之氣，如何。曰：知言然後可以養氣，蓋不知言，無以知道也。此是答公孫丑，夫子烏乎長之。問不欲言。我知道，故以知言養氣答之。又問夜氣如何。曰：此衹是言休息時氣清耳。至平旦之氣，未與事接亦清。衹如小兒讀書，早晨便記得也。

又問：孔子言血氣，如何。曰：此衹是大凡言血氣，如《禮記》說南方之強是也。南方人柔弱，所謂強者是理義之強，君子居之。北方人強悍，所謂強者是血氣之強，故小人居之。凡人血氣，須要理義勝之。又問：吾不復夢見周公，如何。曰：孔子初欲行周公之道，至於夢寐不忘，及晚年不遇哲人，將薨之時，自謂不復夢見周公矣。因此說夢，便可致思。思聖人與眾人之夢，如何。夢是何物，高宗夢得說，如何。曰：此是誠意所感，故形於夢。

又問：《金縢》周公欲代武王死，如何。曰：此衹是周公之意。又問：有此理否。曰：不問有此理，無此理，衹是周公人臣之意，其辭則不可信。衹是本有此事，後人自作文，足此一篇，此事與舜喜象意一般，須詳看舜周公用心處。《尚書》文顛倒處多，如《金縢》，尤不可信。

高宗好賢之意，與《易》姤卦同。九五以杞包瓜含章，有隕自天。杞生於最高處，瓜美物，生低處。以杞包瓜，則至尊逮下之意也。既能如此，自然有賢者出，故有隕自天也。後人遂有天祐生賢佐之說。

棣問：福善禍淫，如何。曰：此自然之理，善則有福，淫則有禍。又問：天道如何。曰：衹是理。理便是天道也。且如說皇天震怒，終不是有人在上震怒，衹是理如此。又問：今人善惡之報，如何。曰：幸，不幸也。

宋《二程外書》卷五

祭如在，言祭自己祖先。祭神如神在，言其他所祭者。如天地山川，皆是也。

宋朱熹《延平答問》

問：祭如在，祭神如神在。熹疑此二句，乃弟子記孔子事，又記孔子之言於下，以發明之。

曰：吾不與祭，如不祭也。先生曰：某嘗聞羅先生曰：祭如在，及見之者。祭神如神在，不及見之者。以至誠之意與鬼神交，庶幾享之。若誠心不至，於禮有失焉，則神不享矣。雖祭也，何爲。

宋《朱子語類》卷三

或言鬼神之異，曰：世間亦有此等事，無足怪。味道舉以前日魂氣歸天，體魄降地，人之出入，氣即魂也，魄即精之鬼，故氣曰陽，魄曰陰。人之死，則氣散於空中。之說問：人死氣散，是無蹤影，亦無鬼神。今人祭祀，從何而求之。

曰：如子祭祖先，以氣類求求，以我之氣感召，便是祖先之氣。故想（饒本作祭。）之如在，此感通之理也。味道又問：子之於祖先，固是如此。若祭其他鬼神，則如之何。有來享之意否。曰：子之於祖先，固有顯然不易之理。若祭其他，亦祭其所當祭。祭如在，祭神如神在。如天子則祭天，是其當祭，亦有氣類，烏得而不來歆乎。諸侯祭社稷，故今祭社，亦是從氣類而祭，烏得而不來歆乎。今祭孔子必於學，其氣類亦可想。長孺因說祭孔子不當以塑像，祇當用木主，曰：向日白鹿洞欲塑孔子像於殿，某謂不必。但置一空殿，臨時設席祭之。不然，祇塑孔子坐於地下，則可用籩豆簠簋。今塑像高高在上，而設器皿於地，甚無義理。

又卷二十五

祭如在章

問：祭如在。人子固是盡誠以祭，不知真可使祖宗感格否。曰：上蔡言自家精神即祖考精神。這裏盡其誠敬，祖宗之氣便在這裏，祇是一个根苗来。如樹已枯朽，邊傍新根即接續這正氣来。（寓）

或問：祭如在，祭神如神在。曰：祭先主於孝，祭神主於敬。雖孝敬不同，而如在之心則一。聖人萬一有故，而不得與祭，雖使人代，若其人自能極其恭敬，固無不可，然我這裏自欠少了，故如不祭。（時舉）

正甫問：祭如在，祭神如神在。曰：祭先如在，祭外神亦如神在。愛敬雖不同，而如在之誠則一。吾不與祭，而他人攝之，雖極其誠敬，而我不得親致其如在之誠，此心終是闕然。（倪）

祭如在，祭神如神在。此是弟子平時見孔子祭祖先，及祭外神之時，致其孝敬以交鬼神也。孔子當祭祖先之時，孝心純篤，雖死者已遠，因時追思，若聲容可接，得以竭盡其孝心以祀之也。祭外神，謂山林溪谷之神，能興雲雨者，此孔子在官時也。雖神明若有若亡，聖人但盡其誠敬，儼然如神明之来格，得以與之接也。吾不與祭，如不祭。孔子自謂當祭之時，或有故而使人攝之，禮雖不廢，然不得自盡其誠敬，終是不滿於心也。范氏所謂有其誠則有其神，無其誠則無其神。蓋神明不可見，惟是此心盡其誠敬，專一在於所祭之神，便見得洋洋然如在其上，如在其左右。然則神之有無，皆在於此心之誠與不誠，不必求之恍忽之間也。（南升）

問：祭神如神在，何神也。曰：如天地山川，社稷五祀之類。曰：范氏謂有其誠則有其神，無其誠則無其神。祇是心誠則能體得鬼神出否。曰：誠者，實也。有誠則凡事都有，無誠則凡事都無。如祭祀，有誠意則幽明便交，無誠意便都不相接了。曰：如非所當祭而祭，則爲無是理矣。若有是誠心，還亦有神否。

曰：神之有無也，不可必然。此處是以當祭者而言，若非所當祭底，便待有誠意，然這個都已錯了。（淳）

問：范氏云，有其誠則有其神，無其誠則無其神。恐是自家心裏以爲有便有，以爲無便無。曰：若祇據自家以爲有便有，無便無，如此却是私意了。這個乃是自家欠了他底。蓋是自家空在這裏祭，誠意却不達於彼，便如不曾祭相似。（燾）

子善問鬼神。范氏解祭如在云，有其誠則有其神，無其誠則無其神。虛空中無非氣，死者既不可得而求矣。子孫盡其誠敬，則祖考即應其誠，還是虛空之氣自應吾之誠，還是氣祇是吾身之氣。曰：祇是自家之氣。蓋祖考之氣與己連續。（賀孫）

又卷三十九

季路問事鬼神章

事人事鬼，以心言。知生知死，以理言。（泳）

或問：季路問鬼神章。曰：事君親，盡誠敬之心，即移此心以事鬼神，則祭如在，祭神如神在。人受天所賦許多道理，自然完具無欠闕，須盡得這道理無欠闕，到那死時，乃是生理已盡，安於死而無愧。（時舉）

或問：二氣五行，聚則生，散則死，聚則不能不散，如晝之不能不夜，故知所以生，則知所以死。苟於事人之道未能盡，焉能事鬼哉。曰：不須論鬼爲已死之物，但事人須是誠敬，事鬼亦要如此。事人，如出則事公卿，入則事父兄，事其所當事者，事鬼亦然。苟非其鬼而事之，則諂矣。（去偽）

問：人鬼一理，人能誠敬，則與理爲一，自然能盡事人事鬼之道。有是理則有是氣。人，氣聚則生，氣散則死，是如此否。曰：人且從分明處理會去，如誠敬不至以之事人，則必不能盡其道，況事神乎。不能曉其所以生，則又焉能曉其所以死乎。

亞夫問：未知生，焉知死。先生曰：若曰氣聚則生，氣散則死，才説破，則人便都理會得。然須知道人生有多少道理，自稟五常之性以來，所以父子有親，君臣有義者，須要一一盡得這生底道理，則死底道理皆可知矣。張子所謂，存，吾順事。沒，吾寧也。是也。（時舉）

問：天地之化，雖生生不窮，然而有聚必有散，有生必有死。能原始而知其聚而生，則必知其後必散而死。能知其生也，得於氣化之日，初無精神寄寓於太虛之中，則知其死也。與氣而俱散，無復更有形象尚留於冥漠之內，曰死，便是都散無了。

或問：季路問鬼神章。曰：世間無有聚而不散，散而不聚之物。聚時是這模

樣，則散時也是這模樣。若道孔子説與子路，又不全與他説。若道不説，又也祇是恁地。（義剛）

先生説：未能事人，焉能事鬼。曾以一時趨平原者言之，我於人之不當事者不妄事，則於鬼神亦然。所以程子云：能盡事人之道，則能盡事鬼之道。一而二，二而一。（過）

問：伊川謂死生人鬼，一而二，二而一。是兼氣與理言之否。曰：有是理，則有是氣。有是氣，則有是理。氣則二，理則一。（賀孫）

徐問：《集注》云：鬼神不外人事，在人事中何以見。曰：鬼神祇是二氣屈伸往來。在人事如福善禍淫，亦可見鬼神道理。《論語》少説此般話。曰：動靜語默，亦是此理否。曰：亦是。然聖人全不曾説這般話與人，以其無形無影，固亦難説。所謂敬鬼神而遠之，祇如此説而已。

宋黄震《黄氏日抄》卷十五

唯祭祀之禮，主人自盡焉爾。豈知神之所饗，亦以主人有齊敬之心也。

此言祭祀未必神之來饗，惟當盡齊敬之心。然愚恐非所以訓，孔子曰：祭如在。（補）

又卷二十五

讀禮記（十二）

誠者，物之終始。不誠無物者，以理言之，則天地之理至實而無一息之妄。故自古至今無一物之不實，而一物之中自始至終皆實理之所爲也。以心言之，則聖人之心亦至實而無一息之妄，故從生至死無一事之不實，而一事之中自始至終皆實心之所爲也。此所謂誠者物之終始者然也。苟未至於聖人，而其本心之實者，猶未免於間斷，則自其實有此心之初，以至未有間斷之前，所爲無不實者。及其間斷，則自其間斷之後，以至未相接續之前，凡所云爲皆無實之可言。雖有其事，亦無以異於無有矣。

愚按：雖有其事，亦無以異於無有，此説於不誠無物極爲明切。蓋物即事也，故饗祀而誠，則有祖先。心一不誠，豈能如聞太息之聲矣。如誦讀而誠，則見義理心一。不誠，豈能復知詩書之味矣。心在此則事在此，心在此者，誠也。事在此者，即其心也。祭如在，執事敬，皆誠者物之所以終始也。否而心不在焉，雖視而不見，聽而不聞，飲食而不知其味，是皆不誠故無物也。

宋鮑雲龍撰，明鮑寧辨正《天原發微》卷五下

鬼神

程子曰：《易》説鬼神便是造化。以春而原之，其必有冬。以冬爲終而反之，其必有春。死生者，其與是類也。知生之道，即知死之道。知事人之道，即知事神之道。死生人鬼，一而二，二而一也。

朱子曰，鬼神自是難理會底，且就緊處做工夫。人生有多少道理，自稟五常之性以來，所以父子有親，君臣有義，須一一理會生底道理，則死底道理皆可知。如事君事親，事其所當事，盡誠敬之道，即移此心以事鬼神，則祭如在，祭神如神在。須是得這道理無欠缺，到得那死時，乃是生理已盡，亦安於死而無愧。故張子曰，存，吾順事。歿，吾寧也。儒者以理爲不生不滅，釋氏以神識爲不生不滅。聖人不説死，已死，更説甚事。聖人祇説既生之後，未死之前，須與他精細理會，教是六經載，聖賢行事備矣。於死生之際，無述焉。蓋以爲常事也。《記》與《魯論》獨載曾子寢疾時事爲詳，不過教學者以保身謹理而已，豈效浮屠不察於理而以坐亡立脱爲奇哉。胡明仲曰，人生物也，佛不言生而言死。人事可見也，佛不言顯而言幽。橫渠形潰反原以爲人，得此氣而生，死則復歸大原去。蓋人死則氣散了，那大原裏氣又別抽出來生人。

又曰：天地是體，鬼神是用。

天地是舉其全體而言，鬼神是舉其中運動變化，通上下而言。如雨風露雷草木，皆是以類而推。春夏是神，秋冬是鬼。晝是神，夜是鬼。午前是神，午後是鬼。息是神，消是鬼。生是神，死是鬼。鼻息呼是神，吸是鬼。語是神，默是鬼。伸是神，屈是鬼。氣方來是神，反是鬼。日是神，月是鬼。初三後是神，十六後是鬼。天造是神，地化是鬼。草木方發生是神，凋落是鬼。人少壯是神，衰老是鬼。風雷鼓舞是神，收斂是鬼。風雨雷電初發時是神，風休雨過雷住電息是鬼。

又卷五下

程子又曰：伯有爲厲，事別是一理。朱子曰：謂非死生之常理。又曰：人氣未盡而强死，自是能爲厲。子產爲之立後，使有所歸。此語窮理煞精，可謂知鬼神之情狀矣。

《左氏》鄭人相驚曰，伯有至矣，則皆走，不知所往。或夢伯有介而行，曰，予將殺帶，又殺段也。國人益懼。子產立公孫洩以撫之，乃止。曰：鬼神有歸，乃不爲厲。吾爲之歸也。晉趙景問曰，伯有猶爲鬼乎。曰，用物精多，則魂魄强，是以有精爽，至於神明。匹夫匹婦强死，其魂魄猶憑依於人，以爲淫厲。況良宵，我先君穆公之冑，其用物也宏，其取精也多，其族又大，所憑厚矣，而强死能爲鬼，不亦宜乎。唐孔氏曰，謂其居高官，而任權勢，奉養厚，故用物精多，而魂魄强。或問，先儒言鬼神之事，道有又無。今《左氏》所載，不可謂無矣。朱子謂，人禀天地之氣，終有散時，特散有遲速爾。其精神所到，上動於天。昔荆軻慕燕丹之義，而白虹貫日，衛先生爲秦畫長平之策，而太白食昴。漢殺孝婦，而三年大旱。晉殺一無罪都督，而血逆流於柱。他如齊景公夢梧丘之鬼。漢王氏雪鵠亭之冤。史氏所書，皆不可誣也。愚請各條其説，不使後之言鬼神者，失所趨向而茫無指準，是亦敬而遠之之義。

其説曰：陰陽二氣，散在兩間。觸目無非鬼神者，不隨他地頭去分别，則混爲一區。幽明惑亂，而人道不立矣。故在天爲日月星辰風雨霜露四時寒暑，必有鬼神行乎其中，顯然可見。《書》所謂禋於六宗是也。自當作一類看。在地則五嶽四瀆山君川后，能出興雲雨，以助化工，不可謂無，武成所謂所過名山大川是也。當自作一類看。有功德在民，載在祀典，如昌黎所謂勾龍后稷以功，夫子以德，爲聖爲賢，歷萬世而不可磨滅者，當自作一類看。如人死曰鬼，氣已散了，子孫精神聚處，則祖考來格。《魯論》所謂祭如在，祭神如神在。豈特士祭其先爲然，自天子至於庶人，皆有等級，分劑不可踰越，當自作一類看。下而至於山夔土羵水魍木妖，無鬼有論而怪興，蘆菔誅囚而躬對，不可不信也。或懸潁附箕，或生霆起鶴，天地間自有此等遊魂。鬼術足以惑人，不可謂無，但非其正，亦當自作一類看。分類既精，而析理甚明，則谷永所謂明於天地之性，而不惑於神怪。昔人所謂以道治天下，則其鬼不神。修身之道得矣。人之一身，鬼神之會也。衹這軀殼在此，裏而内外無一非天地陰陽之氣，此心纔動便應，故曰，天地之塞，吾其體。天地之帥，吾其性。吾心正，則那公平正直底鬼神自相應。一有不正，則彼之遊魂戾氣亦相糾結，而不可解矣。朱子曰，如魚在水。外面水即他肚裏水，鱖魚肚中水便是鯉魚肚中水。斯言雖小，可以喻大。後世以來，妖淫浮祀之説興，而吾心鬼神之德荒矣。嗚呼。悲哉。

明張九韶《理學類編》卷五

鬼神

魯齋鮑氏曰：陰陽二氣，散在兩間，觸目無非鬼神者，不隨他地頭去分别，則混爲一區，幽明惑亂，而人道不立矣。故在天爲日月星辰，風雨霜露，四時寒暑，必有鬼神行乎其間，顯然可見。《書》所謂禋於六宗是也，自當作一類看。在地則五嶽四瀆，山君川后，能出興雲雨，以助化工，不可謂無。《武成》所謂所過名山大川是也，自當作一類看。有功德在民，載在祀典。如韓子所謂勾龍后稷以功，孔子以德爲聖爲賢，歷萬世而不可磨滅者，自當作一類看。如人死曰鬼，氣已散了，子孫精誠聚處則祖考來格。《論語》所謂祭如在，祭神如神在。不特士祭其先爲然，自天子至於庶人，皆有等級分際，不可踰越，自當作一類看。下而至於山夔土羵水罔木妖，或懸箕附穎，或生霆起鶴，天地間自有此等。

遊魂鬼術，足以惑人，不可謂無，但非正理，亦當自作一類看。

右論鬼神之情狀。

愚按：鬼神之説，先儒論之詳矣。蓋天地之間，陰陽之氣，流動充滿，莫非鬼神。即天地之大言之，日月雷電，風雲雨露皆鬼神也。春夏秋冬，晦明晝夜，皆鬼神也。即人身之微言之，動止語默，寤寐噓吸，皆鬼神也。生長老死，精氣魂魄，皆鬼神也。以至山川之融結，潮汐之消長，皆鬼神也。草木之榮枯，華實之開落，皆鬼神也。不此之論，而指土木偶人以爲神，魑魅魍魎以爲鬼，是皆愚民無知之論，曾可以此論正大之鬼神哉。

子曰：非其鬼而祭之，諂也。朱子曰：非其鬼，謂非所當祭之鬼。諂，求媚也。南軒張氏曰：祀典自天子至於庶人，各有其分，而不可踰。蓋天理也，有是理則有是鬼神，若於非所當祭而祭焉，既無其理，何享之有。

祭如在，祭神如神在。程子曰：祭，祭先祖也。祭神，祭外神也。祭先主於孝，祭神主於敬。范氏曰：君子之祭，七日戒，三日齋，必見所祭者，誠之至也。是故有其誠則有其神，無其誠則無其神。可不謹乎。吾不與祭，如不祭。誠爲實，禮爲虛也。

明丘濬《大學衍義補》卷五十五

祭如在，祭神如神在。子曰：吾不與祭，如不祭。

程頤曰：祭，祭先祖也。祭神，祭外神也。祭先主於孝，祭神主於敬。

朱熹曰：孔子言己當祭之時，或有故不得與，而使他人攝之，則不得致其如在之誠，故雖已祭而此心缺然，如未嘗祭也。

范祖禹曰：君子之祭，七日戒，三日齊，必見所祭者，誠之至也。是故郊則天神格，廟則人鬼享，皆由己以致之也。有其誠則有其神，無其誠則無其神。可不謹乎。吾不與祭，如不祭。誠爲實，禮爲虛也。

臣按：朱子謂此門人記孔子祭祀之誠意，又記孔子之言以明之，所謂吾不與祭，如不祭。蓋謂當祭而或有疾病不得已之事，而使他人攝行其事，非甚不得已，決不可也。然所攝之人必須氣類相通，職掌所係，然後使之代行，可也。不然，恐無感格之理，是故內祭當用親屬，外祭當用禮官。後世用其官爵之尊崇者，非是竊。考洪武禮制，開國以來，各布政司府州縣社稷山川等壇，原定行禮獻官以守禦武臣爲初獻，文臣爲亞獻，終獻。洪武十四年聖祖命：今後祭祀以文職長官通行三獻禮，武官不與祭，禮部臣言，官有職掌，禮貴誠一，古之刑官尚不使與祭，而況兵又爲刑之大者乎。不令武官與祭，所以嚴事神之道而達幽明之交也。著在禮制，頒行天下，今百餘年矣。臣請朝廷遇有遣官攝祭，亦準此制，而以禮官行事，庶合《周官·大宗伯》王不與則攝位之文。

明湛若水撰《格物通》卷十五

敬祖考

《祭義》曰：致齊於內，散齊於外。齊之日，思其居處，思其笑語，思其志意，思其所樂，思其所嗜，齊三日，乃見其所爲齊者。祭之日，入室，僾然必有見乎其位。周還出戶，肅然必有聞乎其容聲。出戶而聽，愾然必有聞乎其歎息之聲。是故先王之孝也，色不忘乎目，聲不絕乎耳，心志嗜欲不忘乎心。致愛則存，致慤則著。著存不忘乎心，夫安得不敬乎。君子生則敬養，死則敬享，思終身弗辱也。

臣若水通曰：致齊者，散齊後三日之齊也。內，謂齊所也。散齊者，致齊前七日之戒，不飲酒茹葷也。外，未就齊所也。齊之日，凡親之身所當思者，無或忘焉。內外致一，齊之至也。見所爲齊思之至也，是則敬之始也。出入周還，必有見聞乎聲容歎息者，祭如在也，敬之至也。是故先王之孝，致其追念之愛，則聲色志欲不忘而存焉，致其想見之慤，則聲容歎息不微而著焉。然而慤也者，愛之所爲也。著也者，存之所爲也。愛則慤，存則著，愛慤無二心，存著無二事，是故孝子之敬，貫始終而一之者也。生則敬養，盡吾愛也。死則敬享，繼吾養也。思終身弗辱焉，終己之身也，敬之至也。然則人子事親之道，可一言而盡者，其敬乎。

清《性理大全書》卷二十八

鬼神

朱子曰：地祇者，《周禮》作示字，祇是示見著見之義。地之神，祇是萬物發生，山川出雲之類。鬼神若是無時，古人不如是求。七日戒，三日齊，或求諸陽，或求諸陰，須是見得有。如天子祭天地，定是有個天有個地。諸侯祭境內名山大川，定是有個名山大川。大夫祭五祀，定是有個門行戶竈中霤。今廟宇有靈底，亦是山川之氣會聚處，久之被人掘鑿損壞，於是不復有靈，亦是這些氣過了。

問：祭天地山川而用牲帛酒醴者，祇是表吾心之誠耶，抑真有氣來格也。曰：若道無物來享時，自家祭甚底。肅然在上，令人奉承敬畏，是甚物。若道真有雲車擁從而來，又妄誕。問天神地示之義。曰：注疏謂天氣常伸謂之神，地道常默以示人謂之示。問：鬼者，陰之靈。神者，陽之靈。司命中霤竈與門行，人之所用者，有動有靜，有作有止，故亦陰陽鬼神之理，古人所以祀之，然否。曰：有此物便有此鬼神，蓋莫非陰陽之所爲也。五祀之神，若細分之，則戶竈屬陽，門行屬陰，中霤兼統陰陽。就一事之中，又自有陰陽也。問：子之祭先祖，固是以氣而求。若祭其他鬼神，則如之何，有來享之意否。曰：子之於祖先，固有顯然不易之理。若祭其他，亦祭其所當祭。祭如在，祭神如神在。如天子則祭天，是其當祭，亦有氣類，烏得而不來歆乎。諸侯祭社稷，故今祭社，亦是從氣類而祭，烏得而不來歆乎。今祭孔子必於學，其氣類亦可想。

問：天地山川是有個物事，則祭之，其神可致。人死，氣已散，如何致之。曰：衹是一氣。如子孫有個氣在此，畢竟是因何有此其所自來。蓋自厥初生民，氣化之祖相傳到此，衹是此氣。問：祭先賢先聖，如何。曰：有功德在，人人自當報之。古人祀五人帝，衹是如此。後世有個新生底神道，緣衆人心邪。向他，他便盛。如狄仁傑衹留吳泰伯、伍子胥廟，壞了許多廟，其鬼亦不能爲害。緣是他見得無這物事了。上蔡云：可者，欲人致生之，故其鬼神。不可者，欲人致死之，故其鬼不神。問：道理有正則有邪，有是則有非，鬼神之事亦然。世間有不正之鬼神，謂其無此理則不可。曰：老子謂以道蒞天下者，其鬼不神。若是王道脩明，則此等不正之氣都消鑠了。一云：老子云：以道治世，則其鬼不神。此有理行正當事人，自不作怪。棄常，則妖興。

清《御定孝經衍義》卷八十七

卿大夫之孝

子入太廟，每事問。或曰：孰謂鄹人之子知禮乎。入太廟，每事問。子聞之，曰：是禮也。

張栻曰：禮以敬爲主，宗廟之事嚴矣。其大體固無不知也，至于有司之事，則容亦有所不知者焉。知與不知，皆從而問，敬其事也。

臣按：經言，禮者，敬而已矣。敬其事，故不知而問，雖知亦必更審焉。蓋其事之大體，聖人固無不知，若夫習其數而舉其物，雖聖人有不能盡者矣。每事必問，是以敬心處之，禮之本也。因每事之問，以至事無不知，可以周旋而無失禮之文也。夫國之大事，在祀與戎。他日夫子曰：我戰則克，祭則受福。蓋得其道矣。戰克之道，何也。臨事而懼，好謀而成者是也。受福之道，何。入太廟，每事問。祭如在，祭神如神在是也。皆禮也。

清《御纂朱子全書》卷十二

祭如在章

問：祭如在。人子固是盡誠以祭，不知真可使祖宗感格否。曰：上蔡言：自家精神即祖考精神。這裏盡其誠敬，祖宗之氣便在這裏，衹是一個根苗來。如樹已枯朽，邊旁新根即接續這正氣来。

或問：祭如在，祭神如神在。曰：祭先主於孝，祭神主於敬。雖孝敬不同，而如在之心則一。聖人萬一有故而不得與祭，雖使人代，若其人自能極其恭敬，固無不可。然我這裏自欠少了，故如不祭。

問：祭神如神在，何神也。曰：如天地山川，社稷五祀之類。曰：范氏謂有其誠則有其神，無其誠則無其神。祇是心誠則能體得鬼神出否。曰：誠者，實也。有誠，則凡事都有。無誠，則凡事都無。如祭祀，有誠意則幽明便交。無誠意便都不相接了。曰：如非所當祭而祭，則為無是理矣。若有是誠心，還亦有神否。曰：神之有無也，不可必然。此處是以當祭者而言，若非所當祭底，便待有誠意，然這個都已錯了。

問：范氏云：有其誠則有其神，無其誠則無其神。恐是自家心裏以為有便有，以為無便無。曰：若祇據自家以為有便有，無便無，如此却是私意了。這個乃是自家欠了他底，蓋是自家空在這裏祭，誠意却不達於彼，便如不曾祭相似。（以上語類四條）

又卷十七

季路問事鬼神章

或問季路問鬼神章。曰：事君親，盡誠敬之心，即移此心以事鬼神，則祭如在，祭神如神在。人受天所賦許多道理，自然完具無欠闕，須盡得這道理無欠闕，到那死時，乃是生理已盡，安於死而無愧。

問：人鬼一理。人能誠敬則與理為一，自然能盡事人。事鬼之道，有是理則有是氣。人氣聚則生，氣散則死，是如此否。曰：人且從分明處理會去。如誠敬不至，以之事人，則必不能盡其道，況事神乎。不能曉其所以生，則又焉能曉其所以死乎。

亞夫問：未知生，焉知死。先生曰：若曰氣聚則生，氣散則死，纔說破，則人便都理會得。然須知道人生有多少道理，自稟五常之性以來，所以父子有親，君臣有義者，須要一一盡得這生底道理，則死底道理皆可知矣。張子所謂，存，吾順事。沒，吾寧也是也。

或問季路問鬼神章。曰：世間無有聚而不散，散而不聚之物。聚時是這模樣，則散時也是這模樣。若道孔子說與子路，又不全與他說。若道不說，又也祇是恁地。

問：伊川謂死生人鬼，一而二，二而一。是兼氣與理言之否。曰：有是理，則有是氣。有是氣，則有是理。氣則二，理則一。（以上《語類》五條）

盡愛親，敬長，貴貴，尊賢之道，則事鬼之心不外乎此矣。知乾坤變化，萬物受命之理，則生之，有死可得而推矣。夫子之言，固所以深曉子路。然學不躐等，於此亦可見矣。近世說者，多借先聖之言，以文釋氏之旨，失其本意遠矣。

（答廖子晦）

問子路問事鬼神一章。謂謂由聚散，故有生死；由幽明，故有人鬼。而所謂理，則無有聚散幽明之異也。學者求盡乎理，可也。盡乎事人之理，則鬼神之理，不外是。知其所以生，則死之理可見，亦即其著見者而致其知，實其行而已。不然將求諸恍惚茫昧之域，終亦不知焉耳矣。曰：亦善。然事人之道未易盡，所以生者亦未易知也。（答方賓王　以上《文集》二條）

又卷五十一

論祭祀祖考神祇

問：鬼神以祭祀而言。天地山川之屬，分明是一氣流通，而兼以理言之。人之先祖，則大槩以理為主，而亦兼以氣魄言之。若上古聖賢，則祇是專以理言之否。曰：有是理，必有是氣。不可分説，都是理，都是氣。那個不是理，那個不是氣。問：上古聖賢所謂氣者，祇是天地間公共之氣。若祖考精神，則畢竟是自家精神否。曰：祖考亦祇是此公共之氣。此身在天地間，便是理與氣凝聚底。天子統攝天地，負荷天地間事，與天地相關，此心便與天地相通，不可道他是虛氣，與我不相干。如諸侯不當祭天地，與天地不相關，便不能相通。聖賢道在萬世，功在萬世。今行聖賢之道，傳聖賢之心，便是負荷這物事，此氣便與他相通。如釋奠列許多籩豆，設許多禮儀，不成是無此，姑謾為之。人家子孫負荷祖宗許多基業，此心便與祖考之心相通。《祭義》所謂春禘秋嘗者，亦以春陽來則神亦來，秋陽退則神亦退，故於是時而設祭，初間聖人亦祇是略為禮，以達吾之誠意，後來遂加詳密。

周問：何故天曰神，地曰祇，人曰鬼。曰：此又別氣之清明者為神，如日月星辰之類是也，此變化不可測。祇，本示字，以有跡之可示，山河草木是也，比天象又差著。至人，則死為鬼矣。又問：既曰往為鬼，何故謂祖考來格。曰：此以感而言。所謂來格，亦略有些神底意思。以我之精神，感彼之精神，蓋謂此也。祭祀之禮，全是如此。且天子祭天地，諸侯祭山川，大夫祭五祀，皆是自家精神抵當得他過，方能感召得他來。如諸侯祭天地，大夫祭山川，便沒意思了。

陳後之問：祖宗是天地間一個統氣，因子孫祭享而聚散。曰：這便是上蔡所謂：若要有時便有，若要無時便無。是皆由乎人矣。鬼神是本有底物事，祖宗亦祇是同此一氣，但有個總腦處，子孫這身在此，祖宗之氣便在此，他是有個血脈貫通，所以神不歆非類，民不祀非族，祇為這氣不相關。如天子祭天地，諸侯祭山川，大夫祭五祀。雖不是我祖宗，然天子者，天下之主。諸侯者，山川之主。大夫者，五祀之主。我主得他，便是他氣又總統在我身上。如此，便有個相關處。

問：人之死也，不知魂魄便散否。曰：固是散。又問：子孫祭祀却有感格者，如何。曰：畢竟子孫是祖先之氣，他氣雖散，他根却在這裏，盡其誠敬，則亦能呼召得他氣聚在此。如水波樣，後水非前水，後波非前波，然却通祇是一水波。子孫之氣與祖考之氣，亦是如此。他那個當下自散了，然他根却在這裏，根既在此，又却能引聚得他那氣在此。此事難説，祇要人自看得。

問：《下武》詩：三后在天。先生解云：在天，言其既没而精神上合於天。此是如何。曰：便是又有此理。用之云：恐祇是此理上合於天耳。曰：既有此理，便有此氣。或曰：想是聖人稟得清明純粹之氣，故其死也，其氣上合於天。曰：也是。如此，這事又微妙難説，要人自看得。世閒道理有正當易見者，又有變化無常不可窺測者，如此方看得這個道理活。又如云：文王陟降，在帝左右。如今若説文王真個在上帝之左右，真個有個上帝如世間所塑之像，固不可。然聖人如此説，便是有此理。如周公《金縢》中乃立壇墠一節，分明是對鬼。若爾三王，是有丕子之責於天，以旦代某之身。此一段先儒都解錯了，祇有晁以道説得好。他解丕子之責如史傳中責其侍子之責，蓋云上帝責三王之侍子。侍子，指武王也。上帝責其來服事左右，故周公乞代其死，云以旦代某之身，言三王若有侍子之責於天，則不如以我代之，我多才多藝，能事上帝。武王不若我多才多藝，不能事鬼神，不如且留他在世上，定你之子孫與四方之民。文意如此。伊川却疑周公不應自説多才多藝，不是如此，他止是要代武王之死爾。

用之問：先生《答廖子晦書》云，氣之已散者，既化而無有矣，而根於理而日生者，則固浩然而無窮也。故上蔡謂我之精神即祖考之精神，蓋謂此也。問：根於理而日生者，浩然而無窮，此是説天地氣化之氣否。曰：此氣祇一般。《周禮》所謂天神、地示、人鬼，雖有三樣，其實祇一般。若説有子孫底引得他氣來，則不成無子孫底，他氣便絕無了。他血氣雖不流傳，他那個亦是浩然日生無窮。如《禮》書諸侯因國之祭，祭其國之無主後者，如齊太公封於齊，便用祭甚爽鳩氏、季萴、逢伯陵、蒲姑氏之屬，蓋他先主此國來，禮合祭他。然聖人制禮，惟繼其國者，則合祭之，非在其國者，便不當祭。便是理合如此，道理合如此，便有此氣。如衛侯夢康叔云：相奪予饗，蓋衛后都帝丘，夏后相亦都帝丘，則都其國自合當祭，不祭，宜其如此。又如晉侯夢黃熊人寢門，以爲鯀之神，亦是此類。不成説有子孫底方有感格之理，便使其無子孫，其氣亦未嘗亡也。如今祭勾芒，他更是遠，然既合當祭他，便有些（池作此）氣。要之，通天地人祇是這一氣，所以説洋洋然如在其上，如在其左右，虛空偪塞，無非此理，自要人看得活，難以言曉也。所以明道答人鬼神之問云：要與賢説無，何故聖人却説有。要與賢説有，賢又來問某討説。祇説到這裏，要人自看得。孔子曰：未能事人，焉能事鬼。而今且去理會緊要道理，少閒看得道理通時，自然曉得。上蔡所説，已是煞分曉了。

問：鬼神恐有兩樣。天地之閒，二氣氤氳，無非鬼神，祭祀交感，是以有感有。人死爲鬼，祭祀交感，是以有感無。曰：是。所以道天神人鬼，神便是氣之伸，此是常在底。鬼便是氣之屈，便是已散了底。然以精神去合他，又合得在。問：不交感時，常在否。曰：若不感而常有，則是有餒鬼矣。

問：子孫祭祀，盡其誠意以聚祖考精神，不知是合他魂魄，祇是感格其魂氣。曰：焫蕭祭脂，所以報氣。灌用鬱鬯，所以招魄。便是合他，所謂合鬼與神，教之至也。又問：不知常常恁地，祇是祭祀時恁地。曰：但有子孫之氣在，則他便在。然不是祭祀時，如何得他聚。

問：死者魂氣既散，而立主以主之，亦湏聚得些子氣在這裏否。曰：古人自始死，弔魂復魄，立重設主，便是常要接續他些子精神在這裏。古者釁龜，用牲血，便是覺見那龜久後不靈了，又用些子生氣去接續他。《史記》上《龜策傳》占春，將鷄子就上面開卦，便也是將生氣去接他，便是釁龜之意。又曰：古人立尸，也是將生人生氣去接他。

子善問鬼神。范氏解祭如在云，有其誠則有其神，無其誠則無其神。虛空中無非氣，死者既不可得而求矣。子孫盡其誠敬，則祖考即應其誠，還是虛空之氣自應吾之誠，還是氣祇是吾身之氣。曰：祇是自家之氣。蓋祖考之氣與己連續。

問：齊明盛服，以承祭祀，却如何。曰：亦祇是此往來屈伸之氣。古人到祭祀處，便是招呼得來。如天地、山川、先祖皆不可以形求，却是以此誠意求之，其氣便聚。又問：祖先已死，以何而求。曰：其氣亦自在，祇是以我之氣承接其氣，才致精神以求之，便來格，便有來底道理。古人於祭祀處極重，直是要求得之。商人求諸陽，便先作樂，發散在此之陽氣以求之。周人求諸陰，便焚燎鬱鬯，以陰静去求之。（以上《語類》九條）

問鬼神之義。來教云，祇思上蔡祖考精神便是自家精神一句，則可見其苗脈矣。必大嘗因書以問正淳，正淳答云：祖考是有底人，便是有此理。爲子孫者，能以祖考之遺體，致其誠敬以饗之，則所謂來格者，蓋真有此理也。然必大嘗讀《太極圖義》有云：人物之始，以氣化而生者也。氣聚成形，則形交氣感，遂以形化，而人物生生，變化無窮。是知人物在天地閒，其生生不窮者，固理也。其聚而生，散而死者，則氣也。有是理則有是氣，氣聚於此，則其理亦命於此。今所謂氣者既已化而無有矣，則所謂理者，抑於何而寓耶。然吾之此身，即祖考之遺體，祖考之所具以爲祖考者，蓋具於我而未嘗亡也。是其魂升魄降，雖已化而無有，然理之根於彼者，既無止息，氣之具於我者，復無閒斷，吾能致精竭誠以求之，此氣既純一而無所雜，則此理自昭著而不可掩，此其苗脈之較然可睹者也。上蔡云：三日齊，七日戒，求諸陰陽上下，祇是要集自家精神。蓋我之精神即祖考之精神，在我者既集，即是祖考之來格也。然古人於祭祀，必立之尸，其義精甚，蓋又是因祖考遺體以凝聚祖考之氣，氣與質合，則其散者庶乎復聚，此教之至也。故曰：神不歆非類，民不祀非族。必大前書所疑今日之來格者，非前日之發揚於上者，固非是矣。而正淳之説，言理而不及氣，若於存亡聚散之故，察之不密，則所謂以類而爲感應者，益滉漾而不可識矣。敢再此仰瀆尊聽，欲望更賜一言，以釋所蔽。

曰：所論鬼神之説甚精密，叔權書中亦説得正當詳悉。大抵人之氣傳於子孫，猶木之氣傳於實也。此實之傳不泯，則其生木雖枯毀無餘，而氣之在此者猶自若也。此等處但就實事上推之，反復玩味，自見意味真實深長。推説太多，恐反成汨没也。正淳所論，誠爲疎略，然恐辭或未盡其意耳。（答吳伯豐）

謝氏致生致死之説亦是。且借此字以明當祭與不當祭之意。致生之者，如事死如事生，事亡如事存是也。致死之者，如絶地天通，廢撤淫祀之類是也。若於所當祭者疑其有，又疑其無，則誠意不至矣，是不得不致生之也。於所不當祭者，疑其無，又疑其有，則不能無恐懼畏怯矣，是不得不致死之也。此意與《檀弓》論明器處，自不相害。（答王子合）

清何焯《義門讀書記》卷三

論語上

祭如在章

注：祭神，祭外神也。按：外神二字，乃對先祖言之。夫子之分，所得祭者，亦不過室中五祀而已。王孫賈問曰章，第二節，一思量到媚，便是逆理，便是得罪於天。周監於二代章，吾從不過詠嘆周文之盛，與《中庸》殊別。入手即提從字者，非也。周文之盛，全由監二代來。二代擡得高，則郁郁句益有精神矣。第二句亦不可截斷，講第三句從日用躬行上體貼，方是實事，亦不可槩指國家典章。

集部

晋陶潛《卿大夫孝傳》（明賀復徵編《文章辨體彙選》卷五百二十九）

孔子，魯人也。入則事父兄，出則事公卿。喪事不敢不勉，故稱曰孝乎惟孝，友於兄弟，是亦爲政也。君賜腥，必熟而薦之。雖蔬食而齊。祭如在。鄉人

儺，朝服立於阼。階孝之至也。至德要道，莫大於孝。是以曾參受而書之，游夏
之徒，常咨稟焉。許世子不嘗藥，書以弒父。宰我暫言減喪，責以不仁。言合訓
典，行合世範，德義可尊，作事可法，遺文不朽，揚名千載。孟莊子，魯人也。
孔子稱其孝，其他可能也。其不改父之政，與父之臣，是難能也。夫孝子之事親
也，事亡如事存。故當不義則爭之，存所不爭則亡，亦不敢改父之道，猶謂之
孝，況終身乎。潁考叔，鄭人也。莊公以叔段之故，與母誓曰：不及黃泉，無相
見也。既而悔之，考叔爲封人，聞之有獻於公，公賜之食而舍肉。公問之，對
曰：小人有母，末嘗君之羹，請以遺之。公曰：汝有母遺，繄我獨無。考叔曰：
何謂也。公語之故，且告之悔。考叔曰：若掘地及泉隧而相見，其誰曰不然。公
從之，遂爲母子如初。君子曰：潁考叔，純孝也。愛其母而施及莊公。《詩》
云：孝子不匱，永錫爾類。其是之謂乎。

贊曰：仁惟本悌，聖亦基孝，恂恂尼父，固天攸造，二子承親，式禮遵誥，
永錫爾類，無改遺操。

唐韓愈《原鬼》（《五百家注昌黎文集》卷十一）

韓曰：儒譏墨明鬼，而孔子祭如在，譏祭如不祭者曰：我祭則受福。不明鬼
哉。公于是作《原鬼》。

有嘯于梁，從而燭之無見也，斯鬼乎？

曰：非也。鬼無聲。

有立于堂，從而視之，無見也，斯鬼乎？

曰：非也。鬼無形。

有觸吾躬，從而執之，無得也，斯鬼乎？

曰：非也。鬼無氣。鬼無聲與形，補注：李石曰，公子彭生託形于豕，晉文
公託聲于牛。韓子謂鬼無聲與形，未盡也。安有氣。

曰：鬼無聲也，無形也，無氣也，果無鬼乎？

曰：有形而無聲者，物有之矣，土石是也。有聲而無形者，物有之矣，風霆
是也。霆，雷也。有聲與形者，物有之矣，人獸是也。無聲與形者，物有之矣，
鬼神是也。

曰：然則有怪而與民物接者，何也？

曰：是有二說。一本說下有有鬼有物四字。漠然無形與聲者，鬼之常也。人
有忤于天，有違于民，有爽于物，爽，差也。逆于倫而感于氣，于是乎鬼有託于
形，有憑于聲以應之，而下殃禍焉，皆民之爲也。一作皆民之爲之也。其既也，
既，盡也。又反乎其常。

曰：何謂物？

曰：成于形與聲者，土石風霆人獸是也。反其無聲與形者，其一作乎。鬼神是也。不能有形與聲，不能無形與聲者，一本無不能有形與聲六字，一本無不能無形與聲六字。物怪是也。故其作而接于民也無恒。故有動于民而爲福，亦有動于民而爲禍。樊曰：按《左氏》《國語》周惠王十五年，有神降于莘。王問諸內史過，對曰云云。有得神以興，亦有以亡。夏之興也，祝融降于崇山。其亡也，回祿信于聆隧。商之興也，檮杌次于丕山。其亡也，夷羊在牧。周之興也，鸑鷟鳴于歧山。其衰以杜伯射王于鄗。動于民而爲禍福，其斯之謂歟？亦有動于民而莫之爲禍福，適丁民之有是時也。作《原鬼》補注：李石曰，退之作《原鬼》，與晉阮千里相表裏。至作《羅池碑》，欲以鬼威揭人，是爲子厚求食也。《送窮文》雖出游戲，皆自叛其説也。退之以長慶四年寢疾，帝遣人召之曰，骨萐國世與韓氏相仇，欲同力討之。天帝之兵欲行陰誅，乃更藉人力乎？當是退之數窮識亂，爲鬼所乘。不然，平生强聒，至死無用。

又《禘祫議》（卷十四）

陛下追孝祖宗，肅敬祀事，凡在擬議，不敢自專，聿求厥中，延訪群下，然而禮文繁漫，所執各殊，自建中之初迄至今歲，屢經禘祫，未合適從。臣生遭聖明涵泳，恩澤雖賤不及議，而志切效忠。今輒先舉衆議之非，然後申明其説。一曰獻懿。廟主宜永藏之夾室，臣以爲不可。夫祫者，合也。毀廟之主，皆當合食於太祖。獻懿二祖，即毀廟主也。今雖藏於夾室，至禘祫之時，豈得不食於太廟乎。名曰合祭，而二祖不得祭焉，不可謂之合矣。二曰獻懿。廟主宜毀之瘞之，臣又以爲不可。謹按《禮記》天子立七廟一壇一墠，其毀廟之主，皆藏於祧廟，雖百代不毀祫，則陳於太廟而饗焉。自魏晉已降，始有毀瘞之議，事非經據，竟不可施行。今國家德厚流光，創立九廟，以周制推之，獻懿二祖，猶在壇墠之位，況於毀瘞而不禘祫乎。三曰獻懿。廟主宜各遷於其陵所，臣又以爲不可。二祖之祭於京師，列於太廟也，二百年矣。今一朝遷之，豈惟人聽疑惑，抑恐二祖之靈眷顧依遲，不即饗於下國也。四曰獻懿。廟主宜附於興聖廟而不禘祫，臣又以爲不可。傳曰：祭如在。景皇帝雖太祖，其於屬乃獻懿之子孫也。今欲正其子東向之位，廢其父之大祭，固不可爲典矣。五曰獻懿。二祖宜別立廟於京師，臣又以爲不可。夫禮有所降，情有所殺，是故去廟爲祧，去祧爲壇，去壇爲墠，去墠爲鬼，漸而之遠，其祭益稀。昔者魯立煬宮，《春秋》非之，以爲不當取已毀之廟，既藏之主，而復築宮以祭。今之所議與此正同。又雖違禮立廟至於禘祫也。合食則祫無其所廢，祭則於義不通。此五説者，皆所不可，故臣博采前聞，求其折中，以爲殷祖玄王，周祖后稷，太祖之上，皆自爲帝。又其代數已遠，不復祭之，故太祖得正東向之位，子孫從昭穆之列。禮所稱者，豈以紀一時之宜，非傳於後代之法也。傳曰：子雖齊聖，不先父食。蓋言子爲父屈也。景皇帝雖太祖也，其於獻懿則子孫也。當禘祫之時，獻祖宜居東向之位，景皇帝宜從昭穆之列，祖以孫尊，孫以祖屈，求之神道，豈遠人情。又常祭甚衆，合祭甚寡，則是太祖所屈之祭至少，所伸之祭至多。比於伸孫之尊，廢祖之祭，不亦順乎。事異殷周，禮從而變，非所失禮也。臣伏以制禮作樂者，天子之職也。陛下以臣議有可采，粗合天心，斷而行之，是則爲禮。如以爲猶或可疑，乞召臣對面陳，得失庶有發明。

唐《劉禹錫學校論》（《增注唐策》卷三）

本傳。憲宗元和中，嘗嘆天下學校廢，乃奏記宰相云。

言者謂天下少士，而不知養材之道，蘙薈不揚，非天不生材也。是不耕而歎廩庾之無餘，可乎。

貞觀時，學舍千二百區，生徒三千餘。外遺子弟入附者五國。崇曰：《儒學傳》廣學舍千二百區。三學益生員，並置書筭二學，皆有博士。大抵諸生員至三千二百。自玄武屯營飛騎，皆給博士。受經能通一經者，聽入貢限。新羅、高昌、百濟、吐蕃、高麗群酋長，並遣子弟入學。鼓筬踵堂者，凡八千餘人。今室廬圮廢，生徒衰少，非學官不振，病無貲以給也。

凡學，官春秋釋奠於先師，斯止辟雍，頖宮，非及天下。今州縣咸以春秋上丁有事孔子廟，其禮不應古，甚非孔子意。漢初群臣，起屠販，故孝惠、高后間，署原廟於郡國。逮元帝時，韋玄成遂議罷之。崇曰：《玄成傳》初，高祖時令諸侯王都皆立太上皇廟。至惠帝，尊高帝廟爲太祖廟，景帝尊孝文廟爲太宗廟，行所嘗幸郡國，各立太祖、太宗廟。至宣帝本始二年，復尊孝武廟爲世宗廟，行所巡狩亦立焉。至元帝時，貢禹奏言宜毀惠景廟。天子是其議。禹卒，玄成等請罷郡國廟。夫子孫尚不敢違禮饗其祖，況後學師先聖道而欲違之。傳曰，祭不欲數。崇曰：《記·祭義》云。又曰，祭神如神在。崇曰：《語》云，祭如在，祭神如神在。曰，吾不與祭，如不祭。與其煩於薦饗，孰若行其教，令教頹靡，而以非禮之祀媚之，儒者所宜疾。今夔四縣，歲釋奠費十六萬。舉天下州縣，歲凡費四千萬。適資三獻官飾衣裳，飴妻子，於學無補也。請下禮官博士議，罷天下州縣牲牢衣幣。春秋祭如開元時，藉其資半，畀所隸州，使增學校，營學室，具器用，豐餕食，董曰：餕，土卷反，飲食也。亦作饌。增掌故。儒官各加稍食，稍所教反。州縣進士皆立程督，則貞觀之風，粲然可復。

宋宋祁《祭如在賦（躬主明祭如彼神在）》（《景文集》卷四）

祭惟首義，禮乃慎終。念奉先而勵翼，必如在以欽崇。肅薦尊彝，恍先靈之可接。祗陳邊豆，訝聲欬以潛通，用能敦至孝於前，牒貫純誠于厥躬者也。作訓其誰，聞諸宣父。稽明祀之備物，欲致恭而爲主。謂夫祭則惟爾有神，謂乎在則莫予敢悔。相其志意，但見懍然如生，儼乃衣冠，孰云無念爾祖。蓋以自邇推遠，居幽達明，彼耿默以無朕，此吉蠲而有成。奠獻彌勤，若奉杳冥之信。齋莊愈篤，如聞歎息之聲。且夫物之感者，莫盛於神。禮之修者，莫大乎祭。所以交乎不測之用，立乃惟馨之制。思所樂而思所嗜，寅命有加於此乎，而於彼乎。精衷益勵，則知祭煩則數，祭怠則疏，故我嚴祀事以顯若，遵時思而穆如。奉鬯而前，望若有求之際。潔粢以進，儼同將見之初。若然，則故能立教哲人，垂謀翼子。苾芬之至如彼，濟漆之容若此。其用足見，其徵可擬。類謀事而就祖，必取致誠。譬入虛而有人，寧忘率履。异夫祭之垂範也，節之以禮。在之告虔也，先誠其身。念酬侑而咸舉，若音容之不泯，允謂孝子能享，至誠感神，亦猶事亡如存，顯周文之永錫。（闕）

宋羅從彥《豫章文集》卷十四

晦翁問延平云：祭如在，祭神如神在。熹疑此二句乃弟子記孔子事，又記孔子之言於下，以發明之。曰：吾不與祭，如不祭也。李先生應之，曰：侗嘗聞羅先生曰：祭如在，及見之者。祭神如神在，不及見之者。以至誠之意與鬼神交，庶幾享之。若誠心不至，於禮有失焉，則神不享矣。雖祭何爲。

宋胡宏《五峰集》卷五

語指南（証黃祖舜繼道沈大廉元簡之說）

子曰：禘自既灌而往者，吾不欲觀之矣。或問禘之說。子曰：不知也。知其說者之於天下也，其如示諸斯乎。指其掌。祭如在，祭神如神在。子曰：吾不與祭，如不祭。

黃氏曰，魯躋僖公，亂昭穆也。既灌之後，所以降神，故不欲觀之。或者不喻，而窮其說，孔子爲魯諱，故託以不知，而指其掌。其意若曰，明乎上下之分，治天下無難矣。夫祭以誠爲主，今從逆祀而失昭穆之義，於誠何有。是祭與不祭等矣。此孔子之所以不與。若吾與點也之與同。

沈氏曰，逆祀之說極好，指其掌，上詞已斷矣。下所言，以類記之者也，不必比而同之。與字一說，恐未安也。

評曰：逆祀之說固好，但恐孔子之意，不止謂此也。魯之郊禘，逆祀之大者，明則有禮樂，幽則有鬼神，此情狀見於禮樂，不可亂也。禘祫之禮樂不同，其鬼神亦異，豈可亂乎。祭如在，祭神如神在。連上文說，亦通。吾不與祭，如不祭。恐却是以類記，故有子曰二字題之。與字一說，誠未安也。

宋胡寅《零陵郡學策問》（《斐然集》卷二十九）

問：鬼神之理，學者所當知也。樊遲問知，孔子語以敬鬼神。子路問事鬼神，孔子語以事人爲先，何也。或不問而語之，或問而不語，是可疑也。《中庸》曰，鬼神之爲德，視之不可見，聽之不可聞。而舜之作樂也，祖考來格，周之作樂也，天神降，地祇出，何以知其格其降其出歟。是又可疑也。夫所謂視不見，聽不聞者，爲其無形聲可接也。而《易》曰，精氣爲物，遊魂爲變，是故知鬼神之情狀。既有情，又有狀，則非不可見不可聞矣。而《中庸》云爾，是又可疑也。以天神地祇言之，其情與狀可得而言歟。孔子祭如在，祭神如神在。蓋亦誠心想其嗜欲貌象，以致之祖考可爾也。天神地祇若爲而想之，是又可疑也。今釋老二教皆言鬼神，且又繪事之，土木偶之，果得其情狀乎。若以爲是，則世人所不識也，安知其爲是乎。若以爲非，則聖人所未及言也，又安知其爲非乎。是非有無，茫茫於吾心，以之事祖考，祖考必不格矣。又況於凡爲鬼神者乎。此學者所當精思而明辨之，不可以難知而遂止者也。

宋楊簡《家記三（論春秋禮樂）》（《慈湖遺書》卷九）

有子與子游立，見孺子慕者，有子謂子游曰，予壹不知，夫喪之踊也，予欲去之久矣。情在於斯，其是也夫。子游曰，禮有微情者，有以故興物者，有直情而徑行者，戎狄之道也。禮道則不然。人喜則斯陶，陶斯咏，咏斯猶，猶斯舞，舞斯慍，慍斯戚，戚斯嘆，嘆斯辟，辟斯踊矣。品節斯，斯之謂禮。人死，斯惡之矣。無能也，斯倍之矣。是故制絞衾，設蔞翣，爲使人勿惡也。始死，脯醢之奠將行，遣而行之。既葬而食之，未有見其饗之者也。自上世以來，未之有舍也。爲使人勿倍也。故子之所刺於禮者，亦非禮之訾也。

嗚乎。非聖之言，殊爲害道。直情徑行，戎狄之道也。放肆無禮固不可，而子游言禮，於心外唯曰微情，曰故興物，不言此心本有之，正謂人死斯惡之矣。此謂他人則可，謂其子則不可。孔子曰，人未有自致者也，必也親喪乎。人雖至不肖，其喪親也哀痛略同，而子游曰，斯惡之矣。誣矣。夫人皆有至孝之情，而子游誣之，以爲死而惡之，是奚可。是奚可。設蔞翣所以飾也，爲使他人之勿惡，猶之可也。若夫絞衾所以愛之，非謂他人而設，行人子哀痛忠愛之心而已矣。聖人因人本有忠愛切至之心，而爲之節文，故禮非自外至，人心之所自有也。至於又曰，無能也，斯倍之矣。其誣污人子之孝心滋甚，始死之奠，朝奠、夕奠、殷奠、啓奠、祖奠、遣奠、虞祭、接祭、卒哭祭、祔祭、練祥祭、禫祭，皆人子篤愛之誠，見諸禮文者如此，亦非自外至也，亦聖人因人心而爲之節也。至於又曰，未見其有饗之者也，噫。其甚矣。孔子曰，未知生，焉知死。未能事

人，焉能事鬼。生死一，人鬼一。孔子未嘗言無鬼神，而子游敢於言無鬼神，是
奚可。人惟不知生，故不知死。不知人，故不知鬼神。人寢不離床，而夢登天。
夢之千里之外，豈七尺之軀所能囿哉。人執氣血以爲己，執七尺以爲己，故裂死
生，判有無，殊人鬼，而不知其未始小異也，不知其未始不一也。孔子曰，夫
孝，天之經，地之義。又曰，禮本於大一，分而爲天地，轉而爲陰陽，變而爲四
時，列而爲鬼神。達於喪祭射御冠昏朝聘。又曰，吾道一以貫之。孔子祭如在，
知鬼神之實在。記者無以著孔子誠恪之心，故再言之，而子游以爲未有見其饗之
者也，是奚可。是奚可。

又《家記四（論《論語》上）》（又卷十）

祭如在，祭神如神在。此門弟子紀錄之辭。若夫孔子之心，則知鬼神之實在
也，不止於如在。何以明鬼神之實在。知人則知鬼神矣。知我則知彼矣。人不自
知我，故亦不知鬼神。季路問事鬼神。子曰，未能事人，焉能事鬼。問死。曰，
未知生，焉知死。于以明死即生，人即鬼神。鬼神者，無形之人。人者，有形之
鬼神。夫人之所以爲人者，以其神也。神無形，無形故無限量。《易大傳》言，
範圍天地之化。《中庸》言，聖人之道，發育萬物。聖人與人同耳。聖人先覺我
心之所同然耳。舉天下萬古之人，皆能範圍天地，發育萬物，而人自不知也。知
人之神心，無方無體，無所不在，則知鬼神亦無所不在。孔子自信，故亦信鬼
神，以爲鬼神實在，非意之也。

元戴表元《剡源文集》卷二十五

講義

祭如在 一節

祭之以禮，難言也。其禮之所以然，不可以不知也。惟知其禮之所以然，而
鬼神之狀，陰陽之故，皆瞭然於胸中，而祭可言也。此章祭如在，謂祭先祖時
也。祭先祖，如先祖之存，脉絡相通，精神相接，此易言也。祭神，論祭外神，
若天地社稷山川五祀之類。脉絡何以相通，精神何以相接，此難言也。古之人，
食則祭先炊，飲則祭先酒，馬祭馬祖，田祭田祖，以至捍大災，卹大患，有功於
國，有德於民者，舉不遺其祭。今且靜而思之，人惟不知恩義則已耳，稍稍知有
恩義，則凡有力於我者，豈能忘之。厥初生民，風氣朴野，不但拙於防患，患亦
未生，不但略於息爭，爭亦未有。洎乎爭鬭患作，人且不免，與禽獸相食。先後
聖賢，相繼出而憂之。於是乎有管攝，有拯助，有教導。又知夫人之衣食居處，
生息於宇宙之間，一物必資一物之力，資其力者必懷其感，懷其感者必圖其報，
此祭祀之所由始也。籩豆誠陳，尸祝誠設，登降瞻仰，若將臨之，周旋傾聽，若

將語之，精神安得而不接，血脉安得而不通乎。至若吾夫子之恩之德，開吾人耳目，洗吾人腸胃，易吾人心胸，續吾人命脉，隆於天地，深於父母，又當何如其感，何如其報。丁祀在邇，誓戒有言，謹爲諸君誦所聞，而諸君省焉。

明李東陽《重修瓊州府二賢祠記》（《懷麓堂集》卷六十五）

瓊州府舊有二賢祠，祀知府王徐二公者也。王公諱泰，字伯貞，以字行。吉之泰和人。洪武間以前，戶部主事，起知瓊。爲政寬簡。崖州黎殺人報讐，府衛以反聞，欲兵之。公保其無他，捕讐殺者數人，遂定。瓊田三穫，軍賦不時受。俟民乏急，則斂而倍入之。公始令每穫必輸，皆告便。流民来歸者，萬三千餘人。弘治十五年，以内艱去，民號泣攀送，十餘里不絕。徐公諱鑑，字子明，常之宜興人。宣德間，自戶部郎中奉勅知瓊，廉正寡慾。瓊多異產，中使踵接。公限有司弗予。及行所部，輒遣騎從之，俾不得肆。武官利黎產，多啓釁以邀賄。公鎮以無事，皆安堵不爲變。民漸黎俗，病不服藥。惟殺牛祭鬼，至鬻子女爲禳禱費。公婉而導之，民寖化，皆感悦立生祠祀公。比其卒，巷哭家祭。柩還，送者填海濱。目送其舟，至不見乃去。蓋其治祇四年，視王公不及三之一，而治狀相若。人以爲難。

瓊民思二公不置，祔祭於蘇文忠公祠。事有不平者，則往訴之，若官府然。成化初，知府蔣淇建祠於府治西醫學故基，標爲今名。久乃就坥。弘治初，知府張英改建於御史行臺之右，則今祠也。議以春秋舉祀事，復其民二人，俾世守焉。會左參議任君毅上京師，請爲記。

夫祭有二義，親與神之謂也。賦形受氣，一體而分。幽明之相通，聚散之相感，焄蒿悽愴，若或見之，則存乎親。上下四旁，昭布森列，善則福，不善則禍，比之賞罰，影隨而響答，則存乎神。斯二者，有所感，各有所應。精神魂氣之間，潛乎默契，有不容已者。孔子祭如在，祭神如神在，爲是故也。若守令之祭於民者，實兼二義而有之。恩則父母，靈則明神，故桐鄉之於朱邑，親之也。羅池之於柳子厚，神之也。畫地而守，分民而治，去留生死之相代者，其常也。德存而愛俱，功立而名傳。其去也有思，其遠也有追。膠固纏結，雖欲已之，有不可得者。是豈聲音笑貌，儀文器數，可飾具而强致哉。

顧今之守令，不惟不獲乎下，而反病之。故爲之民者，面背殊情，死生異觀。勉之恒常，或忽之倉卒者，比比而是。況累紀閱世，少者壯，壯者老，而其子孫苗裔，若躬沐膏澤，親炙風範，愈久而不能忘者，其難易何如也。

乃或以遐方僻地，誘於無所用治，苟焉以爲政，又從而徇之，以幸其泯而弗彰。然其實，終有不可揜者。聞二公之風，亦可以少省矣。厥後王公之子文端公名直，爲翰林學士，官至少傅。徐公之孫，今少傅公，名溥，與文端同官。學行勳績，後先相望，蔚爲名臣，皆以一品官階贈及祖考。朝有誥，家有廟，詩書簪組，綿延而未艾，所謂盛德必百世祀者，豈獨於其民徵之哉。東陽以學士典詞命，遠繼文端，比預機務，從少傅公後，獲考國史。及觀其家乘爲詳，併書以爲記，實弘治八年九月也。

《復古説》（清《御製文集》三集卷四）

予近作圭瑁及揖圭之説，亦既申論史家謬傳之不足信，與古之不易復矣。然圭瑁不過禮器之一端，無關國之大政與禮之要義也。禮之一端，不易復古，無所縈繫。若夫大政要義，益關天理民生之正道，實不可復古者。今雖無思復古之人，恐後之迂而泥古者，陷於耳食口傳之穿，尚有思復之説，故爲是論以明之。

夫所謂國之大政者，井田封建及公尸之説是也。井田之説，董仲舒已知其難。封建之説，柳宗元論之最悉。且自秦漢至今，卒無行者，其或行之無不立敗，見漢與明兹不贅論。若夫公尸之説，最爲失義，非正道。自周末已不行，徒以其類於孝，竟無人敢議及，而朱子方以爲氣與質合散者復聚，乃爲教之至。彼明理之人也，亦爲是謬論。問彼曾行之乎否乎。況以己之子爲父尸而拜之，斯爲顛倒彝倫之甚，與兒戲何異。且其子爲三四歲無知識者耶，著以衣冠而坐之位，彼且哭泣跳仆，不成儀矣。爲七八歲略有知識者耶，善性者必不自安，惡性者將嬉戲恣食，或以其父爲宜拜己者有之。將不用其子乎，則其弟其姪，非其父之子之孫乎。設以遠族叔伯之子孫，用之則益遠矣。與氣脉相屬，有何關涉。然此尚以一家言之，若夫宗廟昭穆之序，不止一人，將何以行之。止爲一室立尸乎，抑各室皆爲之立尸乎。扞格不通，有所必然，而《大小雅》《公尸》《皇尸》竟公然以爲宗廟大典，不誠可笑乎。夫此猶託於氣脉相關之説，而《曲禮》蓋已知其不可行，遂曲爲卜筮之説。《曲禮》：爲人子者，祭祀不爲尸。鄭康成注：尸者，尊者之處，爲其失子道，則尸。卜筮，無父者。孔穎達疏：尸代尊者，人子不爲也。是《曲禮》亦知其不可行，而鄭康成乃曲爲卜筮無父之説，率皆遷就泥古，乖正理耳。大族人多尚可，小族人少，將何以行之。至《白虎通》竟云，周公祭太山，用召公。《石渠論》謂周公祭天，用太公。此誠讕語不已，褻瀆神明而誣周公大失禮乎。孔子曰，祭如在，祭神如神在。不曾言尸也。夫此褻瀆大失禮之事，而以訛傳訛，傅會辯論不已。載之經史，傳之千古，而總無實據，乃後人無敢言其非者。豈不以其謬託隣於孝乎，孝詎可以僞爲哉。漢之賈董，唐之韓柳，宋之歐蘇，皆明理之人，善於論古，而皆未言及此。餘而不言，實自慝爲不讀書，不明理矣。遂不顧橫議，敍而論之。

清吳綺《白華樓贈詩序》（《林蕙堂全集》卷四）

　　蓋自虹垂孔室，貫天經地義以成書，鳥集參冠，探木本水源而立論。然經言至德，修身即用以顯揚。而事在敦倫，養志必先於寢食。故陟岵陟屺三百篇，皆教孝之言，而肯構肯堂十八章，重思親之義。何微言之既絕，説詩徒慨於卜商。致至行之云乖，補亡乃傳乎束晳。良由廉恥之道，幾廢於雷同，遂使磨錯之功，罕聞於風雅。世之季也，心有憂焉。何期方氏一門，乃有淮陽三俊。奉其壽母，几杖惟勤。迨此諸昆，塡篪允叶。春生棣萼，惟伯仲偕季以孔懷。日麗萱華，合手足殫心而竭力。樂其心，復娛其目。太夫人常御板輿，承其懽，因慮其勞，三君子共成丹閣，庭前草樹，移來宛似新豐。檻外煙雲，望去依然洛社。信盛事空傳里巷，歌於斯寧意哭于斯。豈仙人真好樓居，祭如在亦復事如在。爰題其額，仍以白華。用表其心，長存朱桷。登此樓者，庶無忝於所生，潔其身焉，將聿修乎厥德。于是梁園上客，慕義抽思，鄴地才人，聞聲佇想。湘東玉管，抒誠欵於望雲。江左銀箋，寫高言於垂露。千音競奏，皆傳韓鳳之聲。五色相宣，若洒皋魚之淚。豈若詞芳芍藥，徒矜東壁之光。句艷芙蓉，但耀西崑之藻而已哉。昔李興篤行，柳子厚爲銘其門。費冠潛修，杜彥之特旌其地。斯爲懋矣，豈不然歟。今天子風勵學宮，雲興寰宇。將孰榮乎懿行，用砥礪其末流。斯人不愧，元方可作百城之表。諸君好同，子美將挽六代之衰矣。是爲序。

第四章　子不語怪力亂神

經文：子不語怪力亂神。

注疏類

魏何晏，梁皇侃《論語集解義疏》卷四

子不語怪力亂神。

注：王肅曰，怪，怪異也。力，謂若奡盪舟，烏獲舉千鈞之屬也。亂，謂臣弑君，子弑父也。神，謂鬼神之事也。或無益於教化也，或所不忍言也。

疏：子不語怪力亂神。怪，怪異也，謂妖孽之事也。力，謂多力也。若烏獲舉千鈞之屬也。亂，謂臣子弑害君父之事也。神，謂鬼神之事也。此四事言之無益於教訓，故孔子語不及之也。或問曰，《易·文言》孔子所作，云臣弑君，子弑父，立亂事，而云孔子不語之，何也。答曰：發端曰言，答述曰語。此云不語，謂不誦答耳，非云不言也。或通云怪力是一事，亂神是一事，都不言此二事也。故李充曰：力不由理，斯怪力也。神不由正，斯亂神也。怪力亂神，有興於邪，無益於教，故不言也。

注，王肅曰至言也。云怪，怪異也者，舊云如山啼鬼哭之類也。云力謂若奡盪舟，烏獲舉千鈞之屬者，奡多力，能陸地推舟也。盪，推也。烏獲，古時健兒也。三十斤曰鈞，烏獲能舉三萬斤重也。云亂謂臣弑君子弑父者，惡逆為亂甚者也。云神謂鬼神之事者，子路問事鬼神。孔子曰，未能事人，焉能事鬼。是不言也。云或無益於教化者，解不言怪力神三事也。云或所不忍言者，解不言亂事也。

魏何晏，宋邢昺《論語注疏》卷七

子不語怪力亂神。

注：王曰，怪，怪異也。力，謂若奡盪舟，烏獲舉千鈞之屬。亂，謂臣弑

君，子弒父。神，謂鬼神之事。或無益於教化，或所不忍言。

疏：正義曰，此章記夫子爲教不道無益之事。怪，怪異也。力，謂若奡盪舟，烏獲舉千鈞之屬也。亂，謂臣弒君，子弒父也。神，謂鬼神之事。或無益於教化，或所不忍言也。李充曰，力不由理，斯怪力也。神不由正，斯亂神也。怪力亂神，有與於邪，無益於教，故不言也。

注，烏獲舉千鈞。正義曰：烏獲，古之有力人。三十斤爲鈞，言能舉三萬斤之重也。

宋陳祥道《論語全解》卷四

子不語怪力亂神。

直言曰言，論難曰語。怪力亂神，非不言也，不語於人而已。不語怪力，則所語者常與德也。不語亂神，則所語者治與人也。怪之爲害不若力，力之爲害不若亂。怪力亂，人之所爲，故先之。神則非人之所爲，故後之。楊子曰，神怪茫茫，聖人曼云，則不語神之謂也。李充曰，力不由理，爲怪力。神不由正，爲亂神。誤矣。

宋朱熹《論語集注》卷四

子不語怪力亂神。

怪異，勇力，悖亂之事，非理之正，固聖人所不語。鬼神，造化之跡，雖非不正，然非窮理之至，有未易明者，故亦不輕以語人也。謝氏曰，聖人語常而不語怪，語德而不語力，語治而不語亂，語人而不語神。

又《論語精義》卷四上

子不語怪力亂神。

伊川解曰：怪異，勇力，悖亂，鬼神之事，皆不以語人也。

范曰：君子非正不言，其所言者，常道也。明庶物，察人倫而已。是四者不可以訓也，學者之言及此，則心術不得其正，未有不入於邪說者也。

呂曰：怪，不中也。如素隱行怪之怪（闕），力也。亂，不治。神，妙理也。語怪則道不中，語力則德不立，語亂則術不修，語神則聞者惑。

謝曰：介甫云，怪，非常也。蓋聖人語常而不語怪，語德而不語力，語治而不語亂，語人而不語神。

游曰：夫子語治而不語亂，何也。君子樂道人之善，惡言人之惡，則語治而不語亂者，聖人之仁也。且語治而已，則是非美惡較然明矣。何必語亂，而後可以爲戒。

楊曰：怪力亂神，敗常亂俗，故不語也。

尹曰：怪異，勇力，悖亂，鬼神之事，皆不語，恐惑人也。

宋鄭汝諧《論語意原》卷二

子不語怪力亂神。

神怪之事，容或有之，存而不論也。力則不足言，亂則不忍言。

宋張栻《癸巳論語解》卷四

子不語怪力亂神。

聖人一語一默之間，莫不有教存焉。語怪則亂常，語力則妨德，語亂則損志，語神則惑聽。故聖人之言未嘗及此。雖然，就此四者之中，鬼神之情狀，聖人亦豈不言之乎。特明其理，使人求之於心而已。若其事，則未嘗言之也。門人記聖人之所雅言，與夫所不語者而垂教焉，抑可謂察之精矣。

宋真德秀《論語集編》卷四

子不語怪力亂神。

怪異，勇力，悖亂之事，非理之正，固聖人所不語。鬼神，造化之跡，雖非不正，然非窮理之至，有未易明者，故亦不輕以語人也。謝氏曰，聖人語常而不語怪，語德而不語力，語治而不語亂，語人而不語神。南軒曰，聖人一語一默之間，莫不有教存焉。語怪則亂常，語力則妨德，語亂則害治，語神則惑聽。故聖人之言未嘗及此，雖然就四者之中，鬼神之情狀，亦豈不言之乎。特明其理，使人求之於心。若其事，則未嘗言之也。

宋蔡節《論語集説》卷四

子不語怪力亂神。

《集》曰：怪異，勇力，悖亂之事，非理之正，固聖人所不語。鬼神，造化之跡，雖非不正，然非窮理之至，有未易明者，故亦不輕以語人也。（晦菴朱氏）

宋趙順孫《論語纂疏》卷四

子不語怪力亂神。

怪異，勇力，悖亂之事，非理之正，固聖人所不語。鬼神，造化之跡，雖非不正，然非窮理之至，有未易明者，故亦不輕以語人也。輔氏曰，怪異，非常也。勇力，非德也。悖亂，非治也。三者皆非正理，而聖人之心廣大光明，隱惡揚善，自然不語及此。至於鬼神，雖非不正，然乃造化之跡，二氣之良能，其理幽深，非格物知至者而驟以語之，則反滋其惑，故亦不輕以語人。然能知所以爲人，則知所以爲鬼神矣。謝氏曰，聖人語常而不語怪，語德而不語力，語治而不語亂，語人而不語神。

元胡炳文《論語通》卷四

子不語怪力亂神。

怪異，勇力，悖亂之事，非理之正，固聖人所不語。鬼神，造化之跡，雖非不正，然非窮理之至，有未易明者，故亦不輕以語人也。謝氏曰，聖人語常而不語怪，語德而不語力，語治而不語亂，語人而不語神。或問，孔子於《春秋》紀災變戰伐纂弒之事，於禮論鬼神者尤詳。今曰不語四者，何也。曰：聖人平日之常言，蓋不及是，其不得已而及之，則於三者必有訓戒焉。於神則論其理，以曉當世之惑，非若世人之徒語而反以惑人也。然其及之亦鮮矣。齊氏曰，索隱行怪，吾弗爲之，故不語怪。好勇過我，無所取裁，故不語力。身爲不善，君子不入，故不語亂。務民之義，敬而遠之，故不語神。熊氏曰，子所常言罕言不言，門人皆類記之。門人學於夫子者，亦至矣。通曰，聖人隻言片語，無非天理。不語怪力亂者，以非理，故不語。不語神者，以人非窮理，不可輕易語之。讀者宜看《集注》兩理字。

元袁俊翁《四書疑節》卷一

夫子言仁多矣，而記者謂夫子罕言，何也。

仁者，天地生物之心，而人得以生者，是以仁者，人之所以爲人之道，故於日用常行之道最爲切至。然《魯論》自門弟子問答之外，聖人之言仁者無幾，此門人所以記其罕言也。昔紫陽夫子之門，亦嘗議及此矣。謂夫子與門人問答，不勝其多，而言仁尤最切要，故門人備記之，而所記止此，則亦可謂之罕言矣。況所言之仁，亦不過泛及爲仁之事。至於仁之本體，則未始直指以告人。此數語可謂深得魯論言仁之本旨矣。

《魯論》有曰：子罕言利，與命與仁。又曰：子不語怪力亂神。參諸《集注》有曰，答述曰語，自言曰言。由此推之，《魯論》所記語、言二字，蓋自不同。是以《魯論》言仁，大率多聖人答述之語，而見於聖人之自言者能幾。故門人記夫子之罕言仁者，罕自言也。其他答述之尚多者，不在論也。且當時記子所罕言三者之序，二與字尤有微意，蓋罕言三者之中，利爲最，命次之，仁又次之。試即《魯論》而觀，言利比之命仁爲最少，言命頗多於言利，言仁又多於言命，然則聖人之言仁未爲大罕者亦信矣。

又卷十

子不語神，而曰：祭神如神在。《中庸》又曰：鬼神之爲德。何邪。

朱子《集注》嘗謂：答述曰語，自言曰言。按此章，語字蓋亦答述云耳。故《魯論》有所謂不語，又有所謂罕言雅言。言語二字，有不容於無辨。且如祭神如神在，是乃門人記夫子祭祀之誠意，初非夫子答述之語，亦非夫子自言之辭，姑勿論。至如《中庸》鬼神盛德之説，正與《易·繫》所謂鬼神神明之説，本皆指言天地之功用，而造化之跡，特明其理而已。初未始顯言其事，且皆聖人著作之辭，初非答述之語。與子不語神之説，初何戾哉。他日季路問事鬼神，直拒之曰：未能事人，焉能事鬼。即此一節而觀，則夫子之不語神，其不見於答述者爲益信。

子不語怪力亂神。《魯論》有是言也。然四者之中，惟怪異，勇力，悖亂之事，非理之正，故聖人所不語。至若鬼神，造化之跡，初非有害於道者，其理幽深，故聖人有不輕以語人。愚嘗以子所不語，合子所罕言論之，計利則害義，非理之正，故夫子所罕言，猶夫子之不語怪力亂也。子之不語神者，正猶命之理微，仁之道大，而夫子之所罕言也。然則夫子之不語神者，正以其不易語也，不易語而或一二言之，庸何傷。

元詹道傳《論語纂箋》卷四

子不語怪力亂神。

怪異，勇力，悖亂之事，非理之正，固聖人所不語。鬼神，造化之跡，雖非不正，然非窮理之至，有未易明者，故亦不輕以語人也。謝氏曰，聖人語常而不語怪，語德而不語力，語治而不語亂，語人而不語神。

元朱公遷《四書通旨》卷三

鬼神（附神）

鬼神之爲德，其盛矣乎。視之而弗見，聽之而弗聞，體物而不可遺，使天下之人齊明盛服，以承祭祀。洋洋乎如在其上，如在其左右。《詩》曰：神之格思，不可度思，矧可射思。夫微之顯，誠之不可揜，如此夫（《中庸》十六章）。季路問事鬼神。子曰：未能事人，焉能事鬼（《先進》）。敬鬼神而遠之（《雍也》）。質諸鬼神而無疑，知天也（《中庸》二十九章）。非其鬼而祭之，諂也（《爲政》）。子不語怪力亂神（《述而》）。

右自造化而言。

愚謂自造化而言，是專言之也。主乎祭祀而言，是偏言之也。於二氣良能之中，我祭其氣之與我相接者，則理之正也。鬼神爲德，質諸鬼神，怪力亂神，皆汎以造化之鬼神言。齊明盛服以下，及敬鬼神，事鬼神，非其鬼而祭之，皆特舉其祭祀之鬼神言也。又祭祀之可格者，是鬼神之靈。質之而無疑者，是鬼神之理。夫子之不語者，是鬼神之妙。

故至誠如神。（《中庸》二十四章）

右自人心而言。

愚案：至誠如神，是鬼神之神。若所存者神，聖不可測之謂神，則是神妙之神。聖不可測是專言其德行。所存者神，是兼言其德業。

元史伯璿《四書管窺》卷三

怪力亂神章。《集注》，鬼神，造化之跡。輯講問學者，鬼神既是造化之跡，則非微妙難知，胡爲聖人不語？學者未能對。饒氏曰，伊川説，以功用謂之鬼神，以妙用謂之神。是以鬼神爲顯者，而神爲鬼神之微者，故謂鬼神爲造化之跡，其説與《中庸》不見不聞者少異。《集注》引此爲説，而復繼之曰，非窮理之至，有未易明者，未能深惟其意。

詳雙峰之意，似欲以神爲妙用之神，豈以經文專言神而不兼鬼歟。恐不必如此泥。妙用之神固不言鬼神之神，亦豈易言。姑以淺近言之，後世釋老巫覡所以誑誘愚俗，而舉世莫能辯詰者，何者不依鬼神譸張爲幻耶。使夫子而輕與理有未窮之人言之，亦安得不滋其惑哉。若謂造化之跡爲非微妙難知，則恐不可如此言之容易。《易大傳》云：精氣爲物，游魂爲變，是故知鬼神之情狀。此正是窮理之事，謂鬼神之理不微妙，不可也。《祭義》宰我曰，吾聞鬼神之名，不知其所謂。宰我，聖門高弟，且不知其所謂。謂鬼神之理不難知，亦不可也。觀明道與上蔡答問之旨，與這是天地間妙用，須是將來做題目，入思議始得，講説不濟事之言，則雙峰謂未喻。《集注》非窮理之至，有未易明之，言尤非後學所敢知也。若謂造化之跡，與《中庸》不見不聞者少異，恐亦不必如此説。當於《中庸》辯之，此不贅及。

明胡廣等《論語集注大全》卷七

子不語怪力亂神。

怪異，勇力，悖亂之事，非理之正，固聖人所不語。鬼神，造化之跡。雙峰饒氏曰，造化之跡，指其屈伸往來之可見者言也。天地造化之妙，不可得而見所可見者，其屈伸往來之跡爾。雖非不正，然非窮理之至，有未易明者，故亦不輕以語人也。新安陳氏曰，神與怪不同，故以怪力亂總言表神而出之。

謝氏曰，聖人語常而不語怪，語德而不語力，語治而不語亂，語人而不語神。《或問》，夫子於《春秋》紀災異戰伐篡亂，於《易》《禮》論鬼神，今曰不語，何也。朱子曰，聖人平日常言，蓋不及是，其不得已而及之，則於三者必有訓戒焉。於神則論其理，以曉當世之惑，非若世人之徒語，而反以惑人也。然其及之，亦鮮矣。問，子不語怪力亂神。《集注》言鬼神之理難明易惑，而實不外人事。鬼神之理在人事中，如何見得。曰，鬼神祇是二氣之屈伸往來。就人事中言之，如福善禍淫，便可以見鬼神道理。《論語》中聖人不曾說此。問，如動靜語默，亦是此理否。曰，固是。聖人全不曾說這話與人，這處無形無影，亦自難說。所謂敬鬼神而遠之，祇恁地說。

南軒張氏曰，聖人一語一默之間，莫不有教存焉。語怪則亂常，語力則妨德，語亂則損志，語神則惑聽，故聖人之言未嘗及此。然就是四者之中，鬼神之情狀，聖人亦豈不言之乎。特明其理，使人求之於心而已。若其事，未嘗言之也。

慶源輔氏曰，異，非常也。勇力，非德也。悖亂，非治也。三者皆非正理，而聖人之心廣大光明，隱惡揚善，自然不語及此。至於鬼神，雖非不正，然乃造化之跡，二氣之良能，其理幽深，非格物致知者，而驟以語之，則反滋其惑，故亦不輕以語人。然能知所以為人，則知所以為鬼神矣。

齊氏曰，索隱行怪，吾弗為之，故不語怪。好勇過我，無所取裁，故不語力。身為不善，君子不入，故不語亂。務民之義，敬而遠之，故不語神。

問，孔子所不語，而《春秋》所紀，皆悖亂非常之事。陳氏曰，《春秋》，經世之大法，所以懼亂臣賊子，當以實書。《論語》，講學之格言，所以正天典民彝，故所不語。

明蔡清《四書蒙引》卷六

子不語怪力亂神。（略更次序）

聖人所常言者，詩書執禮。所罕言者，利與命仁也。又有絕不道者，怪力亂神是也。蓋怪異，勇力，悖亂之事，非理之正，在所不當言。鬼神，雖非不正，又有未易言，故聖人皆不語也。然不曰言而曰語者，又有分別。蓋人雖言及已亦不答也，故曰答述曰語，自言曰言。而本注一則曰聖人所不語，二則曰不輕以語人，可見。

怪者，山精水妖，天地變異之類。力者，如烏獲之能舉千鈞，孟賁之生拔牛角，孟說之扛鼎是已。悖亂者，臣弒其君，子弒其父之類也。鬼神者，日月星辰之所以升降，風雨霜露之所以慘舒，四時之所以代序，萬物之所以榮枯者是也。語怪則啟人惑，語力則啟人爭，語亂則啟人悖理逆倫之事，語神則啟人以馳心於不可測知之境，是故聖人謹之。孔文子欲攻太叔，疾訪於仲尼，仲尼不對。此不語亂也。子路問事鬼神。子曰，未能事人，焉能事鬼。此不語神也。斥子路曰：暴虎馮河，死而無悔。可知其不語力。《魯論》二十篇所記，嘉言善行多矣，獨無一語涉異者。且曰：索隱行怪，吾弗爲之。可知其不語怪。南軒曰：聖人一語一默之間，有教存焉。

明高拱《問辨録》卷五

問：子不語怪力亂神。何意。

曰：怪，方懼人之惑也。力與亂，方懼人之逞也。自不可語。神，非人之所能知，故亦不語也。

曰不語，而已記之，謂何。

曰：正唯聖人能不語也。譬如伊川先生每遇怪異之事，必多費辭説力，破其無意，豈不善。然無證之辨，立定説於不可知之中，翻以啓人之不信，故知不如不語之爲妙也。且又如海島上遠處，必有無種之人生於其間，又如世上實有杜詩病心之人，自相感通，故平日雖不識字，亦能背得出。諸若此者，皆不語可矣。

曰：陰陽不測之謂神，窮神知化，德之盛也。何謂不語神。曰：此易理之精微，故於《繫辭》一二言之耳。平日語言，何曾及此。然平生止此一二言，則其不語，又可知矣。

明劉宗周《論語學案》卷四

子不語怪力亂神。

聖人之道，中庸而已矣。舍中庸而求之奇詭者，怪也。求之功利者，力也。求之邪慝者，亂也。求之玄虛者，神也。皆惑世誣民之道也，故聖人不語。記者列此四目，概盡萬世異端之學。孔門之衛道嚴矣哉。後世如鄒衍、公孫龍之説，怪之屬也。管、商、申、韓之説，力之屬也。楊、墨之説，亂之屬也。佛、老之説，神之屬也。

清《日講四書解義》卷六《論語上》之三

子不語怪力亂神。

此一章書是門人記夫子謹言，以立世防也。吾夫子教人，曷嘗有所隱哉。而亦有所不語者，其一曰怪。怪則詭異不經，惑人聽聞。其一曰力。力則恃強好勝，不顧義理。其一曰亂。亂者干名犯分，爲人倫之大變。其一曰神。神者幽遠難測，爲日用之所不切。此四者或非理之正，或非理之常在，言之者，或足以快一時之聽聞，而信之者，必至於壞生人之心術。夫子之絕口不語者，其防世之心豈不遠哉。大抵怪誕不經者，必尚恃詐力以濟邪謀。犯上作亂者，多托言鬼神以惑愚衆。此聖人首嚴異端之防，而明王必申左道之禁也。

經部

漢戴德《大戴禮記》卷四

神言不致也。

怪力亂神，子所不語。

漢鄭玄《箴膏肓》

子產論伯有。何休曰：孔子不語怪力亂神，以鬼神爲政必惑衆，故不言也。今左氏以此令後世信其然，廢仁義而祈福於鬼神，此大亂之道也。子產雖立良止以託繼絶，此以鬼賞罰，要不免於惑衆。豈當述之以示季末。箋曰：伯有，惡人也。其死爲厲鬼。厲者，陰陽之氣相乘不和之名。《尚書五行傳》六厲是也。人死，體魄則降，知氣在上，有尚德者附和氣而興利。孟夏之月令，雩祀百辟卿士有益於民者由此也。爲厲者，因害氣而施災，故謂之厲鬼。《月令》民多厲疾。《五行傳》有禦六厲之禮。禮，天子立七祀，有大厲。諸侯立五祀，有國厲。欲以安鬼神，弭其害也。子產立良止，使祀伯有以弭害，乃禮與《洪範》之事也。子所不語怪力亂神，謂虛陳靈象，於今無驗也。伯有爲厲鬼，著明若此，而何不語乎。子產固爲衆愚將惑，故并立公孫洩，云從政有所反之以取媚也。孔子曰：民可使由之，不可使知之。子產達於此也。

唐顏師古《匡謬正俗》卷一

《論語·公冶長》篇云：子貢曰：夫子之文章，可得而聞也。夫子之言性與天道，不可得而聞已矣。蓋言夫子刪《詩》《書》，定《禮》《樂》，讚《易》道，脩《春秋》，所有文章並可聞見。至於言性命之事，及言天道，不可得而聞之。故《論語》云：子罕言利，與命與仁。又曰：子不語怪力亂神。季路問事鬼神。子曰：未能事人，焉能事鬼。曰：敢問死。子曰：未知生，焉知死。並其義也。而近代學者乃謂夫子之言語性情，並與天道合，所以不可得而聞。離文析句，違經背理，綴文之士，咸作此意，用之大爲紕繆。若言夫子之言，不可得聞者，《論語》二十篇所述夫子言語，何從而得。又不應語弟子云予欲無言。

唐李鼎祚《周易集解》卷二

積不善之家，必有餘殃。

虞翻曰：坤積不善，以臣弒君。以乾通坤，極姤生巽爲餘殃也。

案：聖人設教，理貴隨宜，故夫子先論人事，則不語怪力亂神，絕四毋必，今於易象，闡揚天道，故曰，積善之家必有餘慶，積不善之家必有餘殃者，欲明陽生陰殺，天道必然，理國修身，積善爲本，故於坤爻初六陰始生時著此微言永爲深誡，欲使防萌杜漸，災害不生，開國承家，君臣同德者也。故《繫辭》云，善不積不足以成名，惡不積不足以滅身。是其義也。

宋劉敞《公是七經小傳》卷下

子不語怪力亂神。語，讀如吾語女之語。人有挾怪而問者，挾力而問者，挾亂而問者，挾神而問者，皆不語之。此聖人知言也。怪，讀如素隱行怪之怪，詭采衆名，非中庸之法者也。力，則子路問君子尚勇是矣。亂者，若孔文子問軍旅，白公問微言是矣。神者，季路問鬼與死是矣。

宋程頤《程氏經説》卷七

子不語怪力亂神。怪異，勇力，悖亂，鬼神之事，皆不以語人也。

宋朱熹《論語精義》卷一下

子曰：攻乎異端，斯害也已。

伊川解曰：攻乎異端，則害於正。

范曰：攻者，專治之也。故木石金玉之工皆曰攻。揚雄曰，事雖曲而通諸聖，則由之。異端則曲而不通諸聖者也，若楊朱墨翟是已。其率天下至於無父無君，豈不害哉。人君之學，苟不由堯舜文武周孔之道，皆異端也。

呂曰：君子反經而已矣。經正斯無邪慝，今惡乎異端，而以力攻之，適足以自敝而已。

謝曰：隱於小成，暗於大理，皆所謂異瑞。然當定哀之時，去先王猶近，故其失亦未遠，姑存之則未甚害也。欲攻之則無徵，無徵則弗信，弗信則民弗從，其爲害也莫大焉。恐其不免推波助瀾，縱風止燎也。故夫子於怪力亂神，特不語而已，無事於攻也。彼有一識吾之門墻，能以善意從我，則其於異端，豈待吾言而判哉。若孟子之於楊墨，不得不辨，則異乎此。

楊曰：異端之學，歸斯受之可也。如追放豚，則害矣。

尹曰：適堯舜文王爲正道，非堯舜文王爲他道。君子正而不它，苟攻乎異端，則害於政。

宋葉夢得《葉氏春秋傳》卷十二

毀泉臺

毀泉臺何以書？不正。其聽於神而疑民也。有蛇出於泉宮入國，如先君之數。既而夫人薨。魯人以爲妖，遂毀泉臺，非示民之道也。葉子曰，殷人率民以事神，先鬼而後禮。孔子以爲其民之敝蕩而不静，是以古者假鬼神時日卜筮以疑衆者，誅。不以聽。孔子蓋知之矣。故曰，不語怪力亂神。然後人知敬鬼神而遠之，故以泉臺一見法焉。

宋趙汝楳《周易輯聞》卷四

遇雨之吉，群疑亡也。

豕負塗亦已怪矣，復有盈車之鬼，群疑也。睽疑者不一，故可怪之事多端。一旦而陰陽協比，則睽者合疑。事雖多，悉可亡也。齊桓見鬼而病，疑也。管仲一言而愈，疑亡之謂歟。怪力亂神，聖人所不語，而此卦言之甚詳，故聖人斷之曰疑。蓋心疑則境見，心明則疑亡。知此者，志怪之書可焚，無鬼之論可熄。

宋戴侗《六書故·六書通釋》

名以旌實也，有其物而無以徵之，故爲之名焉。所以別同異，辨庶物，明民者也。非所以誣民惑衆也。怪力亂神，孔子不語，故怪誕之説，皆斷而不取，有其書而無其物者，謂之虛名。虛名載於書册者，爲不急之察，無用之辨。實名通於俚俗者，不載則闕於用，故予舍虛而取實，儻有餘力，當盡萃書名之，不當物者，別爲一編，而辨正之，以明民。

宋李樗、黄櫄《毛詩李黄集解》卷三十二

李曰：祖謂后稷也。文王雖得天下，而其積累乃自於后稷始，故推后稷之功以配焉。《孝經》曰：郊祀后稷以配天，萬物本乎天，人本乎祖，惟推其所由本，此后稷之所以配天也。世之好怪誕者，皆以稷契無父而生。契生於卵，稷生於巨跡。問其所自始，則曰《詩》所載也。天命玄鳥，降而生商。此契生於卵也。履帝武敏歆，攸介攸止，載震載夙，載生載育，時維后稷，此稷生於巨跡也。嗚呼。孔子不語怪力亂神，夫子所以不語怪者，以其惑世也。豈以六經垂訓於後世，而乃載神怪之事哉。彼以契生於卵，稷生於巨跡者，乃引經疑似之言以惑世也。《詩》本無有也，《詩》之所言，特載二妃當玄鳥至之時，踐帝之跡以祈高禖，神之祥是生稷契，如是而已。而好怪者，遂引此詩疑似之言附會其説，

學者遂翕然而從之。甚矣，世之易惑也，惟毛氏以爲非生於卵與巨人之跡，其說爲近。而後之諸儒，猶未之信。歐陽遂因其言而闢之曰：秦漢之間，學者喜爲異説，謂高辛氏之妃，陳鋒氏之女，感赤龍精而生堯。簡狄吞鳦卵而生契。姜嫄履大人跡而生后稷。高辛四妃，其三妃皆以神異而生子。蓋堯有盛德，稷契後世皆王天下數百年，學者喜爲之稱述，欲神其事，故務爲其説。至帝摯無所稱，故獨無其説，此則怪異之説不足信明矣。而洪駒父亦曰：堯舜與人同耳。血氣之類，父施母生，耳聽目視，二足而行，是聖智愚不肖之所同也。何必有恢詭譎怪之觀，然後爲聖且神哉。此二説可以中諸儒之病。

然毛氏之説，後世所以不信之者，蓋亦有由焉。毛氏以稷契爲帝嚳子，後世諸儒以世次考之，契十四世而爲湯，稷十六世而爲武王，則是湯與王季爲兄弟，武王與太甲亦兄弟也。而其相去者，乃六百年，而乃爲兄弟之列，無是理也。而或者又以爲必非帝嚳之子，但其苗裔也。而附會毛氏之説者，又以稷者帝嚳遺腹子，皆是臆説，無所考據。要之，世代綿遠，無可得而見也。如孔氏《左傳正義》亦曰，《大戴禮·五帝德》，司馬遷《五帝紀》，皆言顓頊帝嚳代別。又《春秋》緯《命歷序》顓頊傳九世，帝嚳傳八世。典籍敗亡，無所取正。要之，二帝之子孫，舜時始用，必非帝之親子。以某觀之，《詩》言履帝武敏歆，以帝言之，則是高辛之親子，但恐后稷至于武王，不止十六世也。豈其自契至湯十四世，又自湯至於紂十七世，而自稷至於武王乃十六世，豈其然乎。史家失其世次，不可得而見也。其謂二帝子孫至舜時始用，則以《左傳》云堯不能舉舜臣，舜舉之。杜元凱則以爲史克激稱以辯宣公之感，釋行父之志，故其言美惡有過辭。蓋事宜也，非是堯於稷、契實未嘗用也。而孔氏之疏亦曰：稷至文王爲十五世。訃虞及夏商尚千二百歲，每世在位皆八十許年，乃可充其數耳。命之長短，古今一也。而使十五世君，在位皆八十許載，子必將老始生，不近人情之甚。以理而推，實難據信。惟其契生於卵，稷生於巨人之跡，決不可信耳。

若其見棄之由，則亦有二説。毛氏以爲天生后稷，異之於人。鄭氏則以爲無人道而生子，固不足信。如毛氏之説，則又涉於誕，無故而棄之，此豈近於人情哉。且以天子之子而棄於遐遠之地，雖其甚忍者，亦不忍爲之，而況於姜嫄乎。縱姜嫄忍爲之，高辛亦忍爲之邪。陳少南又以謂婦以承夫爲樂，有子次之，姜嫄無子從帝嚳而禱子，禱祠無福，而姜嫄有子，婦人之志方急於帝嚳，而不志於有子，故有隘巷平林寒冰之事。然此亦是臆説，未敢必信。要之，稷名曰棄，但不知其見棄之由，闕之可也。厥初生民，毛氏曰本后稷也。后稷而謂之民者，本其初生而未有貴位，生與民同，故以民言之，故云生民，此説非也。此所謂生民，即《綿》詩所謂民之初生是也。王氏曰，《綿》所謂民之初生，則本其由大王而興。今此所謂，則本其由后稷而起也。此説是也。民自后稷而生，則生民二字，俱指庶民而言之，非以后稷爲民也。民由后稷以生，而后稷之生本於姜嫄，而又言其姜嫄生后稷之初，蓋姜嫄因禋祀郊禖神之時，以祓去無子之疾，遂踐帝履之足跡，繼帝之後而行甚敏疾，故爲天所歆享。因介之以大福，而安止之也。震，有身也。《左傳》曰：邑姜方震。太叔又曰：后緡方震。正此類也。夙者，王氏曰：言其疾而不遲也。既震夙矣，遂生育焉，而其所生育者，乃后稷也。誕彌厥月云云，誕，大也。彌，終也。言姜嫄於后稷，終其孕育而生后稷，如達之易。達，羊子也。羊子易生，無留難者，《晉語》曰：大任娠，文王不變，少溲於豕牢，而得文王，不加病焉。與此同意。

宋錢時《融堂四書管見》卷四

子不語怪力亂神。

異端專言神怪，縱橫專言力亂。聖人設教，皇極之道也。子曰，三人行必有我師焉，擇其善者而從之，其不善者而改之。

宋雷思齊《易圖通變》卷五

河圖遺論

古聖人之王天下，創始公至理以惠啓千萬世者，豈易易然率己見以自擅制作哉。此有天授，斷可識矣。故河之出圖，伏羲因之以則而畫八卦。洛之出書，大禹因之以則而叙九疇。孔子於《大傳》叙天生神物，聖人則之而兼及圖書，而謂其兼，則之也。子不語怪力亂神，豈無所見於眞實，而自樂爲虛誕，以愚欺天下後世哉。自稱庖羲氏之王天下，仰則觀象於天，俯則觀法於地。觀鳥獸之文與地之宜，近取諸身，遠取諸物，始作八卦以通神明之德，以類萬物之情。是豈先聖後聖，各以私意淺識得措乎其間哉。易之廣大，配天地變通，配四時陰陽之義，配日月，其爲書廣大悉備，與乾坤相爲終始而無弊，非有天授能爲是乎。此孔子有見於圖書之出，特謂則之而已，無它説也。況圖之自見於成康《顧命》，陳之東序之後，無所復聞，孔子固己自悲其不出而有已夫之歎。漢儒之始，孔安國乃由《書傳》於河圖東序之下，謂伏羲王天下，龍馬負圖出河，遂則其文謂之河圖。於天乃錫禹洪範九疇之下，謂天錫禹洛書，神龜負文而出，列於背，有數從一至九，禹因而第之，以成九類，類即疇也。是二説自分載於《洪範》《顧命》各篇本語之下，亦未之有它説也。至鄭康成始引《春秋》緯，合注《大傳》之圖書，云河以通乾，出天苞。洛以流坤，吐地符。河圖龍發，洛書龜感。《河圖》有九篇，《洛書》有六篇。已是詭説之開端，然仍引安國之注，以爲河圖八卦是也，洛書九疇是也。其後王輔嗣韓康伯於此並無所注釋，惟孔穎達《易疏》，雖全篇寫鄭注，亦謂輔嗣之義，未知何從，是必未以鄭注爲然也。及其疏

《書》之《洪範》，乃又引《繫辭》云河出圖，洛出書，聖人則之，九類各有文字，即是書也。而云天乃錫禹，知此天與禹者即《洛書》。就引《漢書・五行志》，劉歆以爲伏羲繫天而王，河出圖則而畫之，八卦是也。禹治洪水，錫洛書，法而陳之，《洪範》是也。河圖洛書相爲經緯，八卦九章相爲表裏（附說）。先達共爲此說，龜負洛，《書經》無是事，《中候》及諸緯多說黃帝堯舜禹湯文武受圖書之事，皆云龍負圖，龜負書。緯候之書不知誰作，通人討覈謂偽起哀平，雖復前漢之末，始有此書。已前學者必相傳此說，故孔以爲九類是神龜負文而出，列於其背，有數從一至九，禹見其文，因而第之以成九類法也。言禹第之者，以天神言語必當簡要，不應曲有次第，丁寧如此，故以爲語第之也。其疏《顧命》之河圖東序，及疏記之河出馬圖詳略，雖小有殊同，指意大校，若此是則所謂河圖爲八卦，所謂洛書爲九疇，並無改議也。

明陳耀文《經典稽疑》卷上

子不語怪

李充曰，力不由理，斯怪力也。神不由正，斯亂神也。怪力，亂神，有與於邪，無益於教，故不言也。（史記注）

清張尚瑗《左傳折諸》卷二十二

自顓頊以來不能紀遠，乃紀於近。

鄭漁仲曰，上古民淳俗熙，爲君者惟以奉天事神爲務，故其治略於人而詳於天。其行事見於方冊者，載在歷書及緯家爲多。唐虞之後，以民事爲急，其治詳於人而略於天。孔子不語怪力亂神，刪書斷自唐虞云。

按，魯封少昊之墟，故郯子來朝而問以少昊。必其學之聞名於上邦，孔子亦亟稱之矣。

清余蕭客《古經解鉤沉》卷二十五

子不語怪力亂神。

或無益於教化，或所不忍言。孔解（高麗本《集解》四）力不由理，斯怪力也。神不由正，斯亂神也。怪力亂神，有與於邪，無益於教，故不言也。李充集注。（《史記》注四十七）

清《日講四書解義》卷七《論語上》之四

子罕言利，與命與仁。

此一章書是記聖教之所謹也。記者曰夫子教人有常言者，詩書執禮是也。有不言者，怪力亂神是也。若言之時甚少，謂之罕言。一曰利。利是人情所欲，然與義相背，學者若有計功謀利之心，則害義甚矣，故罕言之，欲人知所戒也。一曰命。命兼理氣，其故甚微而難測，若專以命言，則將怠棄人事而生怨尤之心，故罕言之，欲人知自脩也。一曰仁。仁包四德，其道甚大而難盡，若强以示人，則學者有躐等之心，故罕言之，欲人漸次以進也。於此見聖人教人至意，有在言語之外者，學者宜深體之。

史部

《晉書》卷九十五

藝術

藝術之興，由來尚矣。先王以是決猶豫，定吉凶，審存亡，省禍福，曰神與智，藏往知來。幽贊冥符，弼成人事。既興利而除害，亦威衆以立權，所謂神道設教，率由於此。然而詭託近於妖妄，迂誕難可根源，法術紛以多端，變態諒非一緒，真雖存矣，偽亦憑焉。聖人不語怪力亂神，良有以也。逮丘明首唱，叙妖夢以垂文，子長繼作，援龜策以立傳，自兹厥後，史不絶書。漢武雅好神僊，世祖尤耽讖術，遂使文成、五利逞詭詐而取寵榮，尹敏、桓譚由忤時而嬰罪戾，斯固通人之所蔽，千慮之一失者乎。

詳觀衆術，抑惟小道，棄之如或可惜，存之又恐不經。載籍既務在博聞，筆削則理宜詳備，晉謂之乘，義在於斯。今録其推步尤精、伎能可紀者，以爲《藝術傳》，式備前史云。［略］

史臣曰：陳戴等諸子並該洽墳典，研精數術，究推步之幽微，窮陰陽之祕奥，雖前代京管，何以加之。郭麞知有晉之亡姚，去姚以歸晉，追兵奄及，致斃中塗，斯則遠見秋毫，不能近知目睫。澄什爰自遐裔，來游諸夏。什既兆見星象，澄乃驅役鬼神，並通幽洞冥，垂文闡教，諒見珍於道藝，非取貴於他山，姚石奉之若神，良有以也。鮑、吳、王、幸等或假靈道訣，或受教神方，遂能厭勝禳災，隱文彰義，雖獲譏於妖妄，頗有益於世用者焉。然而碩學通人，未宜枉轡。

贊曰：《傳》叙災祥，《書》稱龜筮。應如影響，叶若符契。怪力亂神，詭時惑世。崇尚弗已，必致流弊。

《舊唐書》卷一百三十

史臣曰：蒸嘗礿祀，前王制以奉先。怪力亂神，宣聖鄙而不語。凡云左道，固有舊章。璵假於鬼神，乃至將相，既處代天之位，爰滋亂政之源。國禎妖人疑衆，妄恢其祀典。梁鎮正士抗疏，方悟其上心。泌見可進而知難退，足爲高率智辯之士。居相位而談鬼神，乃見狂妄浮薄之蹤。《王制》云：執左道以亂政，殺。寧無畏乎。繁之醜行，棄於當時，竟陷非辜，諒由素履。造爲臣得禮，茌事非能。播居位取容，舉人敗事。皆非國器，咸歷台司，失人者亡，國其危矣。

《宋史》卷三百四十五

陳瓘字瑩中，南劍州沙縣人。少好讀書，不喜爲進取學。父母勉以門户事，乃應舉，一出中甲科。調湖州掌書記，簽書越州判官。守蔡卞察其賢，每事加禮，而瓘測知其心術，常欲遠之，屢引疾求歸，章不得上。檄攝通判明州。卞素敬道人張懷素，謂非世間人，時且来越，卞留瓘小須之，瓘不肯止，曰：子不語怪力亂神，斯近怪矣。州牧既信重，民將從風而靡。不識之，未爲不幸也。後二十年而懷素誅。明州職田之入厚，瓘不取，盡棄於官以歸。

章惇入相，瓘從衆道謁。惇聞其名，獨邀與同載，詢當世之務，瓘曰：請以所乘舟爲喻：偏重可行乎。移左置右，其偏一也。明此，則可行矣。天子待公爲政，敢問將何先。惇曰：司馬光姦邪，所當先辨，勢無急於此。瓘曰：公誤矣。此猶欲平舟勢而移左以置右，果然，將失天下之望。惇屬色曰：光不務纘述先烈，而大改成緒，誤國如此，非姦邪而何。瓘曰：不察其心而疑其跡，則不爲無罪。若指爲姦邪，又復改作，則誤國益甚矣。爲今之計，唯消朋黨，持中道，庶可以救弊。意雖忤惇，然亦驚異，頗有兼收之語。

宋朱熹《宋名臣言行録》後集卷十三

公爲越州僉判，蔡卞爲帥，待公甚厚。初卞嘗爲公語，張懷素道術通神，雖飛禽走獸，能呼遣之至。言孔子誅少正卯，彼嘗諫，以爲太早。漢楚成皋，相持彼屢，登高觀戰，不知其歲數，殆非世間人也。公每竊笑之。及將往四明，而懷素且来會稽，卞留少俟，公不爲止，曰：子不語怪力亂神，以不可訓也，斯近怪矣。州牧既甚信重，士大夫又相詡合，下民視之，從風而靡，使真有道者，固不願此。不然，不識之，未爲不幸也。後二十年，懷素敗，多引名士，或欲因是染公，竟以尋求無跡而止。非公素論守正，則不免於羅織矣。

清朱彝尊《經義考》卷二百九

戴仔曰：觀非《國語》之書，而見宗元之寡識也。夫孔子不語怪力亂神，不語之則是矣，謂其盡無，固不可也。上古之世，風氣初開，天地尚闇，民神之道雜糅弗章。自顓帝分命重黎，秩叙天地，然後幽明不相侵黷，書所謂絕地天通，罔有降格者也。不但古爲然也，今深山大藪之中，人跡鮮至之地，往往産異見怪，民人益繁而後聽聞邈焉。故近古之書，多言怪神，不足異也。不特《國語》言之也，《書》六十篇往往有是焉。盤庚告其群臣，諄諄乎，乃祖乃父告我高后之説，周公説於三王，金縢之册至今存焉，故記曰：夏道尊命，殷人尊神，率民以祀神，先鬼而後禮。彼誠去之未遠也。《周官·宗伯》，有巫祝禱祠之人，掌詛盟禬禜之事，攻説及乎毒蟲，厭禳施於夭鳥，牡橭以殺淵神，枉矢以射怪物，世之讀者往往懷子厚之見，遂以爲非周公之書。夫《國語》之書，皆先王之遺訓，《周官》之書，乃先聖之典禮，其大經大法章明較著者，與日月俱懸，其小未能明者，存之以俟其通耳。故孔子曰：多聞闕疑，慎言其餘，則寡尤。多見闕殆，慎行其餘，則寡悔。觀子厚與吳武陵吕溫書，知不免乎後來之悔尤矣。

夫古之爲享祀朝聘，以觀威儀，省禍福也。故古之觀人也，受玉而惰，受脤而不敬，或視遠而步高，或視下而言徐，與夫言之偷惰，手之高下，容之俯仰，皆有以見其禍福。何者？其民氣素治，故其亂者可得而察也。子厚見夫今人之巫有是而未嘗死亡也，則以訾古，此朝菌蟪蛄之智也。夫知人而後可以知天，子厚不知民，則焉知天道。伯陽父、仲山甫、王子晉、單穆公、單襄公、伶州鳩、史伯衛彪傒、觀射父九人，語言皆不可訾，訾之其爲不知大矣。公孫僑如之貪邪，却至之汰侈矜伐，不可奬，奬之，其爲同德明矣。子貢曰：文武之道未墜於地，在人。賢者識其大者，不賢者識其小者。吾讀《國語》之書，蓋知此編之中，一話一言，皆文武之道也。而其辭閎深雅奥，讀之味尤雋永，然則不獨其書不可訾，其文辭亦未易貶也。故予爲之説曰：嗜古者，好古書。便今者，喜俗論。嗜古者，多迂談。便俗者，多疏快。予迂誕之徒也。亦因以自道云。

子部

漢應劭《風俗通義》卷九

怪神

禮，天子祭天地五嶽四瀆，諸侯不過其望也。大夫五祀，士門户，庶人祖，蓋非其鬼而祭之，諂也。又曰：淫祀無福。是以隱公將祭鍾巫，遇賊。蒍氏二世欲解淫神閭樂，劫弑。仲尼不許子路之禱，而消息之節平。荀罃不從桑林之祟，而晉侯之疾間。由是觀之，則淫躁而畏者，災自取之，厥咎響應。反誠據義、内省不疚者，物莫能動，禍轉爲福矣。傳曰：神者，申也。怪者，疑也。孔子稱土之怪爲墳羊。《論語》，子不語怪力亂神。故采其晃著者，曰怪神也。

宋張行成《易通變》卷三十八

子罕言利命與仁，不語怪力亂神者，利、怪、力、亂，於理有害。仁命與神，於理有疑。子所雅言，《詩》《書》執《禮》者，皆理之常也。必待五十學易，而後無大過者，《易》者，窮理以盡仁至命知神之書也。理雖一致，而會通曲折處，不可勝窮，非一以貫之者，未易窮也。以聰明之質，而年及知命，更歷世變已多，可以言窮理矣。故六經之中，惟《易》一書，深言性命與神也。

《宣和畫譜》卷一

張孝師爲驃騎尉，善畫，嘗死而復生，故畫地獄相爲尤工，是皆冥游所見，非與想像得之者比也。吳道玄見其畫，因効爲地獄變相，畫評謂孝師衆制有功，未爲盡善。而地獄變相，群雄推服，宜道玄之肯摹倣也。然怪力亂神，聖人所不語，宜孝師以冥游，特紀於畫，而不爲傳也。今御府所藏一。

宋羅璧《識遺》卷五

魂魄

《左傳》鄭子產論伯有之屬，曰：人生始化曰魄，陽曰魂。用物精多則魂魄強，是以精爽至於神明。先儒釋魄附形之靈，魂附氣之神。魄靈，謂如耳目視聽手足運動聲音啼呼，一魄具一靈也。魂神，謂如精神知覺，所以使之視聽運動啼呼者也。故魄，白也。體質具而各明白也。魂，芸也。氣呼吸往來芸動也。人生位高權重者，爲其禀氣強厚，倘死非正命，必有未盡之數不散之英。蓋魄雖死而魂不散，憑依爲屬，容有此理。故傳者於韓原之戰，秦獲晉惠，推以爲申生之屬。晉景疾在膏肓，藥不可爲，推以爲殺趙同趙括之屬，後皆益以得請於帝之語。余以事理推之，神怪謂必無，不可。青天白日，和平或爲疾疹苦楚，怪何嘗無。《抱朴子》曰：夏宜長而薺麦枯焉，冬宜凋而竹松茂焉。盛陽宜暑而夏或凉，極陰宜寒而冬或温，皆物理之變怪，不常者也。故雙峰饒氏《釋子不語怪力亂神章》謂此等事，謂有則無從執着，謂無則陰陽變化，造作百端，故聖人祇不言。此論近於人情。但如《左傳》必事酬報，又似太神。況伯有死於帶、段，實子晳之謀，何伯有之屬，不報晳而急殺段。申生之縊，實驪姬之譖，同括之死亦莊姬之譖，何不報二姬而仇惠景。《春秋》臣弒君者三十六，而不聞報。其臣比干、子胥之徒，皆以忠受戮，而不聞報其君，故《左傳》之失也，誣。魯寶潭嘗謂，宋之制作粹於漢唐，曾無逆天害人之事，而靖康，太宗之後。德祐，理宗之後，俱爲北狩，乃有漢唐所無。蓋方太祖疾危屏人，獨召太宗，已而太祖以柱斧擊地，好爲之燭，影下遙見太宗，若爲遜避之狀，故舊疑太宗殺太祖。理宗居潛，濟王已位青宮，及寧宗大漸，史彌遠復援援立理宗，濟王遂不得立，死。或者二宗殄祀，猶爵晋弊韓之說。太祖、濟王，亦有請帝以報之理。余竊謂太祖果欲報仇，不應遲之幾世。而濟王亦當首洩之彌遠。親老親春翁舊嘗將太祖柱斧遙見之疑質之上，高陽蘭坡先生起莘坡，謂江右宋齊擅殺同氣者，後皆不昌。太宗果爾，不應其後八葉天子，且多令主，治且幾二百年。但即位後，德昭、德芳俱不得其死，又受天下於太祖，更不還其子孫以天下，則太宗之失也。

宋真德秀《西山讀書記》卷四十

子不語怪力亂神。

朱子曰：怪異，勇力，悖亂之事，非理之正，固聖人所不語。鬼神，造化之跡，雖非不正，然非窮理之至，有未易明者，故亦不輕以語人也。

謝氏曰：聖人語常而不語怪，語德而不語力，語治而不語亂，語人而不語神。

南軒曰：聖人一語一嘿之間，莫不有教存焉。語怪則亂常，語力則妨德，語亂則害治，語神則惑聽，故聖人之言未嘗及此。雖然就是四者之中，鬼神之情狀，亦豈不言之乎。特明其理，使人求之於心。若其事，則常言之也。

宋黃震《黃氏日抄》卷二

怪力亂神章

以怪、力、亂，非理之正，而別指鬼神爲造化之跡，非不正，是一律而分輕重。然載謝氏之說，謂語常不語怪，語德不語力，語治不語亂，語人不語神，一體平說，尤於經文協也。

又卷五十五

淮南子

《淮南鴻烈》者，淮南王劉安，以文辯致天下方術之士，會粹諸子，旁搜異聞以成之。凡陰陽造化，天文地理，四夷百蠻之遠，昆蟲草木之細，瑰奇詭異，足以駭人耳目者，無不森然羅列其間。蓋天下類書之博者也，而愚謂此劉安之所以滅歟。夫聖人之治天下，君臣父子以相生，桑麻穀粟以相養，其義在六經，其用在民生日用之常，如此而已耳。自周衰，天下亂，諸子蜂起，爭立異說，而各以禍其人之國。漢興，一切掃除，歸之忠厚。諸子之餘黨紛然無所售，諸侯王之好事而不知體要者，稍稍收之，亦無不以自禍。安不幸貴盛而多材，慷慨而喜事，起而招集散亡，力爲宗主，於是春秋戰國以來，紛紛諸子之遺毒餘禍，皆萃於安矣。安亦將如之何而不誅滅哉。其徒乃羞之，託言上升，雞犬預焉。嗚呼。

凡世之自詭仙去者，皆淮南上升之類爾。

孔子不語怪力亂神，諸子之所語者，怪而已。古語有之，君子道其常，小人道其變。諸子之所道者，變而已。自莊列以來，無一不然。于以汩天下之正理，惑生民之耳目，《鴻烈》所集大率此類，而於其紛然類集之中，乃有自反其説，足以明天下之常者，如曰橘柚冬生，而人曰冬死，死者衆也。薺麥夏死，而人曰夏生，生者多也。江河之回曲亦時有南北，而人謂江河東流者，以大氐爲本。此爲反本之名言。又云言其所不行，行其所非，此足爲驚世之精語。又云毀譽之於人，猶蚊虻之一過，此最爲誤人之鄙論。始作衣者一人耳，十三卷以爲伯餘，十九卷以爲胡曹，此則集衆爲書，不相參照之弊云。

宋周密《齊東野語》卷十二

雷書

神而不可名，變化而不可測者，莫如雷霆。《淮南子》曰：陰陽相薄，感而爲雷，激而爲電。故先儒爲之説曰：陰氣凝聚，陽在內而不得出，則奮擊而爲雷霆。聲，陽也。光，亦陽也。光發而聲隨之，陽氣奮擊欲出之勢也。

或問：世所得雷斧，何物也。

曰：此猶星隕而爲石也。本乎天者，氣而非形，偶隕於地，則成形矣。

或問：人有不善，爲雷震死者，何也。

曰：人作惡，有惡氣。霹靂，乃天地之怒氣，是怒氣亦惡氣也。怒氣與惡氣相感故爾。

或問：雷之破山壞屋，折樹殺畜，何也。

曰：此氣鬱而怒方爾。奮擊偶或值之，則遭震矣。

康節嘗問伊川曰：子以爲雷起於何處。

伊川曰：起於起處。

然則先儒之所言者，非不精詳，而余猶謂有不可曉者焉。大中祥符間岳州玉真觀爲火所焚，惟留一柱，有謝仙火三字，倒書而刻之。慶歷中有以此字問何仙姑者，云謝仙者，雷部中鬼也。掌行火於世間。後有於道藏經中得謝仙事，驗以爲神。又吳中慧聚寺大殿二柱，嘗因雷震，有天書勘溪火三字，餘若符篆不可曉，及近歲德清縣新市鎮覺海寺佛殿柱，亦爲雷震，有字徑五寸餘，若漢隸者，云收利火謝均思通。又云酉異李汋火。此乃得之目擊者。又宜興善權廣教寺柱亦有雷書駱審火及謝均火者。華亭縣天王寺亦有雷書高洞揚雅一十六人火令章，凡十一字，皆倒書。內令章二字特奇勁，類唐人書法。然則雷之神真有謝姓者耶。近丁亥六月五日，雷震衆安橋南酒肆，卓間有雷書囗囗永三字，此類甚多，殊不可測。此所以神而不可知者乎。孔子不語怪力亂神，非不語也，蓋有未易語者耳。

元劉壎《隱居通議》卷三十

神怪窈冥

神怪窈冥之事，知道者不言且不信，謂其害道也。然亦有不可以理曉者，如洪都之鐵柱，上清之仙巖，軍峰之圓光，西湖之飛來峰，與夫盧阜天池則見普賢天燈，西蜀峨嵋則見文殊天燈，皆彰彰在人目，烏得以爲誣邪。豈古亦有之，特智者不言歟。怪力亂神，夫子不語耳，而不曰無也。然佛法自漢方入中國，則盧山峨嵋之天燈，其亦古有之歟。抑山嶽鍾靈光景異常，而後之佞佛者遷就以神其教歟。予又聞長老言，州西門石背有王姓家，建大醮。醮之夜，有神空中語云，醮事甚虔，但作羊屎臭爾。或以告之王，王甚不滿，窮詰其故，乃是日炊齋而薪不足，急毀羊圈木足之。王由是震懼，欲重建醮，累歲齋潔，疲精竭誠，雖麵麥亦別畦以種，不加糞穢，復建醮事。至中夜，忽見馬靈官自虛空降，入醮筵巡行一徧，謂玉曰，上帝念汝至誠，遣吾一視。俄去不見。又聞鄉里前街汪姓者，因田地事建大醮，其館客撰青詞有曰，芒芒九土，盡入吾疆。醮之夜，館客坐於門，仿彿見大街一將吏，乘馬自東來。至前曰：芒芒九土，是何等語。手摑其面，俄不見。客自是頭不正。由是觀之，則此事真不無邪。《傳》曰：明則有禮樂，幽則有鬼神。以鬼神對禮樂而言，其真有邪。要之，識者不必語有無，唯當修身謹行孝弟忠信，以無媿對越而已。象山先生陸文安公守荊門日，罷設上元醮。有榜文曰，此心若正，無不是福。此心若邪，無不是禍。嗚呼。盡之矣。

元郭翼《雪履齋筆記》

子不語怪力亂神。漢疏云：力不由理，斯怪力也。神不由正，斯亂神也。又云：力之怪者，異類也。神之亂者，邪魅也。所以不語。

元陶宗儀《說郛》卷九上

鹿門隱書（皮日休）

醉士隱於鹿門，不醉則游，不游則息，息於道，思其所未至，息於文，愬其所未周，故復草隱書焉。嗚呼。古聖王能旌夫山谷，民之善者，意在斯乎。

或曰：仲尼思春秋，紀災異，近乎怪。言虎賁之勇，近乎力。行衰國之政，近乎亂。立祠祭之禮，近乎神。將聖人之道多岐而難通也，奚有不語之義也。

曰：夫山鳴鬼哭，天裂地坼，怪甚也。聖人謂一君之暴，災延天地，故諱耳。然後世之君，猶有窮凶以召災，極暴以示異者矣。夫桀紂之君，握鈎伸鐵，撫梁易柱，手格熊羆，走及虎兕，力甚也。聖人隱而不言，懼尚力以虐物，貪勇而喪生。然後世之君，猶有喜角觝而忘政，愛拔距而過賢者。寒浞竊室，子頑通母，亂甚也。聖人隱而不言，懼來世之君爲虵豕，民爲滛蟘。然後世之君猶有易內以亂國，通室以亂邦者。夏啓畜乘龍，周穆讌瑤池，神甚也。聖人隱而不言，懼來世之君，以幻化致其物，以左道成其樂。後世之君猶有黷封禪以求生，恣祠禮以祈欲者。嗚呼。聖人發一言爲當世師，行一行爲來世軌，豈容易而傳哉。當仲尼之時，苟語怪力亂神也，吾恐後世之君，怪者不在於妖祥而在於政教也，力者不在於角觝而在於侵凌也，亂者不在於袵席而在於天下也，神者不在於機鬼而在於宗廟也。若然者，其道也豈多岐哉。

元李衎《竹譜》卷八

怪力亂神，孔子所不語。神道設教，聖人亦不廢。考之竹類，蓋有變幻非常，奇奇怪怪不可以理喻者，故作神異品。

明丘濬《大學衍義補》卷七十六

子所雅（常也）言，詩書執（守也）禮，皆雅言也。

朱熹曰，《詩》以理性情，《書》以道政事，《禮》以謹節文，皆切於日用之實，故常言之。禮獨言執者，以人所執守而言，非徒誦説而已也。

臣按：先儒謂此章即聖人言語之節，而見其立教之法。詩書執禮，是夫子所常言。曰利，曰命，曰仁，是夫子所罕言。怪力亂神，是夫子所不言。夫子雅素之言，止於如此。若性與天道，則有不可得而聞者，要在默而識之也。噫。生人之德，莫大乎仁。天賦之理，莫先乎性。仁乃聖人所罕言，性則大賢所不得聞者也。今世三尺童子，讀書未識偏旁，開口便談性命，聖門之教，豈若是哉。

明胡應麟《少室山房筆叢正集》卷十三

子之爲類，略有十家。昔人所取凡九，而其一小説弗與焉。然古今著述，小説家特盛，而古今書籍，小説家獨傳，何以故哉。怪力亂神，俗流喜道，而亦博物所珍也。玄虛廣莫，好事偏攻，而亦洽聞所昵也。談虎者矜誇以示劇，而雕龍者間掇之以爲奇。辨鼠者証據以成名，而捫蝨者類資之以送日。至於《大雅》，君子心知其妄，而口競傳之，且斥其非，而暮引用之，猶之淫聲麗色，惡之而弗能弗好也。夫好者彌多，傳者彌衆，傳者日衆則作者日繁，夫何怪焉。

《御定孝經衍義》卷八十五

子不語怪力亂神。

謝氏曰，聖人語常而不語怪，語德而不語力，語治而不語亂，語人而不語神。

臣按：不語怪，而後世如鄒衍五德之事，後漢讖緯之書，俱爲聖人之所必斥矣。不語力亂，則凡孫吳之術，縱橫權譎之言，在所必誅矣。不語神，則凡神仙不死，因果報應，虛無幻妄之談，尤不得以惑世誣民矣。自言曰言，答述曰語，夫子不惟不自言之而已，即人有問者而亦不語及之，此可見聖人爲世道人心計，思之遠而憂之深也。《春秋》之書，紀災異，紀戰爭，紀篡亂，獨非語乎。臣謂此正不語之指也。《春秋》於非常事必書，此可見怪力亂之必不可以或有也。於《易》論鬼神，亦不語之指也。夫子知後世必有假鬼神之説，以惑世誣民者矣，故於《易》一論其理，以曉世人之惑，然終非其得已也。故答子路之問，則曰，未能事人，焉能事鬼。未知生，焉知死。終不欲語世人之所不知者，以愚世人也。夫鬼神之説最易以溺人。左邱明，賢者也，而其書輒言鬼神不置，且涉於怪矣，而況後之學者乎。

清周召《雙橋隨筆》卷五

臣聞：明於天地之性，不可惑以神怪。知萬物之情，不可罔以非類。諸背仁義之正道，不遵五經之法言，而盛稱奇怪神鬼，廣崇祭祀之方，求報無福之祠。及言世有仙人，服食不終之藥，遠興近舉，登遐倒景，覽觀縣圃，浮游蓬萊，耕耘五德，朝種暮穫，與山石無極，黄冶變化，堅水淖溺，化色五倉之術者，皆姦人惑衆，挾左道，懷詐偽，以欺罔世主，聽其洋洋盈耳。若將可遇。求之盪盪，如繫風捕影，終不可得。是以明王拒而不聽，聖人絶而不語。

昔周史萇弘欲以鬼神之術，輔尊靈王，會朝諸侯，而周室愈微，諸侯愈叛。楚懷王隆祭祀，事鬼神，欲以獲福助，却秦師，而兵挫地削，身辱國危。秦始皇初并天下，甘心於神仙之道，遣徐福、韓終之屬，多齎童男童女，入海求神采藥，因逃不還，天下怨恨。漢興，新垣平、齊人少翁、公孫卿、欒大等，皆以仙人黄冶祭祀、事鬼神、使物入海、求神采藥貴幸，賞累千金。大尤尊盛，至妻公主，爵位重累，震海内。元鼎、元封之際，燕齊之間，方士瞋目扼腕，言有神仙祭祀致福之術者，以萬數。其後平等皆以術窮詐得，誅夷伏辜。至初元中，有天淵玉女、鉅鹿神人、轑陽侯師張宗之奸，紛紛更起。夫周秦之末，三五之隆，已嘗專意散財厚爵禄竦精神舉天下以求之矣。曠日經年，靡有毫釐之驗，足以揆今。經曰，享多儀，儀不及物，惟曰不享。《論語》説曰：子不語怪力亂神。惟陛下距絶其類，毋令奸人有以窺朝署。

清李光地《榕村語録》卷二十六

夫子不語怪神，不説有，亦不説無。又説敬而遠之，不説正神，亦不説邪神。到得敬而遠之，即鬼神亦都爲民用。務民之義，至於天地位，萬物育，不特山川社稷，各效其職，即郵表畷猫虎之類，都有職事。年豐則祀之，否則八蜡不通以罰之。一不語，一敬而遠，竟是鍛鍊鬼神之法。聖門賢者，信是留心。一云子不語怪力亂神。一云子罕言利，與命與仁。一云子所雅言，《詩》《書》執《禮》。嗚呼。盡之矣。

清顧炎武《日知錄》卷十九

文須有益於天下

文之不可絕於天地間者，曰明道也，紀政事也，察民隱也，樂道人之善也。若此者有益於天下，有益於將來，多一篇，多一篇之益矣。若夫怪力亂神之事，無稽之言，勦襲之説，諛佞之文，若此者有損於己，無益於人，多一篇，多一篇之損矣。

集部

唐皮日休《鹿門隱書六十篇（并序）》（《文藪》卷九）

醉士隱於鹿門，不醉則游，不游則息，息於道，思其所未至，息於文，慙其所未周，故復草隱書焉。嗚呼。古聖王能旌夫山谷，民之善者，意在斯乎。

或曰：仲尼思春秋，紀災異，近乎怪。言虎賁之勇，近乎力。行衰國之政，近乎亂。立祠祭之禮，近乎神。將聖人之道多岐而難通也，奚有不語之義也。

曰：夫山鳴鬼哭，天裂地拆，怪甚也。聖人謂一君之暴，災埏天地，故譁耳。然後世之君，猶有窮凶以召災，極暴以示異者矣。夫桀紂之君，握鈎伸鎂，撫梁易柱，手格熊羆，走及虎兕，力甚也。聖人隱而不言，懼尚力以虐物，貪勇而喪生。然後世之君，猶有喜角觝而忘政，愛拔距而過賢者。寒浞竊室，子頑通母，亂甚也。聖人隱而不言，懼來世之君爲虵豕，民爲淫蜮。然後世之君猶有易內以亂國，通室以亂邦者。夏啓畜乘龍，周穆讌瑤池，神甚也。聖人隱而不言，懼來世之君，以幻化致其物，以左道成其樂。後世之君猶有黷封禪以求生，恣祠禮以祈欲者。嗚呼。聖人發一言爲當世師，行一行爲來世軌，豈容易而傳哉。當仲尼之時，苟語怪力亂神也，吾恐後世之君，怪者不在於妖祥而在於政教也，力者不在於角觝而在於侵凌也，亂者不在於袵席而在於天下也，神者不在於機鬼而在於宗廟也。若然者，其道也豈多岐哉。

宋王禹偁《漣水軍王御史廟碑》（《小畜集》卷十七）

儒家者流不語怪力亂神，所以尊師而奉教也。至於精誠所感，通於夢思，即仲尼猶言之，豈曰怪乎。故曰吾不復夢見周公。又曰夢奠於兩楹是也。及述作六經，其文甚著。《詩》曰，吉夢維何，維熊維羆。《書》曰，高宗夢得說。《禮》曰，夢帝與我九齡。是皆經夫子之手而不之去。蓋有益於教，不惑於民焉，謂之神且怪耶。吾友渤海高紳以著作佐郎領漣水軍事，會夏旱，方祠禱請雨。一夕，夢神人服古衣冠而至者，授詩一章。既寤，記詩中數字云，赤岸大夫，若神之自謂。然明日徧祭神之在境內者，得唐御史王義方之祠。鄉人不知，但云東赤岸大夫廟爾。高君曉其夢，因加禮而懇禱之。是日雨足，乃新其廟，立石爲文，按唐史而述其事跡焉。高君，純儒也。不欲自言其夢，入朝往往語乎公卿間執政。蘇公聞之曰，是不可默也。宜擇能文者，書其事，刻於石陰。某於高君進士同年生也，以故見請。嘗試議之曰，子產云用物精多，則魂魄彊，是以有精爽，至於神明。彼伯佐尚爾，況王御史者乎。且欲後人見斯文也，不如義方者知懼，如義方者知勸，又胡戾於聖人之旨哉。年月日述。

宋孫復《書賈誼傳後》（《孫明復小集》）

讀《漢書》者，靡不尤文帝偉賈生。吾觀賈生宣室對鬼神之事，竊謂漢世多言神怪者，由賈生啓之於前，而公孫卿之徒甚之於後也。且怪力亂神，聖人之所不語。賈生何得極其神怪虛無之言，使文帝爲之前席，若以爲辨，斯則辨矣。然於世主何所補哉。此非賈生自以被謗謫去久而復用，諛辭順旨而對之者乎。然則何以與文帝言也如嚮之若是哉，厥後遂使新垣平得以肆其瀾誕。文帝作渭陽五帝廟，又長門立五帝壇，妄以祈福。逮乎孝武，尤好鬼神之祀。李少君以祠竈穀道進，亳人謬忌以祀泰一方進。及齊人少翁、膠東欒大、公孫卿，皆以言怪得幸，以亂漢德。故曰漢世多言神怪者，賈生啓之於前，而公孫卿之徒甚之於後也。噫。古稱誼有王佐才，吾觀誼所陳，一痛哭，二流涕，六長歎息，誼誠王佐才也。若文帝聰明而能斷用之而不疑，功德可勝量哉。惜其失於言也。吾懼後世之復有年少才如賈生者，不能以道終始。因少有摧躓，而諛辭順旨，妄言於天子前，以啓怪亂之階也。

宋史堯弼《蓮峰集》卷五

嗚呼。天人之際，未易言也。人事得則天命歸，人事失則天命去。是天命即人事也，人事即天命也。豈人事之外，別有天命哉。愚嘗持是說，以觀歷代數千百載間，上自唐虞，下迄五季，凡所謂盡人事，以祈天命者，不過德與功而已。

有德以受天命，唐虞三代是也。有功以受天命，漢唐是也。若夫魏晉而下，泯泯棼棼，例無功德，天命亦從而去焉。夫受天命以德，則以位相禪，而天下不以爲私。以兵相攻，而天下不以爲暴。此無他，天地有奉，生民有庇也。故亂而復治，絕而復續，必數百年而後已焉。以功而受天命，則布衣崛起，而大業不難成。仗劍請命，而大勳不難集。此無他，亦天地有奉，生民有庇也。故亦亂而復治，絕而復續，數百年而後已焉。若乃無德與功，而欲竊上天之命，則近不過於數十載，遠不過於再傳，安能綿綿不替，如爪瓞之詠耶。

請試言之，堯繼嚳，而黎民臻於變之風。舜繼堯，而天民蒙垂拱之治，揖遜之德，爲如何也。夏之有天下，始於嗣舜，而傳世十有六王。商之有天下，始於克夏，而傳世二十八王。周之有天下，始於伐商，而傳世三十六王。繼述之德，爲何如也。故曰唐虞三代以德而受天命者以此。春秋之後，六國爭雄，至秦并之而不能守。漢高祖起自豐沛，乘秦之亂，雲合響應，八年而天下爲漢，傳世二十五，歷四百年。有功於民，可知也。典午之時，南北分裂，至隋并之而不能守。唐太祖起自晉陽，乘隋之亂，席卷長驅，六年而天下爲唐，傳世十八，歷三百年，有功於民，可知也。故曰漢唐以功而受天命者，以此。若夫漢之後而有當塗之魏，以至楊氏之隋。唐之後，而有朱氏之梁，以至郭氏之周，雖各得正統，年號之紀承承不替，然取以權謀，則人復以權謀取之。此魏、晉、宋、齊、梁、陳、隋是也。取以詐力，則人復以詐力取之。此後梁、後唐、後晉、後漢、後周是也。大抵紛紛籍籍，代雌代雄，故曰無德無功，天命亦從而去焉。

國家皇天眷命，歷數過於漢唐。藝祖開基受禪，同於舜禹。削平僭叛，混一海宇，則有德於天下，有功於民，未可量也。肆及主上，運遭艱難，未克復平。或者歸咎於天，故執事作爲問目，以班叔皮《王命論》，柳子厚《貞符》書下詢諸生，愚敢不罄所聞以對。

夫怪力亂神之事，聖人之所不言。圖讖符瑞之學，君子之所不取。若叔皮作《王命論》是特知高祖之興，五星聚，白蛇分，而不知誅秦滅項，約法三章，則有功於民，而後受天命者也。以是觀之，叔皮雖世掌史書，豈爲無失乎。然所可爲今日道者，非柳子厚《貞符》書而何。觀其痛隋氏之虐，嘆大聖之起，如三代受命之符，一切非之。其言曰德紹者嗣，道怠者奪，豈非以功德爲人事耶，豈非以人事爲天命耶。推此，則今日之事，不過修祖宗之德，復祖宗之功，彼區區敵國，不足患也。

元劉壎《水雲村稾》卷十三

問：理莫難明於鬼神矣，謂爲無邪。傳曰幽則有鬼神。謂爲有邪。孰從而究其跡也。夫子曰焉能事鬼，不過謂其未能事，而非以爲無也。子不語怪力亂神，不過不形之言語，而非以爲無也。蓋有之矣。然求所以有，何其茫如邪。畫欶嚶嚶，世固有之，抑以理而推，有形而後有聲，曰有聲矣，必附於形，形何在歟。曰無形矣，聲何所附歟。好言鬼神，莫若左氏，世多譏其誕，至伯有之事，又何若是著也。然歟。否歟。審如是，可謂之有矣乎。《中庸》謂洋洋如在其上，如在其左右，如之云者，其有無之間耶。智不足以通幽明之故，願袪其疑。

明張宇初《問神》（《峴泉集》卷一）

或問曰：道家者流，以鬼神爲務，是果有乎。

曰：孰謂之無有也，特辨之不精而或疑焉。夫天積氣也，地亦氣之厚者，形而上者是也。烝行形之內，即天命之流行也。以其流行不息，必有宰之者焉。程子曰：主宰謂之帝，妙用謂之鬼神。又曰：鬼神者，造化之跡，二氣之良能。蓋陰陽之運，跡不可見，而理可推焉。理之顯微，有不可窺測，而神居焉。故雖聖人未始言其無也，特不專言之而已。若孔子之曰：禱爾於上下神祇。鬼神之道，敬而遠之。鬼神之爲德，其至矣乎。非果無有也，特子不語怪力亂神，恐溺於誕焉耳。《易》曰：陰陽不測之謂神，與鬼神合其吉凶是也。

夫心存則道明而理著焉，其爲陰陽之機，出入往來，非外乎吾心也。其吉凶故與鬼神同，鬼神非是則不能存，又何吉凶之云哉。惟顯道神德，行者有以合之，以通神明之德，則大而化之之謂聖，聖而不可知之謂神，所謂妙萬物而爲神也，窮神知化之道於斯盡矣。此聖人體乎天地之妙用，合天人一致之極功，然後不知其神而所以神也。故曰事天明，事地察，惟誠其心以感天，天感則發乎其機也，以不可見，不可知者，則曰神存其間也。雖上天之載，無聲無臭，而感於此，應於彼，未嘗間也。是以雖有惡人，齋戒沐浴，可以事上帝。鬼神享於克誠，惟知誠其心則足以事天矣。其祀之禮，燔燎羶薌，見以蕭光，以報烝也。黍稷肝肺，加以鬱鬯，以報魄也。是皆氣感而至焉。若明之爲神也，鼓以雷霆，潤以風雨，滋以霜露，其晦明變化，倏忽萬狀，是非至神，其孰能哉。幽之爲鬼也，不可得而跡求之，然焄蒿悽愴之集，或聲或狀，或烝感或慮至，高而無形，卑而有物，其滯而不化，屈而不伸者是也。所謂精氣爲物，遊魂爲變，乃圉於陰陽屈伸而然也。此陽精陰魄所以爲鬼神之情狀也，惟觀夫造化之跡，則見其有無之端矣。

問者曰：有之理信矣。或見世之疾患者，輒曰某鬼神之害也，必血食禱之，則免。禱之應則爭相告曰：神驗矣。或不應，一旦有夭壽之變，則怨忿而謂曰：某鬼之侵，神爲之助矣。求其禱，則果非天地社稷所宜祀之神，而皆淫祀者有焉。謂之神且不足稱焉，又豈能助夫鬼以賊人之天命乎，是豈非至愚也哉。

曰：是非一朝夕而然也。蓋井巷之習，庸夫愚婦惑於流俗之言，以驚世駭俗，因而成風矣。苟知乎生者，氣之伸。死者，氣之屈。伸者爲神，屈者爲鬼。魂氣本乎天，體魄本乎地。則豈滛僻之足惑哉。能存吾心，精誠靈粹與天地合其用者，若魯陽返戈止日，烈婦哭而降霜，韓子之開衡山之雲，驅鱷魚之暴，可見矣。先儒亦曰，有其誠則有其神，無其誠，則神何存焉。道之曰役諸鬼神者，發吾之靈明精一之神，合天地變化之神而已。董子之謂縱諸陽閉諸陰者是也。侍宸不曰，先天之氣，真皇正法也。吾心之神，雷吏岳伯也，殆是之謂歟。或未之詳，而病其爲方外之說，是豈果知神化之機，鬼神之變者哉。

明葉春及《雜志論》（《石洞集》卷十一）

班固總群籍分十家，而雜、小說與焉。其言曰，知國體之有此，見王治之無不貫，雖小道亦有可觀。博哉，其學之也。天地間陰陽相摩，皇王相嬗，萬變橋起，嵬瑣弔詭，不可勝原。欲一格以目所不見，謂廣大何，大澤百材皆度，大山木石同壇，丘里之言，其類是矣。昔孔子識陳隼楚萍，辯專車之骨，雖聖生知，不爲無藉。故古街談巷語，亦有官主之。多聞見而闕疑，不語怪力亂神，所以爲大知也。郡自漢以後，寖寖有聞。齊諧虞初，往往涉及。舊皆哀而書之，談言微中，安能盡芟。若乎風土媺惡，人物代變，政治醇疵，錯出間見，無所繫者，亦於是乎在。可以備故實，考得失，掇拾增益成篇，立百體而馬係乎前。吾有聞於莊子矣。作《雜志》。

明胡應麟《少室山房集》卷一百四

宋有國二百年耳。野處宦達南渡，其時僅僅百載餘，而怪力亂神紛然若是。去莊列之夷堅幾何哉。余生蕭皇帝季世，濟承平。今馬齒半百，奇袤詭異事，自生平未一覯焉。則傳之耳者，率誕妄足推矣。迺余遇志怪之書，輒好之，無異於洪氏也。豈野處之爲是，姑假以優游晚歲，若蘇長公之談鬼耶。余嘗欲取洪書，芟其非怪而附錄者，與往籍已見而並收者。洎宋元諸小說及國朝祝希哲陸浚明等編，分類以續廣記一書，大都亦五百餘卷。雖靡關理亂，而或裨見聞，猶勝洪之售欺於天下也。

清《御製詩集》四集卷二

孔子之歎，蓋以不能行周公之道而已。程朱之注，乃以爲盛時果於夢寐之間曾見之，及老而衰，遂不復見。其然，豈其然哉。夫夢由心想，其實幻境，至人無夢，且不必言。怪力亂神，夫子所不語。夢而常見周公，豈不近於四者乎。今人於難行之事，未逢之人，率云不曾夢見。夫子之歎，亦如是而已。語本平易，何必穿鑿爲奇。且道不行，乘桴浮於海。是夫子誠欲浮海乎。若以爲果常夢見，是子路之喜，其不識聖人之意遠矣。因用其事，故並識之。

清田雯《祈雨書序》（《古歡堂集》卷二十六）

余撫黔之明年，歲己巳，七月不雨。乾封繆蓊憂之。先是思州守王君民嶧錄董子《春秋繁露》一書寄余，言求雨罔弗應，因倉皇馳吏，凡晝夜三百里，檄之來以試其所學。王君至，設壇西郊，齋祓治事，一傲《繁露》所載。例七日果雨，余灑然異之，知其學非無據。王君亦自以其言之有徵也，刊其書，欲廣行於世。

余按，董仲舒少治《公羊春秋》，下帷講誦，生平所撰著，大抵明經術，切當世之務。《玉杯》《清明》《竹林》諸編十餘萬言，不僅《繁露》一書也。惟其學，本《春秋》也。故三策之對，於天人陰陽之故，反覆開陳。武帝重其人，凡治申韓儀秦之言者，悉罷之。亦以任德不任刑，稱其學之醇耳。如此，則術數讖緯災異占驗之紛紛，宜爲董氏所不道矣。而《繁露》一書，於求雨特詳，似近於誕。夫雨果可以書求也，桑林之禱，六事自責，未聞其襲摭何書也。弘羊之烹，卜式不爲多事乎。夫仲舒之傳《洪範》也，以五行五事，連類以從，雜引《春秋》經傳。班固《五行志》引斷考證，謂非公孫弘、歆、向父子，眭孟、夏侯勝、京房、谷永、李尋之徒所及。然其説稽之往古而多疎，驗之將來而不應，後世學者群疑之，疑其譸談涌辨，穿戶鑿牖，與夫術數讖緯災異占驗之家無以異。況乎《繁露》十七卷，其詞俚，其義淺。新安程氏以爲必非廣川本旨。即《漢書·仲舒傳》亦云求雨閉諸陽，縱諸陰。顏師古注，爲禁舉火、水灑人之類，與王君今日所爲，大相脗合。然究未嘗指定《繁露》一書爲如是也，豈非孟堅之略歟。晉葛洪《西京雜記》云，董仲舒夢蛟龍入懷，作《春秋繁露》。漢應邵《風俗通義》，武帝迷於鬼神，信越巫。仲舒數以爲言。武帝欲驗其道，令巫詛之。仲舒朝服南面，誦詠經論，巫遂死。皆事之無可稽者。

子不語怪力亂神，而謂仲舒語之乎。子產曰，天道遠，人道邇，而仲舒獨不以爲然乎。或者廣川本書散失無存，後之學者揣摩《繁露》之大義而傅會之，爲求雨之一術，如新安程氏所辨云耳。雖然，士君子自束髮受書，即以利民濟物爲期，亦顧其事之合於道與否。苟其足以利民濟物，則泥於古而行於今，與夫變乎法而達於事，何不可者。《大易》爲卜筮之書，而深求其理無不明。《周禮》乃致太平之書，而誤用於人則釀害。此讀書之難也。禦大災、捍大患，救天時之不常鞠哉，庶正疚哉。冢宰側身脩行，以挽回天變，又治民者之責也。

王君才優而志潔，學粹而職修，治行爲黔中最，縱不假《繁露》之書以求雨，雨罔弗應。他人治行不逮王君，雖百其書恐亦莫之應也。雨不應而咎書之不足信，且從而訾詆之，其不足語於仲舒《春秋》之學也，亦大可歎矣。